高等职业教育"理实一体化"创新教材

应用写作实务

第3版

主　编　朱利萍　斯静亚
副主编　方　梅　樊旭敏　马小敏
参　编　康粟丰　裘文意　谢　琪

机械工业出版社

本教材以文种为主干、以案例为核心,全书涉及的文种有30余种,案例150余个,其中部分是企事业单位的真实案例,具有很强的实践性。全书共七个模块,分别为应用写作基础知识、信函文书写作技巧、公关礼仪文书写作技巧、契约文书写作技巧、策划研究文书写作技巧、总结调研文书写作技巧、公务文书写作技巧。

与目前市场上同类教材编写方法不同,本教材以写作技巧的前后关联为依据设计编排体例。在编写中力求写作知识介绍简约明了、案例规范新颖。同时,每个模块设有明确的应知、应会、素养目标及相应的实训鉴定题目,每个模块内容结构安排由浅入深、循序渐进,并附相关知识的拓展延伸。

本教材内容精练、实用性强,特别适合用作高职高专应用写作课程教材,也可作为文秘专业写作课程教材,同时,还适合其他院校学生、企业办公文秘人员以及社会各类学习应用写作的人员参考。

图书在版编目(CIP)数据

应用写作实务/朱利萍,斯静亚主编. —3版. —北京:机械工业出版社,2023.2(2025.6重印)
ISBN 978-7-111-71993-9

Ⅰ.①应… Ⅱ.①朱… ②斯… Ⅲ.①汉语—应用文—写作—高等职业教育—教材 Ⅳ.①H152.3

中国版本图书馆CIP数据核字(2022)第206731号

机械工业出版社(北京市百万庄大街22号 邮政编码100037)
策划编辑:孔文梅　　　　　责任编辑:孔文梅　张美杰
责任校对:肖　琳　张　薇　封面设计:鞠　杨
责任印制:单爱军
中煤(北京)印务有限公司印刷
2025年6月第3版第5次印刷
184mm×260mm・17.25印张・437千字
标准书号:ISBN 978-7-111-71993-9
定价:49.80元

电话服务　　　　　　　　网络服务
客服电话:010-88361066　机　工　官　网:www.cmpbook.com
　　　　　010-88379833　机　工　官　博:weibo.com/cmp1952
　　　　　010-68326294　金　书　网:www.golden-book.com
封底无防伪标均为盗版　　机工教育服务网:www.cmpedu.com

前　言

本教材是浙江省精品课程应用写作课程的配套教材，自2010年第1版出版以来，深受师生欢迎，先后多次印刷。2015年第2版在保留原有特色的基础上，更新了案例和部分内容。本次修订进一步更新了案例和部分内容，凸显以下特色和创新点。

一是体系创新、素能并举，专业教学与素质培养圆融。本教材在编写过程中十分强调以学生未来的职业岗位和生活为切入点，力求满足学生职业能力和综合素质的内在需求，对传统的教材内容进行精化处理，将知识系统结构改革为知识应用结构体系，注重讲练结合，引导学生探究、发现和创造，促进学生知识、技能的迁移与创新。在认知、辨析、训练、巩固中培养学生精益求精的工匠精神。情景导入和案例选取既贴近日常生活和工作实际，引发学生独立思考和创新思维，又注重国家大政方针的宣传，优秀传统文化和先进企业文化的传播，汉语语言魅力的传导，在润物细无声中达成立德树人目标。

二是团队硬核、真例支撑，教材内容与岗位需求对接。本书编者具有丰富的教学经历和国家规划教材编写经验，第一主编从事办公室文书写作多年，兼任物产中大国际学院企业文书写作内训师。第二主编是全国教材建设奖获得者，企业文书写作培训师。教材具备深度"双元"合作开发的天然优势。企业提供岗位职业能力要求及职业标准，参与课程标准开发和审定，将职业发展的新知识、新要求融入教材，推动教材内容与岗位需求无缝对接。大量来自企事业单位的真实案例和编者原创案例成为学生模拟训练的范例，基于经验的原创写作技巧易懂易学。

三是模块创新、学做结合，严谨规范与生动易学并举。针对写作课程普遍存在的内容枯燥、学生难学怕写的现象，在文种选择上突破传统思维模式，以相关能力前后的关联性为线索，以学生学习从易到难的规律构建教学模块。"应知目标—应会目标—素养目标—情景导入"这一生动活泼的形式可触发学生的学习动机。"必备知识—能力技巧—案例评析—相关能力拓展—应知、应会目标鉴定"，凸显课程实践性特质，学习结果得到及时评价与反馈，有利于提升学习的获得感。写作知识简约规范，能力技巧简练实用，模拟实训易于掌握，契合高职学生基础水平。

本教材由朱利萍、斯静亚老师任主编，负责拟订大纲、编写体例并统稿。各模块的编写人员为：朱利萍（模块一、模块七）、斯静亚（模块二、模块五）、樊旭敏（模块三）、方梅（模块四）、马小敏（模块六）。此外，康粟丰、裘文意、谢琪在第1版中参与了编写。书中的缺点与不足，敬请专家与广大读者批评、指正。

本教材配有辅助教学的电子课件、课程实施纲要、课程标准、参考答案等，凡选用本书作为教材的教师均可登录机械工业出版社教育服务网www.cmpedu.com下载。咨询电话：010-88379757，服务QQ：945379158。

在编写过程中，编者参考了一些文献资料，在此向原作者一并致谢。

编　者

目　　录

前言

模块一
应用写作基础知识

单元一　应用写作概述	/002
单元二　应用写作主题的确立	/005
单元三　应用写作材料的运用	/008
单元四　应用写作结构的安排	/010
单元五　应用写作语言的表达	/013
模块小结	/019

模块二
信函文书写作技巧

单元一　证明信、介绍信的写作	/024
单元二　求职信的写作	/027
单元三　商务信函的写作	/034
模块小结	/046

模块三
公关礼仪文书写作技巧

单元一　启事、海报、声明的写作	/051
单元二　演讲稿的写作	/057
单元三　礼仪讲话稿的写作	/066
模块小结	/073

模块四
契约文书写作技巧

单元一　契据的写作	/076
单元二　合同的写作	/078
单元三　协议书的写作	/085
单元四　意向书的写作	/089
模块小结	/093

模块五　策划研究文书写作技巧

单元一	计划的写作	/097
单元二	策划书的写作	/106
单元三	广告文案的写作	/113
单元四	商品说明书的写作	/120
单元五	市场预测报告的写作	/125
单元六	招标书、投标书的写作	/131
模块小结		/143

模块六　总结调研文书写作技巧

单元一	总结的写作	/148
单元二	述职报告的写作	/155
单元三	调查报告的写作	/161
单元四	简报的写作	/172
单元五	经济活动分析报告的写作	/178
单元六	专业论文的写作	/188
模块小结		/201

模块七　公务文书写作技巧

单元一	公务文书概述	/205
单元二	通知的写作	/219
单元三	通报的写作	/224
单元四	报告的写作	/228
单元五	请示的写作	/233
单元六	批复的写作	/237
单元七	意见的写作	/240
单元八	函的写作	/246
单元九	纪要的写作	/252
模块小结		/261

参考文献　　/270

module 1

模块一
应用写作基础知识

应知目标

- 了解应用写作基础知识以及它与文学写作的区别，熟悉应用写作的特点。
- 理解应用写作的主题要求。
- 理解应用写作的材料要求。
- 理解应用写作的结构要求。
- 理解应用写作的语言要求。

应会目标

- 正确理解应用写作知识，并运用于写作实践中。
- 会确定应用文的主题。
- 能选择真实、典型、突现主题的材料进行应用文写作。
- 能够在具体应用写作中合理安排材料。
- 能在应用写作中选择合理的表达方式，熟练运用书面语言，正确把握应用文语体风格。

素养目标

- 通过文学写作与应用写作的比较，感悟和品味中国语言文字的诗性之美和简约之美，进一步增强对至妙极精的中国文字的热爱之情，提高文化自信。
- 通过学习把握应用写作的主题、材料、结构、语言等诸多要求，进一步培养严谨的文风，提升谋篇布局能力。

单元一　应用写作概述

情景导入

陈婷是浙江××职业技术学院行政管理专业的毕业生，20××年，她被海宁市××经编有限公司录用，分配在总经理办公室内勤岗位工作，主要从事办公室日常事务管理、公司的商务接待、会议管理和后勤服务等工作。陈婷十分珍惜这一工作机会，勤勤恳恳，赢得了领导和同事的一致好评。一年后，公司安排陈婷担任专职秘书，主要负责公司文书的写作与处理。

担任专职秘书，对陈婷来说是一次良好的发展机遇，更是一次挑战。在大学期间，陈婷专门学习过"应用写作"课程，对常用文书的写作与处理有所了解。她认识到，要做好秘书工作必须对应用文写作的特点有清楚的认知，熟练掌握应用写作对主题的要求，学会合理选择和安排材料，选择合理的表达方式，正确把握应用写作的语体风格。

必备知识

一、应用文的起源、含义及作用

1. 应用文的起源

应用文的起源可以追溯到殷商社会晚期，距今3 000多年前，殷墟出土的甲骨卜辞，商周时期的钟鼎文，《周易》中的卦、爻辞等，都是应用文的原始形态。如果说，神话是中国文学的"祖先"，那么甲骨文则是应用文的"祖先"了。

"应用文"一词，最早出现于宋代，但当时并没有把应用文作为专用的文体概念。清代学者刘熙载在其《艺概·文概》中使用了"应用文"这一术语。后来，徐望之在《尺牍通论》中对应用文包含的文种做出了界定。20世纪20年代以后，陈子展的《应用文作法讲话》（1931年）是应用文著作中有代表性的一部，他从社会上经常使用的文体中，选出公牍文、电报文、书启文、庆吊文、联语文、契据文、广告文、规章文、题署文等9种。新中国成立后，"应用文"这一概念被广泛使用。

2. 应用文的含义

应用文是人类在长期的社会实践活动中形成的，在处理公私事务时经常使用的实用性文体，是保证人们日常生活和工作正常运转的重要工具，是人际交往中必不可少的重要文体。它是人们在国家机关、政党、社会团体、企事业单位日常工作以及生活中处理各种事务时，经常使用的具有明道、交际、信守功能和约定俗成的惯用格式的文体。是人们传递信息、处理事务、交流感情的工具，有的应用文还用来作为凭证和依据。

简而言之，应用文通常是指各级国家机关、企事业单位、社会团体以及个人处理公私事务、传播信息、表达意愿等所使用的具有某种惯用格式和直接实用价值的一种书面交际工具。

这个定义规定了应用文的本质特征，使它明显区别于其他文体，又涵盖了应用文的基本特性。

3．应用文的作用

应用文的使用非常广泛，几乎涉及各个领域、各个部门、各个阶层以及每个个人。比如，科研单位的人员，需要用学术论文；政府机关指导工作，需要用公文；工商企业经营，需要用合同、商务信函等；打官司，需要用诉状等。相对于其他文体来说，应用文的使用频率要高得多。许多人可以一辈子不写小说、剧本、诗歌和散文，但在工作、生活与学习中却免不了要写应用文，小到写请假条、借条，大到计划、总结、论文或经济报告等。教育家叶圣陶先生指出："大学毕业生不一定要写小说诗歌，但一定要能写工作、生活中的实用文章，而且非写得既通顺又扎实不可。"

二、应用写作与文学写作的联系与区别

应用写作与文学写作有着密切的联系，有共性，也有个性。共性是它们都是对客观事物的反映，都要谋篇布局、用词造句、使用标点符号，讲究条理性、逻辑性，同样使用叙述、说明、议论等表达方式，同样要求准确、鲜明、生动的文风。但二者存在着较大的区别：

一是在基本的思维方式方面，文学写作属形象思维的范畴，应用写作属逻辑思维的范畴；二是在反映生活方面，文学写作可以在真实生活的基础上虚构，应用写作必须反映生活的本来面目；三是在社会功用方面，文学写作为人们提供精神食粮，强调艺术性，应用写作是为解决实际问题而撰写的，强调实用性；四是在表现形式方面，文学写作强调个性化和独创性，应用写作强调的是程式化和规约性；五是在语言表达方面，文学写作追求的是艺术美，应用写作追求的是实用美。

案例评析

【案例一】

春之针缕（节选）

张晓风

春天的衫子有许多美丽的花为锦绣，有许多奇异的香气为熏炉，但真正缝纫春天的，仍是那一针一缕最质朴的棉线——初生的禾田，经冬的麦子，无处不生的草，无时不吹的风，风中偶起的鹭鸶，鹭鸶足下恣意黄着的菜花，菜花丛中扑朔迷离的黄蝶。

跟人一样，有的花是有名的，有价的，有谱可查的，但有的没有，那些没有品秩的花却纺织了真正的春天。赏春的人常去看盛名的花，但真正的行家却宁可细察春衫的针缕。

乍酱草常是以一种倾销的姿态推出那些小小的紫晶酒盅，但从来不粗制滥造。有一种菲薄的小黄花凛凛然地开着，到晚春时也加入抛散白絮的行列，很负责地制造暮春时节该

有的凄迷。还有一种小草莓的花，白得几乎像梨花——让人不由得心情矛盾起来，因为不知道该祈祷留它为一朵小白花，或化它为一盏红草莓。小草莓包括多少神迹啊。如何棕黑色的泥土竟长出灰褐色的枝子，如何灰褐色的枝子会溢出深绿色的叶子，如何深绿色的叶间会沁出珠白的花朵，又如何珠白的花朵已锤炼为一块碧涩的祖母绿，而那颗祖母绿又如何终于兑换成浑圆甜蜜的红宝石。

春天拥有许多不知名的树，不知名的花草，春天在不知名的针缕中完成无以名之的美丽。

（资料来源：《张晓风散文精选》，长江文艺出版社，2013年9月）

【案例二】

浙江××职业技术学院工会关于组织女教职工生态体验活动的通知

各工会小家：

为庆祝三八国际劳动妇女节，丰富女教职工业余生活，学院工会决定组织全体女教职工生态体验活动。经征求各工会小家意见，体验线路分为："两山"理论发源地安吉余村和全国文明村镇淳安下姜村。现将有关事宜通知如下。

一、活动内容与时间

安吉余村：20××年3月5日（周六）一天。

淳安下姜村：20××年3月6日（周日）一天。

具体线路安排及费用（预算）见附件1。

二、活动报名相关事项

（一）按照自愿的原则，每位女教职工可选择其中的一条线路。

（二）每位女教职工在3月1日前向各工会小家家长处报名。各工会小家家长在3月2日中午12时前将报名情况汇总表（附件2）报吴××老师处：电子邮件：E-mail: w××@zjtie.edu.cn。

（三）若带家属，报名时请先预交全部费用，220元/人，活动结束后进行结算，多退少补（符合免门票条件的儿童除外）。

特别提醒：家属报名后又无法参加活动者（在3月4日之后退报的），在预交费用中扣除车费、保险费等相关费用后退还余下款项。

三、请各工会小家组织好本部门女教职工报名，并通知参加活动的教职工提前安排好自己的生活和工作，准时参加活动。

附件1：具体线路安排及费用（预算）（略）

附件2：报名情况汇总表（略）

浙江××职业技术学院工会办公室
20××年2月25日

【评析】 上述两个案例，前一篇运用文艺语体，生动形象地描写了春天的神奇之美。后一篇是有关生态体验的通知，文风朴实简约。两个案例行文风格迥异，写作样式也完全不一样：一篇带有文学色彩，一篇是应用文书。

单元二　应用写作主题的确立

情景导入

　　海宁市××经编有限公司是一家集面料织造、染整加工、贴合整理于一体的大中型集团企业，20××年他们开发了融入中国传统文化元素的新产品：青花瓷系列的汽车坐垫，为打开销路，需要做广告宣传，广告文案的写作任务落到了陈婷肩上。

　　陈婷记得应用写作老师讲过，广告文案最主要的是要抓住特点，有创意，突出主题。如何围绕"青花瓷"主题，设计出创意独特的广告文案呢？陈婷陷入了沉思。

必备知识

一、应用文主题的特点

应用文的主题就是解决问题的方法、建议，主要有以下特点：

1. 主题先行

文学作品的主题是从生活中、从已获取的材料中提炼出来的，往往反对主题先行。而应用文往往是在写作之前先确立主题，所谓"意在笔先"。因为应用写作是一种被动写作，是应解决问题的需要而动笔，写作的过程更是确切地体现主题。如《××××集团与浙江××职业技术学院产学研结合实施意见》一文就是为推动校企产学研结合而写的，用于指导这项工作有序规范地开展，写作之前明确了主题。

2. 主题单一

文学作品的主题一般具有复杂性，对主题的理解更呈多元化，所谓"一千个人心目中有一千个哈姆雷特"。而应用文的主题则必须单一、明确，读者对主题的理解不允许多元，这样才有利于统一认识，更有利于问题的解决。

3. 主题鲜明

文学作品的主题要求含蓄、曲折、令人回味。而应用文要求直截了当地点明主题，表明态度，提出解决问题的措施和办法，对文章所涉及的各类问题，必须有明确的观点立场，应该怎么做，解决什么问题，达到什么目的，都要明确地表达出来。

因此，应用写作对主题的要求是：单一、集中、鲜明。

二、应用写作主题的表现方式

应用写作主题的表达要做到明确、显露。那么怎么才能做到主题从文章中显露出来呢？一般有以下几种表现方式：

1. 标题显旨

这种方式是在文章的标题中直接点明主题。如《浙江省教育厅办公室关于开展2021年春季开学专项督导和"三服务"工作的通知》，这份通知的标题就直接点明了主题，让人一看就大致明白了文章的主要内容，主题十分鲜明。几乎所有的公务文书写作都采用标题显旨的方法。

2. 开头点旨

这种方式是在文章的开头或每一段落的开头用简短的语句陈述主题，使主题凸现出来。如入党申请书的开头往往用"我申请加入中国共产党"一句开门见山，亮出主题；再如调查报告《靠名牌赢得市场——关于深圳市×××（集团）股份有限公司的调查》一文在"启示：现代企业必须重视实施名牌战略"的小标题下，分三段来阐述这一问题，在每段开头用段首句点明主旨。第一段的段首句：实施名牌战略是提高产品质量、提升企业品味的内在要求。第二段的段首句：实施名牌战略是企业参与市场竞争尤其是国际市场竞争的客观需要。第三段的段首句：实施名牌战略是增强国家经济实力的重要手段。在这三句主题句的提示下，每段的中心就十分明了了。

3. 结尾点旨

这种方式是在文章的结尾之处点明文章主题。如中华人民共和国商务部市场运行和消费促进司《2020年药品流通行业运行统计分析报告》一文就是采用这一方法结尾："十三五"时期，药品流通行业结构调整和产业升级加快，行业规模不断扩大，但行业发展不平衡、不充分的问题仍然存在。未来，药品流通企业仍需从多方面入手加强自身建设，如强化诚信经营意识，积极履行社会责任；进一步下沉营销网络，优化网络布局，提升供应链管理水平；改善人才结构，重视专业性、复合型、高素质人才的培养与引进，加强对各类技术人员的培训，以适应新领域、新业务的需求。行业企业要着力提升核心竞争力，推动整体步入高质量发展轨道。"这一结尾清楚地显示了主题。

三、应用写作主题的作用

主题是一篇应用文的灵魂。主题决定文种的选用、决定材料的选取、决定结构的安排、决定表达方式的选用。

> **案例评析**
>
> **不负时代　奋斗向前**
> ——在2021届本科生毕业典礼暨学位授予仪式上的讲话
>
> 金东寒
>
> 亲爱的同学们、老师们，尊敬的各位来宾：
> 　　大家上午好！
> 　　今天，我们在这里隆重举行天津大学2021届本科生毕业典礼，共同见证4773名本科生圆满完成学业。首先，我谨代表学校，向全体毕业生致以最热烈的祝贺！向辛勤培养你们的父母和老师表示衷心的感谢！
> 　　四年前，你们以优异成绩考取天大……四年来，你们刻苦努力，逐梦前行，图书馆中、自习室里留下了你们苦读的身影，"互联网+""挑战杯"等金牌赛事的荣誉榜上，凝聚

着你们拼搏的汗水；你们心怀家国，积极参与脱贫攻坚，建设"梦想教室""云课堂"助力宕昌学子求学圆梦；你们坚守初心，积极参与疫情防控，投身"志愿服务"展现天大学子责任担当。今天，你们身披学位服，满载收获和成长，即将踏上人生新旅程。……在毕业临别之际，我想送上几句话，与你们共勉。

第一，以家国情怀指引奋斗航向。中华民族历来崇尚家国大义，古之仁人志士，无不以修身齐家治国平天下作为自己的人生理想和毕生追求。大革命时期，天大的杰出校友张太雷毅然选择了为国家和民族奉献自己的一生，以实际行动践行"愿化作震碎旧世界惊雷"的铿锵誓言。126年来，一代代天大人秉持家国情怀，践行着时代责任与担当。刚刚发言的尹相原校友中学时代就立志以学报国，从天大毕业后义无反顾扎进了四川大凉山深处的西昌发射场，从普通操作手干起，靠着刻苦勤奋，34岁就成长为01指挥员。事实上，每个平凡的岗位都能造就伟大，只要你能把每项工作都做到最高标准。……希望你们传承好天大人的家国情怀，将国之所需、民之所向作为人生的奋斗航向，以至臻之情、奋斗之姿践行爱国奉献传统，做好本职工作，努力创造无愧时代的辉煌业绩。

第二，以创新超越开辟奋斗前路。……无论对个人抑或是国家，创新都是与时俱进、开创未来的不竭动力。众所周知，港珠澳大桥是世界最长的跨海大桥，是全球首例通过建设两个人工岛实现桥隧转换的超长跨海通道工程，被誉为"现代世界七大奇迹"之一，建造难度之大世所罕见。我校1981级港口及航道工程专业校友卢永昌就是港珠澳大桥岛隧工程的设计总工程师。在施工环境极度恶劣而又无任何可借鉴经验的情况下，卢永昌带领团队自主创新，攻克一个又一个技术难关，仅用215天完成了东西两个人工岛的施工，创造了"当年动工，当年成岛"的国内外工程建设奇迹。一位哲学家曾说过，知道事物应该是什么样，说明你是聪明的人；知道事物实际是什么样，说明你是有经验的人；知道怎样使事物变得更好，说明你是有才能的人。创新就是使事物变得更好的方法。希望你们以勇立潮头的浩气、超越前人的勇气，充分释放创新热情和创造潜力，打破常规限制，突破思维束缚，努力开辟属于你们的光明前路。

第三，以实干笃行成就奋斗人生。"不从纸上逞空谈，要实地把中华改造。"北洋校歌传唱至今，时刻提醒着每一位走出校园的天大人要将实干笃行作为实现人生理想的必由之路。梦想不会自动成真，奋斗才是圆梦密码。前不久，神舟十二号载人飞船成功发射，标志着我国向航天科技强国的梦想迈出了更为坚实的一步。担任此次载人飞船系统总指挥的正是我校1990级电子工程专业校友何宇。毕业以后，何宇进入航天五院从事技术研发工作，当时我国载人航天事业刚刚起步，他负责建设的故障对策试验室没有任何技术基础。面对困难，他没有退却，而是一步一个脚印地从头干起，最终圆满完成任务。之后他便带领着团队攻克了多个世界级难题，从一项项"从无到有"的创造中，实现了载人航天事业的重大技术突破，并获得国家科技进步特等奖。任何伟大事业的成功，无不与奋斗结伴、与实干同行。希望你们秉持"实事求是"的校训，不驰于空想，不骛于虚声，始终保持干事创业的热情，坚持实学实干，努力成就不负韶华的奋斗人生。

……

同学们，希望你们时刻相信奋斗的力量，坚守家国情怀，不负伟大时代，勇做走在时代前列的奋进者、开拓者、奉献者，为续写中国共产党新的百年辉煌贡献自己的力量。……今后，无论你们走得多远，母校永远牵挂着你们。无论你们身处何方，母校永远是你们的精神家园！青年湖畔，海棠花开，我们一直都在！

谢谢大家！

（来源：天津大学微信公众号，有删减，2021年7月6日）

【评析】此文是天津大学校长金东寒在2021届本科生毕业典礼暨学位授予仪式上的讲话，全文围绕"奋斗"这一主题，激励即将踏上人生新征程的大学毕业生们努力成就自己的奋斗人生。全文没有居高临下的说教，而是娓娓道来，优秀校友材料的选择、热情洋溢的语言风格等无不体现为主题服务的宗旨。

单元三　应用写作材料的运用

情景导入

20××年一季度，海宁市××经编有限公司取得了良好的工作业绩，但出口业务等板块出现了滞缓现象。陈婷接到总经办主任交给的任务，起草一篇公司第一季度经营情况分析报告，为领导下一步的决策提供参考和建议。

陈婷通过分析，认为自己在办公室工作，很少深入业务一线了解情况，写作经营情况分析报告难度很大。她决定先向各经营部门搜集材料，查阅各部门的月份和季度报表，再找出上年同期经营业绩情况进行比较分析。

必备知识

一、应用写作材料的特点

应用写作对材料是十分依赖的，常言道"巧妇难为无米之炊"，为了表现主题，需要收集一系列材料，或综合或舍取地运用到文章的写作之中，使主题真实、立体地体现出来。应用写作材料的使用除了与文学作品有共通之处外，更多地体现了自身的特点：

1. 真实性

应用写作在材料的选用过程中不得改变材料本身的性质，必须保持材料的真实性，对材料的时间、地点、数据、事实过程及结果都不能任意改动，否则就会使材料本身的价值发生变异，导致歪曲事实真相、弄虚作假的后果，不仅不能解决问题，反而于事无补。应用写作不仅对搜集到的材料要反复核实，在材料的解释上，也要有科学的态度，实事求是。

2. 新颖性

应用写作是为了解决现实问题而作的即时之作，其主要的材料必须选取能反映现实的新颖材料，必须是围绕要解决的问题而存在的新鲜事实和最新的数据材料。

3. 典型性

所谓典型性是指那些最能支持主题和说明问题的材料。典型材料可以是一个具体的事例、一些有说服力的数据和一些带有普遍性的现象。

二、应用写作材料的获取

应用写作材料分为直接材料和间接材料两种，其获取方法如下。

1. 直接材料的获取

（1）在实践之中积累材料。在自身及周围同事的工作实践中获取有价值的事件及数据。

（2）在观察中掌握材料。对要分析的对象做全面、系统、动态的观察，以获取真实、广泛、完整的材料。

（3）在调查中拓展材料。采用合适的调查方法向有关人士了解情况，做一些调查，获取材料上的补充。尤其是市场调查报告、市场预测报告等经济类的应用文，调查是必不可少的步骤。

2. 间接材料的获取

间接材料主要通过查阅文献资料获取材料。从有关文件、正式出版物、企事业单位的资料以及网络中获取材料。

三、应用写作材料的正确使用

1. 分清主次，详略得当

应用写作对材料的加工整理，是为了突出文章的主题，加强表达效果。处理材料要分清主次、详略得当。一般来说，突出事件特征的主要材料要详写，一般材料可略写；处于主体地位的材料详写，处于从属地位、过渡的材料略写；读者不熟悉的材料详写，熟悉的略写；材料之间角度相异的详写，角度相同的略写。

2. 合理安排材料的先后逻辑顺序

应用写作要根据主题的需要，按照一定的组织形式，安排材料的先后顺序。在安排顺序时要考虑材料的主次、时间的先后、材料间的逻辑顺序、人们认识事物的规律、事物发展的过程等因素。

3. 规范使用数据材料

数据材料是应用文写作中十分重要的材料，数字有时比文字材料更具体、准确，更能说明问题。尤其是财经类应用文，如预算报告、决算报告、经济活动分析报告等主要靠数据说明问题。运用数据材料必须做到真实、准确，可适当地使用统计图表，以便一目了然地说明情况；要对统计数据进行分析论证，以便更好地为主题服务。

> **案例评析**
>
> 2021年以来，集团全面贯彻落实党的十九届五中全会和省委十四届八次、九次全会精神，围绕省委、省政府和省国资委的决策部署，坚持以忠实践行"八八战略"，奋力打造"重要窗口"为主题主线，深入开展"狠抓落实年"活动，扎实推进国企改革三年行动，坚持以系统观念统筹推进疫情防控、经营发展、科技创新、安全生产、管理提升、产教融合、党的建设等各项工作取得积极进展。根据财务快报反映，1—6月，集团企业累计实现营业收入145.54亿元，同比增长70.74%，完成全年预算目标的53.90%；实现利润总额

2.30 亿元，同比增长 169.09%，完成经营性利润预算目标的 65.81%。营业收入、利润总额两项指标均创历史新高，增幅分别位列省属企业第 2 位和第 3 位。

【评析】 这是××集团公司 2021 年上半年工作总结的开头，短短的一段文字将公司的经营方针、取得的总体成绩展现出来。尤其是后半部分的数据材料，较直观地体现了公司良好的经营业绩和增长幅度。

单元四　应用写作结构的安排

情景导入

经过一个星期紧张的工作，陈婷搜集到了丰富的材料。各经营部门第一季度的经营情况总结都上交了，各部门的月份和季度报表也熟悉了，上年同期经营业绩情况分析材料也仔细地研读过了，同时，通过调研，陈婷还获得了一些典型案例。但面对庞大的材料，要整理一篇思路清晰、逻辑严密、简洁明了的经营活动分析报告，对陈婷来说实属不易。

思考： 陈婷该按照怎样的逻辑顺序来安排结构呢？标题、开头、主体结构安排、结尾等都需要陈婷仔细琢磨。

必备知识

一、应用文结构的特点

1. 直接性

应用文对结构的要求和文学作品有明显不同。文学作品讲究波澜起伏、跌宕曲折，以"曲"为美，应用文书要求开门见山、直截了当地点明主题，以"直"为佳。

2. 规约性

应用文经过长期写作实践，逐渐形成较固定的写作结构，以适应实际工作需要，使写作更快速，阅读更便捷，办事效率更高。特别是公务文书，其行文规则由中共中央办公厅和国务院办公厅下文做明确的规定，格式更规范，结构更固定。

3. 条理性

应用写作要求有严密的思路，表现在结构上，要求清晰有条理。在写作中要根据主题的需要安排好结构。应用写作结构安排还需适应不同文体的要求。如写合同就需要将合同的条款按标的、数量和质量、价款或酬金、履行期限、履行地点和履行方式、违约责任等内容分条列项地写清楚；写请示要按请示理由、请示事项、请求批准或指示的结束语的顺序安排结构。

二、常见的应用文结构模式

1. 单段式

内容少而单一，不便分开时，往往采用一段文字来表达，如写在商品外包装上的说明文。

简单的日常应用文书，如介绍信、证明信等，常用一段文字来进行写作。

2. 两段式

正文内容用两个自然段来表达。如转发、发布性公文中，将发布或转发的文件名和发文意见列为一段，执行要求另为一段。

3. 三段式

这是短篇应用文比较规范的常用模式。正文把写作目的和缘由、写作事项、结尾分为三段来写。

4. 多段式

多段式用于内容较多、篇幅较长的应用文。一般开头概述基本情况，说明原因、目的、依据；主体部分分为若干部分，各部分分条列项；结尾单独成段。内容多、篇幅长的应用文，则用小标题将主体内容分为几个层次来写。

5. 条款式

条款式用分条列项的形式安排结构。如规章制度、计划、合同等较多采用条款组织内容，给人以条理清楚、排列有序的印象。

6. 表格式

表格式通常有以下两种形式：

（1）由企业事先印制好表格式的规范文本。如银行、厂矿、公司等单位或企事业单位管理部门事先印制表格，将有关内容分项列出，各项之后留下空白，让使用或合作单位和个人按规定填写。如申请专利、商标的文书，合同，税务征管文书，财务会计文书等，大都采用这种形式。

（2）企事业单位临时制作的表格式文书。一般是根据写作目的，将有关统计数据编制成表格。

三、应用写作结构的基本内容及写法

1. 标题

应用写作的标题，要求充分体现主题。与文学作品形式多样、灵活多变的标题明显不同，应用文的标题通常有四种形式：

（1）公文式标题。这类标题程式性强，表达直接而少变化，主要用于公文，如"关于召开数字化改革推进会的通知"。

（2）论文式标题。这类标题或表达文章的观点和内容，或点明所论述范围。如"构筑大学生心理工程迫在眉睫""以消费助推城市竞争力提升"等。

（3）提问式标题。如"持续高温下明年的西湖龙井会受影响吗"。

（4）多行标题。主要有正题和副题的双行标题，其中正题更多地突出文章主题，副题则对正题起补充作用，常常说明文章的内容范围和文种，如"紧盯主跑道，力争得第一——杭州体系化规范化推进数字化改革"。也有一些应用文书有三行标题，即在主、副标题前再加上一个引题，主要用于新闻写作，如"唱好杭州宁波双城记（引题）浙江推出八大专项行动（正题）2025年，杭甬双城经济圈格局基本形成（副题）"。

2. 开头

应用写作开头担负着统领全文、揭示主题的作用。一般要求开门见山,直接显露题意。常见的开头方式有:

(1)概述式。这种方式要求用简明扼要的语言,围绕主题介绍有关情况或背景。总结、通报、报告、纪要、调查报告等文种常用此种开头方式。

(2)说明依据式。开头引用上级指示精神或有关法律,常以"根据""按照""遵照"等词语领起下文。

(3)陈述目的式。开头以简明的语言,直接说明写作的目的和意义,常用介词"为""为了"等领起下文。

(4)说明原因式。开头常用"由于""鉴于""因为"等词领起下文,也可以简述发文原因,再引出写作目的。

(5)议论式。开头用议论的表达方法,表达作者的看法,提出观点。

(6)提问式。先提出问题,然后引出下文。这种开头方式能引起读者的注意和思考,常见于调查报告、学术论文的写作。

3. 结尾

应用文的结尾讲究言尽意尽,不留"余味",不添"蛇足",更不能草率。常用的结尾方法有:

(1)强调式。对文中提出的问题做强调说明,以引起重视。或用"特此报告""特此通知""特此函达"等结束语强调。

(2)结论式。对文中的主要观点或问题,加以归纳总结或略做重申,以加深印象。

(3)说明式。对与主体内容有关但性质不同的问题或事项做补充交代、说明,以保证内容的完整性,如公文结尾交代施行日期、执行范围、传达对象、与该文规定不符的原有规定如何处置等;论文结尾处说明尚未解决而应另做讨论的问题。

(4)号召式。提出希望,发出号召,展望未来。如公文的通报、市场预测报告等常用这种结尾形式。

(5)建议式。针对设定的施行目标、产生的问题提出意见和建议。调查报告中的情况调查、问题调查常用此法。

除了上述几种结尾方式,还有请求式、责令式、表态式等,在此不一一列举,有的则没有结尾,自然收尾。

> **案例评析**
>
> 【案例一】
>
> #### 天津打造现代职业教育体系透视
>
> 在全国职业教育迅猛发展、各地职业院校百舸争流的今天,天津职教缘何能够始终居于前列?
>
> 一、勇当先锋,职业教育有了技能大赛——连续12年举办"国赛"
>
> 二、打破"天花板",人才培养实现了纵向贯通——两所本科院校的独特贡献

三、破除藩篱，整合资源达到了横向融通——"职继"协同打造学习型城市

天津职教改革发展的探索为全国提供了哪些可借鉴的经验？

一、始终站在职教前沿谋划创新——一条创新的"津门大道"

二、始终站在系统角度推动改革——一座城的优势

三、始终站在国家高度攻坚克难——不断前置的坐标

（资料来源：天津打造现代职业教育体系透视（上），https://www.tech.net.cn/news/show-94396.html，2021年8月9日；天津打造现代职业教育体系透视（下），https://www.tech.net.cn/news/show-94409.html，2021年8月10日。现代高等职业技术教育网）

【案例二】

大学生网络受骗现状及预防对策

一、大学生网络受骗的现状

（一）高校网络诈骗基本情况

（二）大学生对网络诈骗的了解情况

二、大学生网络受骗的原因分析

（一）从社会层面分析

（二）从学校层面分析

（三）从学生自身分析

三、高校防止大学生网络受骗的对策

（一）多方合力，形成全面防御机制

（二）上下联动，创新网络教育方式

（三）结合案例，打开项目课程模式

【评析】上述两个案例是两篇调查报告的结构提纲。两个案例采用不同的结构方式：案例一，各小标题之间是并列式的关系，各部分内部也采用并列结构，属典型的横式结构；案例二，总体采用层层递进的文章结构，在分析原因和解决办法时，又从并列的几个方面加以说明，属于纵横结合的结构方式。无论采用哪种结构方式，都是为了更好地体现文章主题。

单元五　应用写作语言的表达

情景导入

经过两天的奋笔疾书和反复修改，陈婷终于完成了公司一季度经营情况分析报告的起草工作，交给总经办主任审核。总经办主任审核后，称赞陈婷的文稿思路清晰，材料充实，分析和建议都比较到位。但同时指出，语言表述上不够简练，尤其是存在着口语化的倾向，要求陈婷再修改完善。

思考：应用写作在语言上有什么特殊要求吗？陈婷该如何进一步做到语言精练，同时克服口语化的语言习惯呢？

必备知识

一、应用写作的表达方式

应用写作中常用的表达方式有叙述、说明、议论三种，而描写、抒情一般在广告、经济新闻等文体中偶尔使用。

1. 叙述

叙述是应用写作常用的一种表达方式。有的以叙述事实作为立论的依据，如经济活动分析报告、调查报告、总结等；有的以叙述事实为依据进行决策和预测，如情况通报、市场预测报告等；有的对事实做如实反映和记载，如纪要、诉讼公文等。叙述在应用文写作中有如下几个特点：

（1）记事为主。应用文中的记事一般是概括性的事实材料，用来说明事理，提供依据材料，侧重点在叙事而非写人。

（2）客观真实。文学作品的叙述可做艺术加工，所述事件不必是客观存在的事实。应用文则不同，其所述事实，必须客观真实，不允许对事实夸大或缩小，更不能歪曲事实或主观臆造，否则就会导致决策失误，使经济活动混乱，使企业和消费者蒙受损失。

（3）概括叙述。文学作品需通过叙述细节来塑造人物形象，展开故事情节。而应用写作则是通过叙述为文章得出正确结论作为依据。如通报、报告、总结、调查报告等文章的叙述是为后面分析服务，通过概述事实的主干，而不需要对具体情节进行描写。

（4）多用顺叙。为使应用文条理清晰，让读者掌握、理解所述的客观事实，在文章中常常使用顺叙。在叙述时有的按照时间顺序，有的以事件发展的顺序，有的按人们认识事物的客观过程来叙述，这样叙述能使较复杂的事实头绪清晰，一目了然。

2. 说明

说明在应用文中常常与叙述相结合，起到对客观事物真实介绍说明的作用。有很多文种都依赖这一表达方式，如说明书、报告、请示、经济活动分析、合同、自荐书等，都离不开说明。说明在应用写作中表现出以下几个特征：

（1）客观科学。通过说明真实、客观地反映事物的真实面貌、本质特征，这就要求说明须客观、科学、严肃。

（2）数字说明。说明不但要客观真实，而且要做到准确无误，用数字进行说明就能起到这样的作用。因此在应用文写作中就少不了数字说明，特别是需要反映量的变化时，数字的作用就尤为突出。

（3）平实说明。在说明方法使用的过程中，常常使用数字说明、比较说明、定义说明和分类说明等平实的说明方法，而不用比喻、拟人等描写说明。

3. 议论

应用写作常常用议论的方式进行评论、分析，探寻事物发展的规律，阐述主题。其议论有以下几个特点：

（1）数据、材料做依据。与议论文的议论不同，应用文中议论不是靠言论的雄辩，而是需要无可辩驳的事实材料和数据为依据，正可谓"事实胜于雄辩"。

（2）说明、叙述相结合。夹叙夹议、说议结合，是应用文中的议论特点。应用写作往往不单独进行完整的议论，而是依赖于所叙述的事实和说明的现象，在事实和现象的基础上进行议论。

二、应用写作语言的运用

1. 应用文语言的特点

应用文的语言与文学创作的语言有较大的差别，其主要特点是：

（1）程式化。程式化的语言是写作实践的产物，是应用写作实践中常用的习惯用语，这种语言已经约定俗成，得到广泛的认可和共识。程式化的语言根据功用不同，可大致分为下列几个方面：

1）开端用语：根据、查、兹、兹因、兹有、为了、关于、按照、前接、近查等。
2）称谓用语：第一人称——本、我；第二人称——贵（平级）、你（上下级）；第三人称——该、其。
3）经办用语：业经、前经、即经、兹经等。
4）引叙用语：悉、近悉、惊悉、前接、近接等。
5）期请用语：即请查照、希即遵照、希、希予、请、拟请、恳请、务求等。
6）表态用语：照办、同意、可行、不宜、不可、不同意、遵照执行等。
7）征询用语：当否、可否、妥否、是否可行、是否妥当、可否同意等。
8）期复用语：请批示、请批复、请批准、请函告、请告知、请函复等。
9）结尾用语：为要、为盼、为荷、特此函达、特此通知、专此报告、特此函复等。

（2）书面化。应用文的写作性质决定其语言风格须简明、规范、严肃，而书面语能较好地达到这一语言要求，因而应用文语言大多采用庄重的书面语进行书写。

2. 应用写作语言的要求

（1）朴实、简洁。应用写作语言要求准确无误，朴实无华，简洁有力，不像有些文学作品用华丽多彩的语言去描摹事物，呈现事物的形象，而是提倡朴素美、简洁美。

（2）严谨、有分寸。应用文语言表达是否严谨、有分寸，关系到对问题的判断、处理是否合理、准确。

（3）规范、准确。应用文语言一定要表意清晰，使用规范、准确，尤其是数据语言一般要遵守《出版物上数字用法》（GB/T 15835—2011）的规定。在日常运用中应做到以下几点：

1）在同一篇文章中序数数字的体例要统一，不能体例混杂。如"农历初一至初7放假"一句，前后数字体例书写不规范，需统一书写。同时分数与小数的体例也必须统一。如"该县企业所得税收入完成95.6万元，比去年增长百分之十三"也出现了混写的错误。

2）表示公元世纪、年代、年、月、日、时刻均需使用阿拉伯数字，而星期则用汉字。如"21世纪""90年代""星期五"等。

3）邻近两个数字并列表示概数时，应该用汉字书写，数字与数字之间不能用顿号将其隔开。如"3、4天"应写成"三四天"，"七、八种"的"七"和"八"之间不能用顿号隔开。

4）结构层次的数字依次为：一、（一）1.（1）。

> **案例评析**
>
> **报蜂蜡实盘**
>
> 敬启者：
> 　　7月1日函悉。兹按贵社要求报盘如下：
> 　　一级蜂蜡20吨，每吨3 100美元CIF大阪，外层麻袋、内垫塑料袋包装，每袋50千克、以毛作净，10月份交货，以保兑的、不可撤销的、凭即期汇票付款的信用证支付，信用证须在交货期前30天开立。
> 　　本报盘以7月30日前复到我处有效（以我地我方时间为准）。
> 　　顺颂
> 商安
> 　　【评析】这是一则商务信函，关系到商务往来过程中双方的经济利益，因此语言严密，措辞严谨；采用规范的书面语言，庄重得体。这种语言风格与我们平时的口头语言有很大区别。

相关能力拓展

应用文常用书面用语汇释

一、公文类

备查：供查考。备，准备提供的意思。
备考：书册、文件、表格中供参考的附录或附注。
存查：保存起来以备查考。
参照：参考并仿照。
定案：对方案、案件等所做的最后决定。
核准：审核后批准。
面洽：当面商量。洽，商量，接洽。
业已：已经。
业经：已经。
申明：郑重说明。申，申述，说明。
签发：由主管人审核后，签上名字，正式发出。签，书写名字。
签署：在重要文件上正式签字。署，题写名字。
纪要：记录要点的文字。
晋级：提升等级。
列席：参加会议，有发言权，无表决权。
鉴于：考虑到，察觉到。
就绪：事情安排妥当。就，趋于，归于；绪，条理。

颁布：公布、发布（命令、指示等）。
嘉奖：（上对下）赞许、奖励。
兹：这里；现在。
当否：是否合适。

二、法律类

起诉状：原告向法院提起诉讼的文书。
公诉：刑事诉讼的一种方式，由检察机关代表国家对认为确有犯罪行为、应负刑事责任的人向法院提起诉讼（区别于"自诉"）。
自诉：刑事诉讼的一种方式，由被害人自己向法院起诉（区别与"公诉"）。
上诉：当事人不服地方各级人民法院判决、裁定的，按法律规定程序，有权向上一级法院提起上诉。
申诉：当事人、法定代理人对已经发生法律效力的判决、裁定认为确有错误的，可以向原审人民法院或上级人民法院，提出重新审理的要求。但是，申诉不停止判决、裁定的执行。
取保：找保人，请人担保。
反诉：在同一案件中，被告向原告提起诉讼。
副本：原稿以外的誊录本。
勘验：实地查看。

三、经济类

调拨：调动拨付（物资）。
托付：委托银行部门付给（钱款）；委托别人照料或办理。
托运：委托运输部门运送（行李、货物）。
债权：有权要求债务人按合同的约定或者依照法律的规定履行义务。
收讫：收清。（常刻成戳子，加盖在发票或其他单据上）。
索供：请求成交供货。
售罄：货物卖光。
打烊：晚上关门停止营业。
标的：合同当事人权利义务所指的对象，如货物、劳务、工程项目等。

四、礼仪类

台鉴：请你审阅的意思。台，对别人的敬称；鉴，审察的意思。
惠鉴：有劳你审阅的意思。惠，有求于人的敬辞。
雅鉴：请你指教、审阅的意思。雅，高尚不俗，对别人的敬誉之辞。
钧鉴：请你审阅的意思（对尊长或上级用）。
谨悉：谨慎地知道。悉，知道，了解。
台览：请你审阅的意思。览，阅看。
已悉：已经知道了。

收悉：收到并知道了。
兹有：现在有。
兹对：现在对。
兹将：现在将。
顷接：刚才接到。
惠临：敬称对方到这里来。
届时：到时候。届，到。
莅临：到来，来临。莅，到。
为荷：甚为感谢。
谢忱：感谢的心意。
雅正：请对方指教，常用于书画题款上的客套话。
奉笺：接到来信的意思。
拟于：打算在。
本拟：本来打算。
拟订：起草制定。
就地：在原来的地方（不到别处）。
应予：应该给予。
不予：不给予。
径向：直接向。
径与：直接同。
均应：都应该。
查复：检查后再做答复。
查收：检查后收下。
查询：检查询问。
当即：马上、立即。
洽商：接洽商谈。
赓即：立即、马上、立刻。
洽妥：接洽妥当。
竭诚：竭尽忠诚，全心全意。
歉难：对方提出的要求难以满足，表示抱歉。
尚望：还希望。
孔殷：十分急切。孔，很，十分；殷，深厚。
疲软：商品销路不好，行情价格低落。
坚挺：商品销路好，很受人欢迎，行情价格上涨。
鉴宥：请求审查后赦免；原谅。
函复：写信答复。
惠纳：承您照顾能接受。
诚盼：诚恳盼望。
台祺：您吉祥。

台安：您安好。
见谅：请原谅我。

模块小结

◎ 应用写作与文学写作在思维方式、反映生活、社会功用、表现形式、语言表达等方面均存在着区别。
◎ 应用写作主题要求：单一、集中、鲜明。
◎ 应用写作材料要求：真实、新颖、典型。
◎ 应用写作结构要求：直接、规约、条理。
◎ 应用写作语言要求：平实、准确、简明。

应知、应会目标鉴定

一、应知目标鉴定

1. 正确解答应用写作与文学写作的区别。
2. 正确判别应用文主题与文学作品主题的区别。
3. 正确说出应用写作对材料的具体要求。
4. 正确说出应用文常用开头方法、结尾方法和结构模式。
5. 正确说出应用写作常用表达方式和语言要求。

二、应会目标鉴定

1. 阅读下面的材料，完成练习：
（1）每段各用一句话概括段旨，填入段前括号中。
（2）用一句话概括整篇文章的主题，填入标题的括号中。

关于（　　　　）的通知（有删节）

为进一步提高学生心理健康工作的针对性和有效性，切实加强专业支撑和科学管理，着力提升学生心理健康素养，现就有关要求通知如下。

一、加强源头管理，全方位提升学生心理健康素养

（一）（　　　　）。发挥课堂教学主渠道作用，帮助学生掌握心理健康知识和技能，树立自助互助求助意识，学会理性面对挫折和困难。高校要面向本专科生开设心理健康公共必修课，原则上应设置2个学分（32~36学时），有条件的高校可开设更具针对性的心理健康选修课。

（二）（　　　　）。充分发挥体育、美育、劳动教育以及校园文化的重要作用，全方位促进学生心理健康发展。严格落实开齐开足上好体育课和美育课的刚性要求，积极推广中华传统体育项目，广泛开展普及性体育运动和丰富的艺术实践活动，结合各学段特点系统加强劳动教育，吸引学生积极参加各种健康向上的校园文化生活和学生社团活动，切实培养学生珍视生命、热爱生活的心理品质，增强学生的责任感和使命感。

（三）（　　　　）。针对学生在学习、生活、人际关系和自我意识等方面可能遇到的心理失衡问题，主动采取举措，避免因压力无法缓解而造成心理危机。注重关心帮助学习遭遇困难、学业表现不佳的学生，教师要及时给予个别指导，鼓励同学间开展朋辈帮扶，帮助学生纾解心理压力、提振学习信心。重点关注临近毕业仍未获得用人单位录用意向的学生，积极提供就业托底帮助，缓解就业焦虑。重点关注家庭经济困难学生，在学生资助的各环节把解决实际问题与解决心理问题相结合。及时了解学生在人际交往、恋爱情感、集体生活中所遇到的困难和问题，有针对性地开展个别谈话、团体辅导等，帮助青年学生树立正确的交友观、恋爱观。

（四）（　　　　）。学校及时了解学生是否存在早期心理创伤、家庭重大变故、亲子关系紧张等情况，积极寻求学生家庭成员及相关人员的有效支持。在家庭访问等家校联系中帮助家长更加了解孩子所处年龄段的心理特点和规律，在家长学校、社区家长课堂中将青少年发展心理学知识列为必修内容，防止因家庭矛盾或教育方式不当造成孩子心理问题。充分利用广播、电视、网络媒体等平台和渠道，传播心理健康知识，积极营造有利于学生健康成长成才的社会环境。

二、（　　　　），提升及早发现能力和日常咨询辅导水平

（一）（　　　　）。积极借助专业工具和手段，加快研制更符合中国学生特点的心理测评量表，定期开展学生心理健康测评工作，健全筛查预警机制，及早实施精准干预。高校每年在新生入校后适时开展全覆盖的心理健康测评，注重对测评结果的科学分析和合理应用，分类制定心理健康教育方案。

（二）（　　　　）。高校要健全完善"学校—院系—班级—寝室/个人"四级预警网络，依托班级心理委员、学生党团骨干、学生寝室室长等群体，重点关注学生是否遭遇重大变故、重大挫折及出现明显异常等情况。辅导员、班主任每月要遍访所有学生寝室，院系要定期召开学生心理异常情况研判会，对出现高危倾向苗头的学生及时给予干预帮扶。

……

三、（　　　　），提高心理危机事件干预处置能力

（一）（　　　　）。对于入学时就确定有抑郁症等心理障碍的学生，学校组织校内外相关专业人员进行研判，及时将干预方案告知家长，与家长共同商定任务分工。学生出现自杀自伤、伤人毁物倾向等严重心理危机时，学校及时协助家长送医诊治。

（二）积极争取专业机构协作支持。持续强化教育部门和各级学校与精神卫生医疗机构协同合作。各高校要主动争取与精神卫生医疗机构建立定点合作关系。

（三）（　　　　）。加快提升学校应急处置能力。学生因心理问题在校发生意外事件后，学校要立即启动应急工作预案，第一时间联系学生家长，并在当地教育、公安等部门指导下核实情况、及时处理。针对可能的社会关注，学校要按照公开透明原则及时回应，对在网上进行恶意炒作者，争取网信、公安等部门支持，合力做好工作。

四、加强保障管理，加大综合支撑力度

（一）（　　　　）。高校按师生比不低于1∶4 000比例配备心理健康教育专职教师且每校至少配备2名。加大心理健康教育培训力度，对新入职的辅导员、研究生导师开展心理健康教

育基本知识和技能全覆盖培训，对所有辅导员每3年至少开展1次心理健康教育专题培训。支持辅导员攻读心理学相关专业第二专业硕士学位，适当增加思想政治工作骨干在职攻读博士学位专项计划心理学相关专业名额，为一线思想政治工作队伍提升心理健康教育专业化水平创造更好保障。

（二）（　　　　　）。高校要为心理健康教育与咨询配备必要的办公场地和设备。……学校应在年度预算中统筹各类资金保障心理健康教育工作基础经费，确定生均标准，足额按时拨付，并视情建立增长机制。

2. 请将下列材料按标准分类，并将其序号填在该类标题后的括号里。

（1）省政府各部门召开全省性的业务会议，原则上只开到市、地、州一级。

（2）部门业务工作需以省政府名义召开的或需市、地、州分管领导同志参加的全省性业务会议，除由省政府办公厅发开会通知外，其余会务组织工作，由主办会议的部门负责，会议经费由主办部门开支。

（3）部门召开的或由几个部门联合召开的全省性业务会议，须经分管副省长同意。

（4）可开可不开的会坚决不开，可合并召开的会议不要分别开。

（5）全省全局性的市长、州长、专员会议或县长会议由省政府直接召开。其会务组织工作，由省政府办公厅负责，会议经费由省政府办公厅承担。

（6）要尽量压缩会期，减少出席人员。会议工作人员不得超过会议人员的10%。

（7）可开电话会议传达贯彻的工作就不要集中开会。

（8）省政府召开全省性的会议，由省政府常务会议研究决定。

（9）会议不得安排住高级宾馆，不准搞宴请，不准发纪念品，不得向下级转嫁会议经费负担，严禁以参观、学习为名搞公费旅游。

（10）上级一般业务性会议，已有正式文件的，可将文件翻印下达，结合实际情况制定贯彻措施下发执行，尽可能不层层开会传达。

（11）部门自行召开的全省性业务会议，其会务组织工作和经费概由部门负责承担。

（12）部门以省政府名义召开的全省性业务会议，应报经省长或常务副省长批准。

（13）要讲求实效，保证会议质量，会前认真做好调查研究，明确会议解决的主要问题，有争议的问题尽量在会前协商一致，以节约会议时间，提高议事的效率和质量。

第一类　大力精简会议：（　　　　　　　　　　）
第二类　明确责任分工：（　　　　　　　　　　）
第三类　严格审批制度：（　　　　　　　　　　）
第四类　切实改进会风：（　　　　　　　　　　）

3. 指出下列开头所使用的方式。

（1）当前，我国发展不平衡不充分问题仍然突出，城乡区域发展和收入分配差距较大，各地区推动共同富裕的基础和条件不尽相同。促进全体人民共同富裕是一项长期艰巨的任务，需要选取部分地区先行先试、做出示范。浙江省在探索解决发展不平衡不充分问题方面取得了明显成效，具备开展共同富裕示范区建设的基础和优势，也存在一些短板弱项，具有广阔的优化空间和发展潜力。支持浙江高质量发展建设共同富裕示范区，有利于通过实践进一步丰富共同富裕的思想内涵，有利于探索破解新时代社会主要矛盾的有效途径，有利于为全国推动共同富裕提供省域范例，有利于打造新时代全面展示中国特色社会主义制度优越性的重要窗口。现就

支持浙江高质量发展建设共同富裕示范区提出如下意见。（　　　　）

（2）测谎仪真的能测谎吗？它到底是利用什么原理测谎的？在现代破案过程中到底发挥了怎样的作用？笔者展开了调查。（　　　　）

（3）根据《国务院关于建立职工医疗保险制度的决定》《浙江省推进城镇职工基本医疗保险制度改革的意见》和《国务院办公厅转发劳动保障部　财政部关于实行国家公务员医疗补助意见的通知》精神，结合我省公务员医疗保障的实际，制定本实施意见。（　　　　）

4. 从括号中选择合适的词，在下面画上横线。

（我局、我们）已请示（领导、上级），定（在、于）本月15日（开始、动手、动工）改建公路桥。改建期间，（这里、此地）禁止（走路、通行），（所有、一切、凡）来往行人、车辆，请（拐弯、绕道）而（走、行），特此（通知、通告、布告、公告）。

5. 按照数字书写规范修改下列数字的错误用法。

二十一世纪第2个十年代刚刚过去，二零二零年是13五收官之年，也是极不平凡的1年。全市生产总值增长百分之4.1，增幅高于全国平均增幅一点三个百分点。

module 2

模块二
信函文书写作技巧

应知目标

- 熟悉信函文书的理论知识，了解日常信函、专业书信和商务信函等文体的不同种类，明确其在社会实践活动中的重要作用。
- 熟悉介绍信和证明信的写作要求。
- 熟悉自荐信、应聘信的写作要求。
- 理解商务信函的写作知识。

应会目标

- 能根据实际需要写作介绍信、证明信。
- 能结合自身实际制作毕业简历、写作自荐信和应聘信。
- 能根据具体情景写作常用商务信函。

素养目标

- 通过自荐信的写作，培养自信、踏实的作风和创新意识。
- 通过商务信函等的写作，培养诚实守信、尊重他人和文明守礼的良好品格。

单元一　证明信、介绍信的写作

情景导入

海宁市××经编有限公司为了培养更多的工艺大师，提升公司产品档次和质量，经研究决定，准备在浙江××职业技术学院设立培训点，开展定点培训。公司决定派总经理办公室副主任张磊前往联系，要求陈婷开具证明张磊身份的证明信或介绍信。陈婷随即开出了如下信件：

介　绍　信

浙江××职业技术学院：
　　兹介绍我公司总经理办公室副主任张磊等壹人，前往贵院联系开展定点培训相关事宜，望贵院予以接洽为盼。
　　此致
敬礼

海宁市××经编有限公司（章）
20××年9月16日

（有效期叁天）

在人口流动不断加快的今天，出门联系工作、洽谈业务，往往离不了一封能证明身份的证明信或介绍信。那么，该怎样写作证明信或介绍信呢？

必备知识

一、证明信的含义

证明信是单位或个人出具的用来证明某人的身份、经历或某事物真实情况的专用书信，包括作为材料存入档案的证明信、证明某种情况属实的证明信、作为证件用的证明信三种。

二、介绍信的含义

介绍信是介绍本单位的人外出联系工作、洽谈事宜、参观学习或出席会议等而写的专用书信。持介绍信的人以此作为与对方单位联系工作的凭证。由于介绍信上一般还有持信人的职务、职称、政治面貌等，因此介绍信具有介绍和证明的双重作用。

三、介绍信与证明信的区别与联系

介绍信和证明信均具有证明功能。但证明信侧重于证明事实的真实情况，而介绍信除了证明身份外，更是与对方单位接洽工作的凭证。如某党员因临时外出学习、参加会议等需要证明党员身份，应开具党员证明信；而某党员因大学毕业或工作调动需要转移党员关系，则用党员介绍信作为党团关系从本单位转到对方单位的依据。另外，介绍信必须由单位开具，而证明信既可以由单位开具，也可以以个人的名义出具。

能力技巧

一、证明信的写作技巧

1. 标题

标明专用书信的性质，在正文首行的正中间书写"证明信"。

2. 行文对象

如果是外出办事只作为身份证明，这一项目可以略去；如果是直接给某单位的证明材料，就必须标明单位名称。具体可根据情况而定。

3. 正文

写清楚证明的事项。如证明某人的工作经历，就应写明姓名、时间、在本单位工作时担任的职务、工作能力、业绩等。如证明某件事情的真实与否，须写清参加者的姓名、身份、在事件中的地位、作用和事件本身的前因后果。

4. 结尾

写明习惯用语"特此证明""情况属实，特此证明"等。

5. 落款

写明证明单位名称、证明日期并加盖公章。个人的证明材料应写明证明人姓名、身份，并签字盖章。

二、介绍信的写作技巧

1. 标题

与证明信同，在正文首行的正中间写"介绍信"。

2. 行文对象

顶格写明要去办事的单位名称。

3. 正文

写明介绍信的主要内容。介绍前去办事者的姓名、同行者人数及接洽的事宜等，必要时介绍人物身份、职务。人数要大写。

4. 落款

写明单位名称和日期，加盖公章。

5. 有效期

介绍信的左下方应注明"有效期×天"。同样，数字要大写。

案例评析

【案例一】

证 明 信

尊敬的签证官：

张健先生，男，身份证号码：330224××××10220022，自1997年起在我单位任职。现任人力资源部部长职位，年薪人民币30万元整。我公司同意他在20××年10月参加为期一周的赴澳大利亚考察活动。我公司担保他在活动结束后如期归国并继续在我公司任职。

特此证明

总经理：×××（签字）
杭州××科技有限公司（盖章）
20××年10月16日

【评析】 此证明为出国签证的担保证明，要求写清出国者的个人信息、任职情况、收入情况及后续回国事宜，表述清楚，结构完整。

【案例二】

介 绍 信

杭州市××区××街道：

根据中宣部、教育部、团中央统一部署，结合我校实际情况，兹介绍冯××同学到贵单位进行暑期社会调查或挂职（村委会主任助理、村支书助理、居委会主任助理或企业车间主任助理）锻炼，请大力支持为盼！

此致

敬礼

共青团浙江××大学委员会
20××年6月28日

（有效期叁天）

【案例三】

介 绍 信

杭州市××商贸公司：

兹介绍王华等3人前往你处毕业实习2个月，请接洽。

20××年3月5日

【评析】 相对于案例二的介绍信，案例三存在的问题较多：实习人的单位不明确，文中的数字没有大写，缺少祝颂语，缺少出具介绍信的单位名称及公章，缺少有效期，语言表达较生硬，是一封不合格的介绍信。案例二的介绍信各要素齐全，格式规范，内容完整，具备基本的介绍功能。

单元二　求职信的写作

情景导入

海宁市××经编有限公司业务发展越来越快，公司准备引进部分高素质技术技能型人才和管理人才。招聘启事发布以后，公司收到了一大摞自荐信，公司从中挑选出因行文思路清晰、内容具体而显得专业素质较高的人员参加面试。

在竞争激烈的社会，要想赢得就业机会或为自己寻找一个发展的空间，必须善于推荐自己，而求职信便是一种使用频率很高的自我推荐性应用文体。一封漂亮的求职信就像一位出色的使者，可以在求职者和用人单位见面之前，给人留下深刻的印象，从而增加你面试的机会。某求职网站上的调查显示：34%参与调查的人事经理表示非常重视求职信，54%的人事经理表示将求职信作为重要参考。所以，在即将走上工作岗位的时候，必须精心设计求职信。

必备知识

一、求职信的含义

求职信是向用人单位自荐、谋求职位的书信，分为自荐信和应聘信两种。

自荐信是比较系统地介绍自己的才识、专长和经历，进行自我推荐的专用书信。一般用于人才招聘会上向多个用人单位呈送。

应聘信是为求得某一具体职务而有重点地介绍自己与此职务相关的才能和条件的专用书信。一般针对某一具体的招聘启事而写。

无论是自荐信还是应聘信，最终目的都是被对方认可和聘用。在表现手法上都是表现自我、展现自我，进行自我推销。只是前者不一定提具体职务，介绍范围较大，较全面、系统；后者一般明确提出具体职务要求，内容单一。

二、求职信的特点

1. 内容针对性

求职信的内容必须针对对方要求或担任某职务有关的内容来选择和组织材料，不发空洞议论，也不涉及一切无关的人和事。要围绕求职单位的实际情况、读信人的心理和个人的求职意向写。

2. 目的明确性

求职信的目的是为对方所录用，恰当地推销自己，恰如其分地表现自己，用自己的成绩、特长、优势，甚至用个性、闪光点吸引对方，使对方在即使未谋面的情况下，也能产生一种心动和值得一试的感觉。

3. 表达独特性

求职信要针对自己的个性特点，在内容和形式上形成自己独特的风格。一位广告专业学生为自己设计了一份求职广告文案，以其创意性、策略性思维获得多个公司的青睐。一位市场营销专业学生应用自己的专长将自己作为一个"产品"来营销，按营销策划书的结构和体例写了一份求职策划书，多角度展示自己的优势，以独到的观察视角获得了招聘单位的认同，最终加入一个著名企业，顺利完成从学生到企业人的转变。

能力技巧

一、求职信的写作技巧

求职信通常由标题、称谓、正文、祝颂语、落款和附件等部分构成。

1. 标题

居中写明"求职信""自荐信"或"应聘信"等。

2. 称谓

写给用人单位的人事部门或直接写给单位负责人，注意称谓要礼貌、得体，如"尊敬的××公司人事部""尊敬的××公司王经理"。在用人单位不确定的情况下，称谓可写"尊敬的公司人事部领导""尊敬的总经理先生"等。一般不采用情感浓烈如"亲爱的"或最高级形容词如"我最尊敬的"等表述。

3. 正文

（1）开头。先写问候语如"您好"，表示礼貌、尊敬。再写求职人的自我简介或用人信息的获得渠道。如："我叫胡小平，是浙江××职业技术学院汽车运用系汽车装潢与营销专业的应届毕业生。见《××晚报》贵公司招聘启事，我有意应聘其中汽车修理工一职。"也可以用积极奋发、富有激情的笔触来写，如："刚迈入韶华岁月的我，向往美好的人生。漫漫人生路，我想路在我的脚下，第一步我所盼望的，是能够迈入贵公司的大门。"开头语表述应简洁明确、干脆利落，不宜过多过长。

（2）主体。这是求职信的核心部分。一般没有固定格式，对毕业生来说，一般采用如下思路：

首先，具体介绍自己的专业优势，即学习的主要专业课程，参加的专业实践活动及在各类专业竞赛中的获奖情况等，要充分展示自己在专业方面的突出成绩，让用人单位明确你能胜任的工作岗位。

其次，介绍自己的工作能力及爱好特长，包括自己在校期间担任学生会、班级的主要干部职务，在各类活动中的组织能力、人际交往能力、口才表达能力等。个人的兴趣、爱好及特长也是竞争的优势。

最后，如果用人单位明确，可以谈谈对企业的认识、了解，表达迫切要求工作的愿望及录用后的打算。如："贵厂是闻名遐迩的中外合资企业，总经理知人善用，重视人才，我非常愿意并渴望到贵厂工作，愿为贵厂的兴旺发达贡献自己的知识与才华。"

（3）结尾。再次表达求职的愿望，希望获得机遇，起到吸引和打动对方的作用。如"我期待着好消息""热切地盼望着贵公司给予答复"等。

4．祝颂语

可写"此致敬礼",也可写"祝贵公司兴旺发达"等祝颂性的话。

5．落款

署上求职者的姓名、日期。

6．附件

这也是求职信的重要组成部分,它是求职信以外的其他材料。如学历证书、成绩单、获奖证书、技能证书、论文等的复印件。如材料多,依次标上序号。这些材料是个人专业优势和能力特长的证明,对用人单位来说是反映个人才能、知识的重要证据。

二、求职信的写作要求

1．充分自信

自信是写好求职信的前提。自荐信的字里行间应当洋溢着充分的自信。要让用人单位感觉到你完全有能力胜任应聘的工作岗位,并且是这一岗位的最佳人选之一。因此,要多角度展示自己的优势,尽可能避免谈自己的不足。但自信绝不等于盲目自夸,如"我有能力开创企业的新局面"等语句就不妥。可换一种方式来表达,比如,"我可以用所学的知识,为贵公司建立一套新的管理计划,以提高企业的生产率""我的加入一定有助于贵公司汽车修理工作的开展",等等。

2．对方意识

应从聘用一方的立场出发观察和思考问题,投其所好,引人注意,最终达到目的。尽可能多了解应聘单位情况,将对应聘单位由衷的赞赏写到求职信中。如"我之所以选择到贵公司应聘,是因为贵公司倡导的'企业与时代共同前进,企业与客户共创价值,企业与员工共同发展'的核心价值观深深地吸引了我"。这样写会给用人单位留下良好印象。这也是面试时的一大技巧。

3．突出重点

求职信不是一份面面俱到的思想、工作总结。要突出那些能引起对方兴趣、有助于获得工作的内容,主要包括专业知识、工作经验、自身特长和个性特点等,重点突出与求职意向相关的知识结构、工作经验和能力。如果你应聘的是行政、人力管理类的岗位,可突出自己在沟通、组织协调、文字表达等方面的能力;若是专业技术类,则不妨突出自己的专业技能、研发能力、创新精神等;同样,应聘营销类职位时要适当突出自己的策划、公关、创新能力和口才。有时,为了突出这些特点,可以用一些典型数据和事例来说明,切忌太多空洞的自我评价。

4．思路清晰

自荐信的重点在于"荐",在构思上一定要围绕"为何荐""凭何荐""怎么荐"的思路安排,使用规范的书信格式。

案例评析

【案例一】

自 荐 信

尊敬的公司负责人:

　　当我即将毕业走向工作岗位,四处奔波而找不到一份称心如意的工作时,偶然从《××晚报》上看到贵公司的招聘启事,不禁欣喜万分。特毛遂自荐,应聘贵公司职位。

　　我是××大学××专业的本科生,现已学完全部课程,学习成绩优秀,各门功课平均成绩在90分以上(成绩表复印件附后),曾担任系学生会纪检委员,工作认真负责,曾被校学生会评为优秀学生会干部(荣誉证书复印件附后)。我有广泛的爱好,在书法、足球方面尤佳,是系足球队主力队员。身体健康,能够从事重体力劳动。我善于处理人际关系,在大学四年,从未跟同学和师长闹过别扭。

　　我应聘贵公司的职位,主要目的是想干一番事业,并不计较福利待遇和个人得失。我研究过贵公司的背景材料,发现贵公司有一套独特的经营管理之道,在实行过程中,虽然难免有不完善之处,但只要不断总结经验教训,就能逐渐形成贵公司的经营管理特色。我在学校辅修经济管理专业,在这方面有自己的一些不成熟的思路,盼望能有一个付诸实践的机会。这也是我向贵公司积极应聘的原因之一。如能如愿以偿,我将努力勤奋工作,在本职岗位上做出骄人的业绩。我坚信您是不会失望的。恳请您在×月×日前给我答复。

　　此致

敬礼

××大学××系　××
20××年4月18日

【评析】 作为一封应聘信,该例文主要存在以下问题:一是对求职目标不明确,未能选定一个岗位;二是对求职缘由表述不准确,缺乏自信,可能令招聘方不快;三是内容缺乏针对性,过多空洞和不合适的议论,没有重点信息;四是语气不妥当,结尾要求不礼貌。

【案例二】

自 荐 信

尊敬的人事部主管:

　　您好!

　　我是一名即将毕业的××大学本科生。非常高兴在××英才网、××指南网和我们的校园网站上看到中国移动浙江分公司的招聘信息,特别是看到杭州和宁波分公司都在其中,如果能在自己的家乡加入移动,对我这个喜爱移动、喜爱浙江的人来说是绝妙的。

　　但是您一定有疑虑,因为我这个学酒店管理的人却想应聘市场营销部门的职位!关于这个问题,我想进行如下说明:

　　一是在学科知识上我并不逊于市场营销专业的学生。我们的专业除了学习酒店管理的一系列课程外,还学习与市场营销有关的一些课程,如"沟通技巧""服务心理学""酒店市场营销""酒店客户关系管理"等。正如中国移动所说"沟通从心开始",把握消费者心理对于营销策划更为重要。另外,我还广泛阅读了《定位》《市场营销原理》等众多营销论著。

二是市场营销中许多具有艺术性、技巧性和因地制宜的东西,都不是可以从书上学到的。在这点上,我已经证明了我的天赋,我的营销案例分析课程是全院最高分——95分,而且从简历中您能够看到,我曾经成功地参与了企业的策划活动。

在浙江移动的业务当中,我很中意12580移动秘书服务。我觉得这是一个设计得非常好的增值服务,工作人士以及像我们这样正在找工作的大学生就非常需要此项服务。最关键的问题是如何推广给顾客!假如我有幸能够加入移动,我会采取如下的方法进行推广:

一是在大学校园设立咨询台进行推广。我们可以联系学校的就业辅导中心,强调我们这项服务可以帮助大学生不错过任何一家企业的面试通知,那么很可能学校会免费提供场地让我们做宣传。

二是免操作为顾客提供半个月的12580移动秘书服务。所谓免操作,是指顾客不需要到营业厅办理,不需要自己打10086开通,也不需要设立密码,一切都和短信息一样,是自行开通的。顾客对于任何一项服务都是非常怕麻烦的,所以我们要把服务做到0麻烦!当顾客已经习惯这项服务时,我们就可以要求顾客打电话开通此项业务了!

当然,目前我对于移动的业务完全是门外汉,您可能会对我的幼稚哑然失笑,不过,我只是想让您了解我对通信业务的热情和喜爱!同时我相信自己能够为浙江移动的壮大添砖加瓦,和全球通的新广告词一样,"我能"!

感谢您的阅读,衷心期待您的回复。同时祝您身体健康,一切顺意!

××大学 ×××
20××年6月12日

【评析】这是一封非常成功的求职信,整篇文章重点突出,既有条理又有针对性,对市场营销的理解深刻又生动,对业务的推广策划翔实具体,具有较强的"对方意识",充分展示了求职者对移动业务的认知及热爱。表达流畅,言辞恳切,思维清晰,能给招聘方留下强烈的好印象。

【案例三】

自 荐 信

尊敬的领导:

您好!

我叫王灵俊,是浙江××职业技术学院的20××届毕业生。就我的现状而言,就好比是一辆刚下生产线等待市场考验的小轿车。我觉得一个优秀的营销人员就好比是一辆一流的轿车,总能让人们喜欢它,进而信赖它,最后愿意为它买单。人如其名,从我的名字不难看出我是一辆具有相当大市场前景的新款轿车。

"王"象征着"王牌"的品质,无论是什么产品,要想在市场上站稳脚跟,品质永远是关键。经过大学的三年学习,我已经熟练地掌握了有关汽车的各方面专业知识。这就好比一辆车拥有一台品质卓越的发动机,无论面对什么样的路况、什么样的环境,它总能源源不断地输出最大动力。

"灵"在汽车上一则可指车内装潢设计十分人性化,便于驾驶者自如操作,灵活掌握;

二则指汽车在行驶中无论调头还是转弯,抑或是其他动作,对它而言都是那样轻松、灵活。我是一个有很强团队合作意识的人,能够很好地处理与同事的关系,故而便于领导指挥管理。除此之外,交际能力较强,面对复杂的人际关系,我能很自如地做好"转弯"或"调头"工作。

"俊"则是指汽车拥有非凡的外观,所到之处总能赢得人们的喜爱。我虽然没有非凡的外表,但我是一个具有较强亲和力的人,容易让人接受,进而得到他们的信赖和喜爱。

虽然我具备了一辆一流轿车的潜力,但是我的行驶经验远远不足,需要一名优秀的驾驶员不断地训练我、改进我。而贵公司是一位难得的优秀驾驶员。如果贵公司能给我一次为您效劳的机会,相信我将会成为一辆名副其实的"王""灵""俊"式轿车,为贵公司开拓更广阔的市场。

热忱期待着您的回应!

此致

敬礼

附件:本人简历、大学三年成绩单、各种证书复印件

自荐人:王灵俊
20××年5月12日

【评析】这是一封比较有特色的自荐信,自荐者将自己的名字与自己的专业和求职意向挂钩,产生了较强的阅读引力。字里行间也显示出自荐者流畅的文笔和敏捷的才思。不足之处在于对自己的专业掌握情况介绍不够深入,无法用实际的事例让用人单位更好地了解其能力,让人感觉有点虚。

相关能力拓展

简历的制作

一、主题:成功求职。

二、材料:个人信息(姓名、性别、年龄、籍贯、政治面貌、身体状况、联系方式等);学业信息(专业、课程、成绩、证书等);实践经历(什么时间、什么地点、什么岗位、什么收获等);自我评价;求职意向等。

三、形式:A4纸一张。

四、结构

(1)个人信息:一般不超出A4纸的1/3;健康状况不写"良好",写"健康";个人照片尽量避免使用自拍照。

(2)求职意向:明确,如工作地点、岗位、单位性质等。

(3)教育背景(经历):最高学历、培训经历等。

(4)专业课程:专业核心课程+个人修养+素质拓展,可根据岗位需求排序。一般与岗位匹配度高的放在最前面。

(5)技能证书(技能):证书+能力的描述。

(6)获奖情况:与岗位匹配的最高奖放在最前面。

(7)实践经历:时间+地点+岗位+收获,收获的表述要求简练。

（8）自我评价：4～6个关键词，一般围绕求职意向展开，体现职场特征，也可以多维度描述。尽量少用"活泼""可爱""孝顺"等过于生活气息的词语。

五、总体要求：语言表达精炼、明确；排版注意美观；重点部分采用加粗、修改字体字号、下划线等方式突出。

六、其他材料：包括学历证明、获奖证书、专业技术职务证书、专家推荐信、所发表的论文著作等。

案例评析

个人简历

基本信息						
姓 名	褚××	性 别	女	出生年月	2000.4	照片
籍 贯	浙江宁海	学 历	本科	专 业	应用日语	
政治面貌	中共预备党员		联系电话	139××××××××		
E-mail	Chu××@163.com					
求职意向	日语翻译、外贸等相关工作					

学习经历
2016年9月—2019年6月 宁海县第×中学读高中 任班级团组织委员
2019年9月—2022年6月 浙江××职业技术学院应用日语专业学习 任副班长

主修课程
日语精读 日语泛读 日语口语 日语视听说 日本概况 日语写作 日语语法
日汉互译 日语口译 日本近现代文学欣赏 日本影视 日语报刊选读

拓展课程
大学英语 高等数学 应用写作 国际贸易 外贸函电 公关礼仪与口才

获奖情况
2018—2019年：二等奖学金
2020—2021年：三等奖学金
2021年5月：学院日语口语大赛二等奖
2022年：院级优秀团员

外语水平
英语：国家大学英语六级
日语：能力测试一级，较强的口语能力

实践经历
平时熟练运用计算机办公软件
2020年暑假在杭州假日酒店实习，前台服务
2021年暑假期间在杭州风源外贸公司实习外贸业务
多次参加日本代表团接待工作，担任现场翻译、导购

自我评价
出身农村，培养了勤劳朴实、脚踏实地、乐观向上的品质
十五年寒窗苦读，眼界开阔、坚韧不拔、富有涵养

【评析】这份简历思路清晰，眉目清楚，专业知识和能力一目了然。

单元三　商务信函的写作

情景导入

随着公司业务的不断发展，海宁市××经编有限公司决定开拓更多的海外市场。它们从各大网络平台寻找需要产品的潜在客户，然后发商务信函推销自己的公司和产品。

在现代商战中，商务信函是与所有客户建立联系的有效手段，可以随时将公司的产品、价格、服务等市场信息传递给成千上万的新老客户及目标客户，帮助企业深度挖掘更多商机。

必备知识

一、商务信函的含义

商务信函简称商函，是企业用于联系业务、商洽交易事项的信函。

二、商务信函的特点

1. 内容单一

商函以商品交易为目的，以交易磋商为内容，不涉及与商品交易无关的事情，内容上不掺杂交易磋商以外的私人事务或其他事务。同时，商函的内容单一还体现在一文一事，即一份商函只涉及某一项交易，不同时涉及几项交易。

2. 结构简单

商函因内容单一，一般段落较少，篇幅较短，整体结构简单，体现实用性，便于对方阅读和把握。

3. 表达准确

商函以说明为主，或介绍业务范围，或报知商品品种与价格，或提出购买品种与数量，或要求支付货款，或通知货物发出和到达的日期，直截了当，言简意赅。因涉及经济利益，任何数字、用词等均要求准确无误，否则可能造成经济损失。

4. 遵循国际惯例

商务信函较多用于国际贸易中，因此在书写使用时应采用国际通行的格式，遵循国际惯例。

三、商务信函的种类

按照商务交往的类型，商函可分为交易磋商函和争议索赔函两大类。

1. 交易磋商函

交易磋商是交易双方就买卖商品及交易条件，如品质、规格、数量、包装、价格、支付方式、交货、提货等进行协商。交易磋商有口头和书面两种方式，书面方式包括信函磋商和电传磋商等。交易磋商中形成的信函即交易磋商函，大致有如下几种。

（1）建立贸易关系函。介绍如何得到对方的有关信息，本企业的经营范围和业务开展情况，说明希望和对方建立贸易关系的意愿。

（2）确定贸易方式函。双方就确定经销、独家经销、代理、寄售、拍卖等交易方式交换意见。

（3）介绍一般交易条款函。应对方要求，介绍说明某交易的一般条款。

（4）征求订货函，或称推销货品函。介绍可供货品的种类和价格，希望对方购买。

（5）要求报价函。说明所需货品的名称和数量，要求供货单位报价。

（6）报价函。供货单位就对方需要的货品提出价格。

（7）商洽价格函。双方就价格交换意见。

（8）商洽价格外其他交易条件函。双方就货物的包装、交货的期限、运输方式和费用负担、货款的支付等交易条件交换意见。

（9）订购函。在明确交易条件后向供货单位说明所购货品的名称、数量、需货时间、到货地点等内容。

（10）寄购货合同函。就交易条件达成一致意见后，向对方寄出购货合同，要求查收并签署后寄回。

（11）催货函。临近交货日期或超过交货日期后，要求供货方函告具体交货日期或要求供货方在某一期限内交货。

（12）通知出运函。告知收货方出运日期及向收货方寄上有关单据以便提货。

（13）催提货函。供货方备妥货品后要求收货人提货。

2. 争议索赔函

争议索赔函指贸易双方由于某种原因发生争议，在争议发生过程中或发生后索理赔过程使用的函，大致有以下几种。

（1）交涉货品质量函。双方就所供货与合同规定或签订合同时所提供的样品是否相符进行交涉。

（2）要求支付货款函。供货方要求对方按规定及时支付货款，或对方逾期付款后要求对方在一定期限内支付货款。

（3）拒绝货款函。购货方由于来货质量与合同规定或所提供的样品不符、交货逾期或其他原因，拒绝向供货方支付全部货款或其中部分货款。

（4）要求赔偿函。由于某一方没有履行或没有完全履行合同，如来货破损、变形、短缺，没有按时交货，没有按时提货，另一方要求得到赔偿。

（5）拒绝赔偿函。针对对方指责本企业违约并要求赔偿，如果企业没有违约，或本企业是在不可抗力作用下违约，则说明情况，拒绝赔偿。

（6）理赔函。针对对方指责本企业违约并要求赔偿，如本企业确应承担责任，则根据情况同意赔偿。

3. 询盘、发盘与还盘

在进出口交易磋商中，商函的另一个名称为"盘"。根据内容的不同，有询盘、发盘、还盘、反还盘等。

询盘是对双方交易内容的一种询问。一般询盘只说明所要买卖的范围，目的是要对方进一步介绍情况。具体询盘是买方或卖方指定具体的商品，甚至连数量、包装、交货期限都明确指出，要求对方报价或递价。买卖双方均可以发出询盘。

发盘，相当于报价，有虚盘和实盘之分。虚盘要说明保留条件，对发盘人没有约束力。实盘表示发盘人有肯定的订立合同的意图，在法律上属于一项要约。实盘必须具备三个条件：主要交易条款齐全、肯定；内容清楚确切，没有模棱两可的词句；没有任何其他保留条件，只要受盘人在有效期内完全同意，交易立即达成。

发盘中还有联合发盘，是几个发盘搭配在一起，让对方要么全部接受，要么全部拒绝，适用于需要搭配买卖的商品。

还盘是买方在接到卖方的报价以后，要求更改报盘内容，包括降低价格、改变支付方式、改变交货期限等。反还盘则是卖方对买方还盘的还盘。

能力技巧

一、商函的写作技巧

一份完整的商函一般包括信头、标题、行文对象、正文、附件、生效标志等几个部分。

1. 信头

商函一般采用本企业特制的信笺，其上方中间已预先印好信头。信头一般包括企业名称、地址、邮政编码、电话号码、电传号码等，有的还有商函编号，常用横线与其他部分隔开，有的商函信笺把信头内容写在最下端，也用横线隔开。英文信函的信头一般包括商函发出者的地址和发出时间，位于信笺右上方。

2. 标题

商函一般应有标题，使对方迅速了解商函的主旨。商函标题应准确简要地概括商函的主要内容，标明文种名称，可以加"关于"一词，如"关于调整天象牌味精价格的函""关于要求改进天地牌螺钉包装的函"等。

外贸商函的标题一般用能够表达主旨的词语或短语点明事由即可，如"事由：建立贸易关系""事由：索赔"。

3. 行文对象

这是指商函的接收方。商函的行文对象只有一个，顶格写。一般写收函方的公司、商号名称，有时写给对方单位领导，要求写明姓名和职务。

4. 正文

商函正文一般由开头、主体、结尾三部分组成。

（1）开头。开头说明发函缘由。如果是初次给对方去函，可先做简单的自我介绍，使对方了解本企业的业务范围或产品情况；一般的商函直截了当说明发函目的，进入主旨；答复对方来函的，应先说明来函的日期、来函事由等，如"3月5日函悉，关于××问题，函复如下："。

（2）主体。这部分写发函事项。商函根据不同的发函目的进行写作，或介绍情况，或告知事项，或说明具体情况，或提出解决问题的办法，或针对来函做出答复等。如果事项较多，有几层意思，可分条写，以使条理分明，层次清晰。

（3）结语。这部分写对收文者的希望或要求，表述要语气恳切，索赔函有时比较严正。有的商函用惯用语结束，如"特此函商，务希见复""特此函达""此复"等。

5．附件

附件即正文所附材料。在正文下左空两格标志附件名称，如有两个以上，应标序号。附件应与商函一起装订，并在左上角第一行标志"附件×"。

6．生效标志

生效标志在正文下或附件说明下，由发文单位印章或签署、成文时间组成。发文单位印章或签署一般由企业领导人签字或盖章。成文时间直接关系到商函的时效，应完整写出年、月、日。外贸商函的成文时间有的写在信头部分。

二、商函的写作要求

1．主题突出，观点明确

商函是为开展某项商业业务而写的，具有明显的目标。商函内容应紧紧围绕这一目标展开，不要涉及无关紧要的事情；也不必像私人信函一般，写入问候、寒暄一类词语。向对方提出的问题要明确，回答对方的询问也要有针对性，不能答非所问，或故意绕弯子，回避要害。鉴于商业信函往来涉及经济责任，所谈事项必须观点明确，交代清楚。例如答复对方订货要求时，必须将供应商品的规格、性能、供货日期、价格与折扣条件、交货方式、经济责任等，一一交代清楚，切忌含混不清，以免日后产生纠纷。

2．尊重对方，态度诚恳

为促进双方业务往来，信函应在互惠互利的前提下尽可能考虑对方的需求和接受能力等，信文内容应实事求是，不要夸夸其谈、弄虚作假，更不能蓄意欺骗对方或设下圈套诱使对方上钩，以谋求不正当利益。同时，收到对方来函，应尽快给以答复，拖延回信的做法是不礼貌的。即使对方提出的要求不能接受，也应用委婉的语气加以解释，以求保持良好关系，不致损害以后的业务来往。

3．语气平和，用词准确

为了达到业务往来的目的，注意写信的口吻与语气是很重要的。商业信函的语气要平和，不得用命令或变相威胁的语气，要做到不卑不亢。用词要准确，不要用一些晦涩的或易于引起歧义的词语。用词不当或不准确，常常会引起对方误解，甚至被人利用而导致经济损失。例如，请对方报价不能笼统地说"合理价格"或"市场价格"，而应说明具体价格为多少，尽量避免使用"大约""左右"一类词语。

案例评析

回复询盘

尊敬的×××经理：

  您好！

  很高兴再次收到您的查询：您在20××年9月15日曾向我们查询过竹篮，那时我们曾寄过公司目录给您，如您需要我可再寄一次给您。

  您并不是巴西唯一向我们查询过竹篮的进口商，我们也曾收到来自巴西ABC、Universal等进口商的查询，但他们总是查询另一种竹篮，如您有需要，我可以向您介绍那一类的竹篮，您是否希望我为您的巴西市场做些特别的样品？

  我们是一家拥有14年专业竹制品生产经验的中国制造商，可以提供超过1 500种竹制品，月产量达500万个，是您值得信赖的中国竹制品供应商。您询问的产品如附图资料，同时寄一份目录给您，若您能提供您的快递地址，我们将把样品一同寄给您！

  期待尽快收到您的回复！

  附件：1. 竹篮图文资料
     2. 商品目录

××公司总经理　×××（签名）
20××年3月16日

【评析】 这是一封表述得体的还盘。主要针对对方的询问做出答复，措辞简练、精到，格式完整。首先给买家提供最初查询产品的回忆参考点，这样有助于买家回忆起他是在什么时候，通过什么方式，对什么产品产生了什么样的兴趣或问题；其次，适当地给买家增加些许压力，目的在于促进买家回复的速度与认真程度；最后，用一系列数据证明了自己的规模与实力，字里行间体现出热忱与负责的服务态度。

相关能力拓展

常用商务信函范例

一、发盘、还盘

1. 发虚盘

初次询问价格的回复

北京××外贸公司：

  欣悉贵方10月12日询价函。首先对贵公司希望购买我方产品表示感谢。现将一份配有有关插图的供出口的商品目录寄往您处。我们认为，就颜色来说，必中您意，确系当前市场所流行。该货品设计美观、精巧，加之精湛的制作工艺，必将受到各类买主的欢迎。

  我方代表××先生将于下周抵达纽约。他将非常愉快地携带我们手工制作的全套样品去贵处拜访。同时，我们已授权他与贵方商讨订货的付款方式，或就签订合同谈判。如蒙贵方给予协助，将不胜感荷。

杭州××进出口有限公司
20××年10月15日

2. 发实盘

中国××进出口公司陕西省分公司
地址：陕西西安××路××号
编号：8878

××株式会社
执事先生台鉴：
纯丝印花绸实盘
　　我们很高兴获悉贵公司殷切需购我们如意牌纯丝印花绸，第337号质量，即装。今电复实盘如下：
　　如意牌纯丝印花绸3 000码，质量第337号，每码1 200美元，上海空运离岸价。10月份交货，以保兑的、不可撤销的、凭即期汇票付款的信用证支付，信用证须在交货期前20天开立。
　　此实盘当以20××年7月30日前收到贵方答复有效。按你们要求，货物将空运，空运运费由贵公司负担，有关信用证须用电传开来以利出运。
　　顺颂
商安

中国××进出口公司陕西省分公司
20××年7月10日

3. 还盘

交易条件报盘

××国际贸易有限公司：
　　感谢你方11月10日有关永久牌自行车的询盘函。
　　我们出售各种牌号的自行车，其中永久牌自行车与凤凰牌自行车在国外需求量较大。因此，存货正迅速减少。我们的自行车不仅重量轻，而且因价格合理而受到欢迎。我们确信一旦你们试用了我们的自行车，就会大量续定。根据你方要求，我们现报价如下：
　　20英寸①男式每辆25美元
　　20英寸女式每辆27美元
　　26英寸男式每辆27美元
　　26英寸女式每辆28美元
　　付款条件：用通过卖方认可的银行开立的即期信用证付款。
　　装运期：假如有关信用证能在年底前到达卖方，装运可安排在1、2月份。
　　上述价格是CIF卡拉奇净价。请注意我们出口自行车一般不给佣金，如果每种规格自行车的定购数量超过1 000辆，可给予5%的折扣。

中国××进出口有限公司
××年××月××日

---

　　① 1英寸＝0.025 4米。

调整价格报盘

××公司:

谢谢你方 10 月 2 日寄来的 1051 号订单。

然而,深为抱歉的是,我们不能依照两月前所报价格接受订单。目前,正如所知,原料价格大幅上涨。为弥补部分亏损,迫于无奈,我们不得不将价格略做调整。

现报最低价格如下:

数量	型号	价格
27	30 码	每码人民币 2.08 元
37	45 码	每码人民币 2.60 元

请复函告知我方,我们是否能依照这些价格接受你方订单。

盼早日复信。

××公司

20××年 10 月 5 日

二、推销商品函

首×S718 老人手机推销函

朋友,当你看到这封推销函的时候,请不要把它当作一般的广告,随意看看,哪怕浪费你几分钟时间把它看完,或许它会刺痛你什么,也许就是你内心那份久违的亲情吧……

不得不承认,随着社会的发展,竞争会愈加激烈,我们的压力会越来越大,为了生存,我们不得不四处奔波、忙碌工作着,而这时候,我们是否忽视和淡化了对父母的关怀和照顾呢?当我们蓦然回首去凝神关注父母的时候,是否会发现他们已经衰老了,头发变白了,手也没有那么灵便了,眼睛已经昏花看不清东西了……

《常回家看看》这首歌曾激起多少人的共鸣,你做到了吗?或许你身在异地,但是否能做到经常打电话回家呢?或许你会说"我很忙""想不到"等,然而你可知道"儿行千里母担忧",父母却时时刻刻在惦记着我们,等着我们回家,盼着有我们的消息。

当他们想给我们打电话的时候,也许已分不清密密麻麻的键盘,看不清键盘上的数字,更记不清那长长的手机号码,只有苦苦等着、盼着……

朋友,快到春节了,你可想到了拿什么去奉献给我们的爹娘呢?

告诉你个好消息,一款针对老年人设计、开发的手机诞生了,所有功能都贴近老年人的实际需求。

首×S718 老人手机,打电话、听收音机、楼梯照明、语音报时、按键报读、一键求救、亲情键,各种功能样样不少。

◆ 超大按键,超大字体,老年人不戴眼镜也能看清按键和所有文字。

◆ 超长待机,理性回归黑白屏,给老年人提供便捷的交流方式,待机时间大大延长。

◆ 贴近生活,机身自带应急手电筒,自带外放收音机,让老年人休闲、娱乐两不误。

◆ 预设子女的号码:长按"1"拨老大,长按"2"拨老二,长按"3"拨老三……不必记号码,可随时与子女沟通,方便、经济、省事。

◆ 特色 SOS 紧急按键:也许这个功能根本不会用到,但一旦使用就能为生命赢得宝贵的时间，这不是用金钱能换来的。

花很少的钱就能送给父母贴心的礼物，花实惠的价格，体现最直接的爱。

朋友，你还在犹豫什么？父母的健康是我们最大的幸福，父母的安危是我们最大的牵挂，让我们把对父母的爱化为实际行动吧！

首×S718老人手机，给父母一个贴心的伴侣，给自己一个放心的理由！

详情请登录：www.shou×s718.com.cn 或致电：4008-×××-×××

真诚期待您的光顾与垂询！

××公司
20××年××月×日

三、希望建立贸易关系函

××公司：

我们从我国驻巴基斯坦大使馆经济商务参赞处得悉贵公司的名称及地址，现借此机会与你们通信，意与你方建立业务关系。我们是一家专门出口台布的国有企业，可根据顾客对产品的花样图案、规格尺寸及包装装潢的不同需求接受来样订货。我们也愿意接受顾客指定商标或牌号的订单。为使你们大致了解我公司台布的品种，我们将另航空邮寄一份最新目录供参考。若其中有哪些产品你们感兴趣，请尽快告知我方。一俟收到你方具体询盘，我们将寄送报价单与样品。

盼早复。

××公司
20××年×月×日

四、答复建立贸易关系函

××公司：

贵公司5月7日来函收悉，非常感谢。贵公司愿意与我公司建立直接贸易关系，这恰巧与我公司的愿望一致。

目前，我公司对混纺人造纤维感兴趣，如蒙贵公司寄来商品目录、样品以及有关需要的资料，便于我们熟悉贵公司的供货用料和质量情况，将不胜感激。

我们保证，如果贵公司货物的质量及价格均具有竞争性，我方将大量订货。

欣然等候贵方信息。

××进出口公司
20××年×月×日

五、交易商洽函

××公司：

×月×日来函收悉。对贵公司要求与我公司建立业务关系的愿望，我们表示欢迎。从来函获悉贵方对中国真丝绢花感兴趣，并希望了解该商品的有关情况及我方的贸易做法。现将我公司销售绢花的一般交易条款介绍如下：

（1）品质规格：真丝绢花以绫、绸、绢、缎等高级丝绸为原料，品种有月季、寒冬梅、杜鹃、凤尾兰等千余种，式样有瓶插花、盆景、花篮等。质地轻盈，不褪色，耐温耐压。具体规格请参阅全套彩色样本。

（2）包装：纸箱装。大花每箱装20盒，每盒装一打；小花每箱装30、40或80打不等，根据货号决定。纸箱内衬蜡纸，外捆塑料打包带。每箱体积长××厘米，宽××厘米，高××厘米，每箱毛重××千克，净重××千克。

（3）数量：为便于安排装运，卖方有权多交或少交5%的货物，其多交、少交部分按合同价格结算。

（4）付款：买方应通过卖方所接受的银行，开具全部货款的、不可撤销的、允许转船分期装运的即期信用证，信用证必须于装运月份前15天送达卖方。其中，装船货物的数量和金额允许增减5%，信用证有效期应规定在最后装运日期后15天在中国到期。

（5）保险：如按CIF价格条件成交，卖方按发票金额110%投保综合险，以中国人民保险公司的有关海洋运输货物保险条款为准。

（6）人力不可抗拒：如因战争、地震、严重的风灾、雪灾、水灾以及其他人力不可抗拒的事故而延期或无法交货时，卖方不负任何责任。

（7）索赔：凡有对货物质量提出索赔者，必须在货到目的港后30天内提出。货物质地、重量、尺寸、花型、颜色均允许有合理差异，对在合理差异范围内提出的索赔，卖方概不受理。

（8）仲裁：凡因执行合同所发生的与合同有关的一切事宜，双方应通过友好协商解决，如协商不能解决，应提交中国国际经济贸易仲裁委员会，根据该仲裁机构的仲裁程序及规则进行仲裁，仲裁裁决一经做出即为终局，对双方具有同等约束力。

以上一般交易条款已为×国进出口商接受，相信这些条款也将为贵公司所接受。如有任何疑问，请向我们提出。

××公司

20××年×月×日

六、询价函

绿茶询价函

××茶叶厂：

我公司对贵厂生产的绿茶感兴趣，需订购君山毛尖茶。质量等级：一级。规格：每包100克。望贵厂能就下列条件报价：

1. 单价。
2. 交货日期。
3. 结算方式。

如果贵方报价合理，且能给予优惠折扣，我公司将考虑大批量订货。

希速见复。

××食品公司

20××年×月×日

七、报价函

茶叶报价函

××食品公司：

贵公司×月×日询价函收悉，谢谢。兹就贵方要求，报价详述如下：

商品：君山毛尖茶

质量等级：一级

规格：每包 100 克

单价：每包×元（含包装费）

包装：标准纸箱，每箱 100 包

结算方式：转账支票

交货日期：收到订单 10 日内发货

我方报价极具竞争力，如果贵方订货量在 1 000 包以上，我方可按 95% 的折扣收款。如贵方认为我们的报价符合贵公司的要求，请尽早订购。

恭候佳音。

××茶叶厂
20××年×月×日

八、接受函

××公司：

贵厂×月×日的报价函收悉，谢谢。我方接受贵方的报价，并愿意按贵厂提出的条件订货。

商品：君山毛尖茶

质量等级：一级

规格：每包 100 克

单价：每包×元（含包装费）

数量：2 000 包

包装：标准纸箱，每箱 100 包

结算方式：转账支票

交货日期：20××年×月×日

交货地点：×市火车站

请速予办理为荷。

××食品公司
20××年×月×日

九、订购商品函

订购瓷器函

永新陶瓷厂销售科：

4 月 7 日来函收悉。根据贵厂提供的价目表，我公司决定订购下列商品：

产品号：C-101、C-104；产品名称及数量：山水茶杯 3 000 个、花鸟茶杯 1 000 个；出厂单价：

山水茶杯 22.5 元、花鸟茶杯 21.5 元。

以上商品希于 20×× 年 6 月末在上海交货。由于该批商品将由我公司出口韩国,故要求品质优良、包装符合出口标准,必须保证按时交货,以免延误船期。

至于货款,我公司将在收货后立即支付,并按惯例向贵厂提供货款总额 1% 的外汇额度。

顺祝

商祺

×× 公司
20×× 年 × 月 × 日

十、催款通知函

×× 百货公司:

贵方于 20×× 年 × 月 × 日向我公司订购斗士牌男士牛皮鞋 ×× 双,货款金额合计 ×× 万元,发票编号为 ××××。可能由于贵公司业务过于繁忙,或者一些其他因素,以致忽略承付。故特致函提醒,请尽快将货款结算完毕,我公司银行账号 ××××××××××。逾期将按照你我双方协议中的有关规定,加收 2‰ 的罚金。

贵公司如有特殊情况,请收函后即与我公司财务处 ××× 联系。电话:××××××××,邮编:××××××,地址:×× 市 ×× 路 ×× 号。

特此函告。

×× 鞋业公司
20×× 年 × 月 × 日

十一、索赔函

×× 茶具厂:

我公司于本月 15 日从贵公司购买 200 箱玻璃茶具,等级为一等品。货到验收后,我方质检人员发现该批货中大约有 6 箱玻璃茶具的质量明显低于贵公司提供的样品标准。经 ×× 市 ×× 检验所抽样检验,这 6 箱玻璃茶具质量确实明显低于贵方所提供的样品,属于不合格产品。

随函寄上 ×× 市 ×× 检验所的检验报告(20××)×× 号。特向贵方提出不符合质量标准的货物按降低原成交价 30% 的折扣价处理。

特此函达,候复。

×× 百货公司
20×× 年 × 月 × 日

附件:×× 市 ×× 检验所检验报告

十二、理赔函

×× 百货公司:

贵方 20×× 年 × 月 × 日函及货样收悉。对信中提到 6 箱玻璃茶具的质量与样品不符一事,我方立即进行了调查,发现是由于装箱时误装了部分二等品。这是我方工作的疏忽,对此,我们深表歉意。因此,我方愿意接受贵方的要求,部分质量不符的产品按降低成交价 30% 的折扣价处理。

这件事的发生给我公司的管理工作敲响了警钟。我公司将在生产管理中进一步强化责任意识，杜绝此类事件的再次发生。

特此函复。

××茶具厂
20××年×月×日

商务信函常用语

1. 我们愿与贵公司建立商务关系。
2. 我们希望与您建立业务往来。
3. 我公司经营电子产品的进出口业务，希望与贵方建立商务关系。
4. 请容我们自我介绍，我们是……首屈一指的贸易公司。
5. 本公司经营这项业务已多年，并享有很高的国际信誉。
6. 我们的产品质量一流，我们的客户一直把本公司视为可信赖的公司。
7. 我们从……获知贵公司的名称，不知贵公司对这一系列的产品是否有兴趣。
8. 我们新研制的……已推出上市，特此奉告。
9. 我们盼望能成为贵公司的……供应商。
10. 我们的新产品刚刚推出上市，相信您乐于知道。
11. 相信您对本公司新出品的……会感兴趣。
12. 我们对贵方的新产品……甚感兴趣，希望能寄来贵公司的产品目录及价目表。
13. 我们从《纽约时报》上看到贵公司的广告，但愿能收到产品的价目表及详细资料。
14. 获知贵公司有……已上市，希望能赐寄完整的详细资料。
15. 如蒙赐寄贵公司新产品的详细资料，我们将深表感激。
16. 如蒙赐寄有关……的样品和价目表，我们将甚为感激。
17. 一收到贵方具体询价单，我方马上航空邮寄样品册并报价。
18. 欣寄我方目录，提供我方各类产品的详细情况。
19. 欣然奉上我方产品样品，在贵方展厅展出。
20. 为使贵方对我方各种款式的手工艺品有一初步了解，今航邮奉上我方目录和一些样品资料，供您参考。
21. 随函附上本公司新出品的……样品，请查收。
22. 随函附上购货合同第××号两份，希查收，谅无误。请会签并退我方一份备案。
23. 我们很高兴地附上询价单第××号，请贵方报离岸价格。
24. 我们确认向贵方购买……随函附上订单确认书供参照。
25. 我们深盼与贵公司接洽，希望成为其销售代理商之一。
26. 如蒙考虑担任销售你们……的代理商，我们将十分高兴。
27. 兹函请提供……的报价。
28. 请将定期供应……之报价赐知。
29. 请将下列货品的最低价格赐知。
30. 我们很抱歉地通知你方价格无竞争力，若贵方能降低价格，使我方可接受的话，我们仍对交易感兴趣。

模块小结

◎ 信函文书写作采用规范的书信格式，简练、明确的交流语言，得体的礼貌用语。

◎ 证明信证明事实的真实与否，严肃认真。介绍信具有证明和介绍双重功效。介绍信的一般套式：兹介绍××单位×××等×人前往贵公司联系××事宜，请予接洽为荷。数字大写，盖章，有效期明确。

◎ 求职信要求：目的明确，内容有针对性、独创性；自信；树立对方意识；条理清楚、材料充实、突出重点。

◎ 商函有两大类：交易磋商函和争议索赔函。其结构一般由信头、标题、行文对象、正文、附件、生效标志等组成。

应知、应会目标鉴定

一、应知目标鉴定

1. 简述信函文书的格式要求。
2. 简述商务信函的种类。
3. 修改下列介绍信。

介 绍 信

××市商务局：

  兹介绍××等2人前往你处办理××事宜，请予接洽。

  此致

敬礼

××年×月×日
（有效期3天）

4. 修改下列证明信。

证 明 信

高玉林，系我公司合同制员工，于××年6月进公司，在我公司累计时间9个月。

  特此证明

杭州××世纪百货有限公司
××年×月×日

5. 以下是达·芬奇的求职信，也就是著名的《致米兰大公书》。请根据求职信的写作要求点评达·芬奇为什么会求职成功。

尊敬的大公阁下：

  来自佛罗伦萨的作战机械发明者达·芬奇，希望可以成为阁下的军事工程师，同时求见阁下，以便面陈机密：

一、我能建造坚固、轻便又耐用的桥梁，可用来野外行军。这种桥梁的装卸非常方便。我也能破坏敌军的桥梁。

二、我能制造出围攻城池的云梯和其他类似设备。

三、我能制造一种易于搬运的大炮，可用来投射小石块，犹如下冰雹一般，可以给敌军造成重大损失和混乱。

四、我能制造出装有大炮的铁甲车，可用来冲破敌军密集的队伍，为我军的进攻开辟道路。

五、我能设计出各种地道，无论是直的还是弯的，必要时还可以设计出在河流下面挖地道的方法。

六、倘若您要在海上作战，我能设计出多种适宜进攻的兵船，这些兵船的防护力很好，能够抵御敌军的炮火攻击。此外，我还擅长建造其他民用设施，同时擅长绘画和雕塑。

如果有人认为上述任何一项我办不到的话，我愿在您的花园，或您指定的其他任何地点进行试验。

向阁下问安！

达·芬奇

6. 运用自荐信、求职信的写作技巧评析下列案例。

求 职 信

尊敬的贵校领导：

您好！

感谢您在百忙之中拨冗阅读我的求职信。扬帆远航，赖您东风助力！我是××师范学院2022届数学系数学教育专业应届本科毕业生。即将面临就业的选择，我十分想到贵单位供职。希望与贵单位的同事们携手并肩，共扬希望之帆，共创事业辉煌。

"宝剑锋从磨砺出，梅花香自苦寒来"。经过四年的专业学习和大学生活的磨炼，进校时天真、幼稚的我现已变得沉着和冷静。为了立足社会，为了自己事业的成功，四年中我不断努力学习，不论是基础课还是专业课，都取得了较好的成绩。大学期间获得2020年度院单项奖学金，英语达到国家四级水平，计算机过国家一级，并通过了全国普通话测试二级甲等考试。同时在课余，我还注意不断扩大知识面，辅修了教师职业技能（中学数学教育），熟练掌握了从师的基本技能。利用课余时间自学了计算机的基本操作，熟悉Windows操作系统，熟练掌握Office2007办公软件，能熟练运用Authorware、Powerpoint等软件制作课件，进行多媒体教学。

学习固然重要，但能力培养也必不可少。为进一步积累系统的数学教学经验，我到武钢大冶铁矿一中进行了长达两个月的初中数学教学实习工作，在两个月的实习时间里，我虚心向有经验的老师请教，注意学习他们的教学艺术，提高自身的教学水平和授课表达技巧，力争使自己的教学风格做到知识性和趣味性并举。通过不断的努力和教学实践，我已具备成为一名优秀教师的素质，过硬的工作作风，扎实的教学基本功，较强的自学和适应能力，良好的沟通和协调能力，这些都使我对未来的教育工作充满了信心和期望。

十多年的寒窗苦读，现在的我已豪情满怀、信心十足。事业上的成功需要知识、毅力、汗水、机会的完美结合。同样，一个单位的荣誉需要承载她的载体——个人的无私奉献。我恳请贵单位给我一个机会，让我有幸成为你们中的一员，我将以百倍的热情和勤奋踏实的工作来回报您的知遇之恩。

  期盼能得到您的回音！感谢您在百忙之中抽暇阅读这份材料。
  此致
敬礼

求职人：×××
2022 年 7 月 1 日

自 荐 信

罗总：
  您的事很多，但希望您能看完我的信。
  我是一个经历坎坷、尝尽酸甜苦辣的人。因为敢于创新，我品味过成功的丰硕果实；因为敢于冒险，也体验过触礁的震荡与凄凉。这一切都锤炼了我作为企业管理人员所必备的成熟与胆识！
  我的过去正是为了明天的发展而准备，而蕴积；我的未来，正准备为贵公司而奋斗，而拼搏，而奉献！
  现在正是贵公司招兵选将、待机而发的重要关头。我不想在凉爽的空调房里坐享其成，也不想仅仅是锦上添花，我想雪中送炭。我想亲身去闯，去干！
  20××年到20××年间，我接受过8年驾驶汽车、摩托车的锻炼；学过3年法律；经历过6年企业管理的挑战与考验……
  做文秘，我有作品见报；做驾驶，已有万里行程；做经管，我已摒弃了不切实际的梦想而变得自信而有主见……
  兵马未动，先要运筹帷幄；瓮中捉鳖，才能稳操胜券。
  罗总，当初您闯深圳，不也是三十六计，计计斟酌，万无一失，每失必补吗？
  最坏的打算不就是要变卖公司的房子、车子吗？
  实践证明，两万块钱闯深圳建××大厦，体现的不仅是直观的赚钱三千万，而是智慧、胆识与科学决策融合的立体结晶。
  良禽择木而栖，士为知己者死。当公司需要宣传、誊写文书时，也许我可以提笔"滥竽充数"；当您为了提高办事效率而自己驾车的时候，也许我可以换换疲惫的您偕同前往；当公司为法律事务而起纠纷，因为业务增多而难以应付的时候，我可以用所学的法律知识摇旗呐喊，竭力为公司解一分忧愁，增一分利润，挽一点损失……
  我不能再说了，说多了我怕"王婆卖瓜"，有自卖自夸之嫌。"实践出真知，斗争长才干。"我只要去实践、去闯、去干。因为才干在实践中养成，也终究要在实践中体现！
  罗总，一个合作的机会，对我来说是一次机遇，也是一次挑战，更是一个良好的开端。
  我期待着好消息。
  此致
敬礼

自荐人：×××
20×× 年 × 月 × 日

  7. 充分利用互联网搜集商务信函案例，并利用所学的专业知识加以评析。

二、应会目标鉴定

1. 信达电子技术研究所高级工程师吴×等两位同志到杭州市辉佳电子信息公司洽谈合作事项，请根据材料写一封介绍信。

2. 王×辉同志刚从××职业技术学院调往安达审计事务所，事务所希望原工作单位能够出具王×辉同志工作经历及表现的证明。王×辉，现年30岁，中共党员，在院财会金融系担任副主任职务，工作认真负责，业务能力强，多次被评为院先进工作者。请根据以上材料，写一封证明信。

3. 根据个人的专业学习、在校表现及参加社会实践活动的能力等情况，写一封自荐信；同时制作一份求职简历，要求有封面设计、个人简历和自荐信，计算机排版打印。

4. 根据以下材料，代浙江××公司拟写一份询价函。

浙江××公司在《××日报》上看到香港×公司的广告，对该公司的皮箱和各类皮鞋很感兴趣。特写信要求对方将附表内各项目以 CIP 上海价格告知，并希望得到该公司的产品详细情况、最快交货日期及经常订购的折扣。同时希望对方寄一份目录及详细说明书。

5. 阅读下面要求调换商品的信函，完成后面的练习。

××商贸公司经营部王经理：

　　日前我处在贵公司门市部购得 NECP5 彩扩机一部，昨日货品送到，发现此机虽封装完好，但机身尘迹未去，边部微现脏痕，显系将经过长期陈列的货物作为新货送出。贵公司声誉素著，料不致出此下策，可能是送货人员有误，或因一时货缺，将此塞责。但我处所购者为新机，不该接受旧货，为此特请贵公司将旧机收回，另付新货。请速办理，勿延为要。

　　此致

敬礼

××集团公司工程处

×××敬启

20××年×月×日

请用以下四种不同篇旨写四封回函：

（1）同意无条件调换一台新机，并表示歉意。

（2）因"陈迹""脏痕"提出折价3%出售，若对方不同意可退换。

（3）说明该机属优质产品，质量经检验合格（有合格证）。"陈迹""脏痕"不影响质量功能，故不同意调换。

（4）答复将派人上门洽谈解决此问题。

module 3

模块三
公关礼仪文书写作技巧

应知目标

● 充分认识公关礼仪文书在公关活动和社会生活中的作用；了解常用公关礼仪文书写作的格式和要求。

● 熟悉启事、海报、声明的写作要领。

● 熟悉请柬、聘书的写作要领。

● 熟悉演讲稿的写作要领。

● 熟悉祝词、欢迎词、欢送词、答谢词等礼仪讲话稿的写作要领。

应会目标

● 能进行常用启事、海报、声明的写作。

● 能够熟练写作演讲稿、祝词、欢迎词、欢送词、答谢词。

● 能根据实际需要制作请柬、写作聘书。

素养目标

● 通过启事、海报、声明等文书的学习，将写作要素与社会需求相融合，自觉主动了解国家政策和法律法规，胸怀国之大者，培养法治精神。

● 通过演讲稿、祝词、欢迎词、欢送词、答谢词等礼仪讲话稿的学习，体悟得体文明的语言对建立友谊、成就事业的重要意义，养成自觉培养文明礼仪的习惯。

● 通过请柬、聘书等文书的学习，感悟中华传统礼仪，增强文化自信。

单元一　启事、海报、声明的写作

情景导入

陈婷所在的海宁市××经编有限公司发展势头越来越好，公司决定在嘉兴开设营业部，总经办主任要求陈婷负责起草相关宣传文书。正在这节骨眼上，由于公司产品信誉好、销量好，竟然出现了假冒的"李鬼"，为了维护公司声誉，总经办需要协调维护权益，打击盗版事宜。

陈婷经过分析，明白新营业部开业需要起草开业启事，再专门制作一份宣传海报，以取得更好的宣传效果。对于假冒"李鬼"，需要联合公司的法律顾问一起发表一份维权声明。

必备知识

一、启事

1. 启事的含义

启事是机关、团体、单位或个人，在需要向公众说明某事或者希望公众给予协助办理某事时使用的一种应用文体。

特别需要注意的是，有人把"启事"写成"启示"，虽然两者的读音相同，但是一字之差，意思就完全不同了。启事是公开陈述某事，而"启示"则是因为某事有所领悟的意思。

2. 启事的种类

（1）根据内容和用途，启事可以分为征召、告知、寻找三大类。

1）征召类启事，包括招聘启事、招工启事、招生启事、征婚启事、征文启事等。

2）告知类启事，包括更名启事、开业启事、乔迁启事、遗失启事等。

3）寻找类启事，包括寻人启事、寻物启事等。

（2）根据发布途径，启事可以分为报刊启事、广播启事、电视启事、网络启事等。

3. 启事的特点

（1）公开性。启事是面向社会大众公开发布的应用性文书，没有秘密可言，任何人都可以阅读、传播。

（2）专项性。启事一般要求"一事一启"，内容比较单纯、具体，只要对需要告知的事件予以说明即可，不需夹杂其他与该事件无关的内容。

（3）简明性。在写作启事时，尤其是通过登报、广播、电视、网络等方式进行告知的启事，一定要把握简明扼要的原则，力求用最简洁的语言传递最丰富的信息。

二、海报

1. 海报的含义

海报是机关、单位或个人向社会公众预告临时性活动信息时所使用的告启性文书，是人们在日常生活中经常使用的一种张贴形式的应用文。一些文艺性海报为了吸引公众的目光，还会配以精良的美术设计。

2. 海报的种类

（1）根据宣传内容的不同，可以将海报分为演出海报、比赛海报、展览海报等。

（2）根据表现形式的不同，可以将海报分为文字海报和美术海报。

3. 海报的特点

（1）团体使用。海报是单位团体对某种集体性活动的宣传，个人一般不用。

（2）吸引力强。作为具有较强宣传性、鼓动性的应用性文书，海报鼓动性的文字、专业的美工和精美的宣传图片能对公众产生极强的吸引力。

（3）传播迅速。海报以其短小精悍的形式和可操作性强的发布方式，具备较快的传播速度。

三、声明

1. 声明的含义

声明是机关、单位、团体或个人公开向社会各界申明、让更多人知晓的公告性文体，是树立组织形象、扩大知名度的一种手段。

2. 声明的种类

声明分为主动性声明和被动性声明。

（1）主动性声明。在自己遗失了支票、证件等重要凭据或证明文件时，为防止他人冒领冒用而发表的声明，例如"遗失声明"等。

（2）被动性声明。当自己的某种合法权益受到侵害，为维护自己的合法权益、引起公众关注，并要求侵权方停止侵害行为的声明，例如"抗议声明"等。

3. 声明的作用

（1）表明立场、观点、态度的作用。声明是对某个事件、问题表明声明人的立场、态度。

（2）保护自己合法权益的作用。声明的最终目的是维护自身的合法权益不受他人侵害。

（3）警告、警示的作用。声明是对一切侵权行为的警告，以防止、禁止任何侵权行为。

能力技巧

一、启事的写作技巧

启事的写作一般包括标题、正文、落款三个部分。

1. 标题

启事的标题通常有以下五种：

（1）最常见的启事标题格式就是"事由+文种"。如"寻人启事"。
（2）"事主+文种"。如"本刊启事""××公司启事"。
（3）单写文种"启事"。
（4）单写"事由"。如"征婚""寻笔记本"。
（5）"事主+事由+文种"。如"本社迁址启事""××学校乔迁启事"。

2. 正文

启事正文一般包含写作启事的目的、内容、要求、联系单位名称或个人姓名、联系方法、地址、电话号码、邮政编码等要素。但根据启事内容，有的启事需要写得具体详尽，如"招聘启事"需要写清招聘单位的基本情况、招聘的对象、应聘条件和方法；有的就可以写得简单概括，如"招领启事"只需要对招领物件做大致的描述就可。

招聘启事正文一般包括：招聘单位的性质、所在城市、地理位置及企业的基本经营状况；招聘岗位描述；任职要求，如性别、年龄、学历、专业、工作经历等；工资待遇；报名办法、需要准备的个人资料；招聘单位名称、地址、电话、联系人、网址等。

开业启事正文一般包括：开业企业的名称、开业时间、开业企业主要经营的商品介绍，开业期间为消费者提供哪些优惠让利服务，开业优惠活动起止时间，开业企业的地址、电话、联系人、网址等。

征文启事正文一般包括：征文的目的，征文的主题，征文的范围，征文的要求，征文起止时间，征文评选的办法、设立的奖项及奖金标准，欢迎应征的礼貌语等。

3. 落款

落款一般位于正文右下方。启事人如果是个人，落款包括事主的署名和时间。如果是机关、团体或者单位，落款应有启事单位名称、时间和启事单位的公章，以增加启事的可信度。如果正文中没有交代联系事项，还应在署名之后附上详细的联系方式。

二、启事的写作要求

启事的写作，除一些特殊种类有其具体要求外，一般要做到：

1. 内容真实完整

启事的目的意在向公众说明、宣传需要知晓或提供帮助的事情，从而达到某种特定目的，因而，作者应将事情真实、完整地叙说清楚。如果弄虚作假或者有所遗漏，那么非但不能达到启事的目的，反而会造成极为恶劣的后果。

2. 用语诚恳礼貌

作为一种求知性、求助性文体，启事的语言应该真诚、谦和、礼貌，使得他人乐意接受并自愿采取帮助行动。

3. 文字简洁明确

考虑到便于传播、便于记忆和节约费用的要求，启事的写作应简洁明确，将主要事项交代清楚即可，不必追求辞藻的华丽、结构的匀称等，更不可拖泥带水、长篇大论。

三、海报的写作技巧

海报通常由三部分组成，即标题、正文与落款。

1. 标题

标题是海报宣传的"窗户"，因此，标题的拟定应尽量简洁明了、新颖醒目，能一下子抓住读者的注意力和兴趣。

海报的标题通常有两种写法：一是直接以文种作为标题，首行正中醒目地写上"海报""好消息"等。二是根据活动内容，撰写标题，比如"迎新舞会""演讲比赛"等。

2. 正文

正文是海报的核心部分，这是对海报内容的具体描述语言，要求描写形象生动，简明扼要，做到既有鼓动性，又不夸大其词。内容简单的海报可以采取一段成文的写作方式，简明扼要地讲清时间、地点、人物、事件即可。内容比较多的则可采用分项目的说明方法，将有关事项分别说清。

3. 落款

通常写在海报正文的右下角，写明主办单位及撰写日期。这部分内容如果在正文内有所涉及，也可省略不写。为了增加吸引力，也可在落款处配上一句口号，例如，"机会难得，勿失良机！"，等等。

四、海报的写作要求

1. 内容真实

海报中涉及的内容必须真实可信，切忌夸大其词，欺骗公众。

2. 语言生动

为最大限度地激发公众的参与度，在保持内容真实的前提下，海报的语言务必具有生动性和鼓动性，还可适当配备一些艺术图案，以增强感染力。

五、声明的写作技巧

声明一般由标题、正文和落款三部分组成。

1. 标题

标题一般可以直接写上文种"声明"二字；或者可以由"事由+文种"构成，如"遗失声明"等；还有一种由"发文机关名称+事由+文种"三项组成，如"海马集团关于商标侵权的声明"。

2. 正文

正文直截了当地简要说明要向社会告知的内容，表明态度。最后，通常另起一行写上常用结束语"特此声明"。

3. 落款

在正文的右下方写明声明的单位名称或个人姓名，及日期。以单位名义落款的，需要加盖公章。如果需要社会公众给予共同关注监督的，可以在署名日期之后另起一行空两格写上联系方式。

六、声明的写作要求

1. 态度鲜明

写作声明时，要义正词严地维护声明人的权益，直接对侵权行为发出警告，表明鲜明的态度。

2. 语气坚决

由于声明人处于正义的、受法律保护的一方，所以写作时语言要准确有力，语气要坚决果断。

案例评析

【案例一】

浙江省"迎杭州亚运，展体育风采"摄影作品展览征稿启事

2021年，是中国共产党建党100周年，也是杭州2022年第十九届亚运会筹备工作的冲刺年。为深入学习习近平新时代中国特色社会主义思想，贯彻落实习近平关于体育工作的重要指示精神，歌颂我省在党的领导下，体育事业屡创辉煌、群众体质普遍增强的大好局面，在浙江省体育总会的指导下，黄龙体育中心、浙江省体育摄影学会将联合主办浙江省"迎杭州亚运，展体育风采"摄影作品展览，并特此征稿，诚邀广大体育摄影工作者及爱好者积极参与，踊跃投稿。

本次征稿以"迎杭州亚运，展体育风采"为主题，用镜头展现党的坚强领导下建设体育强国的精彩瞬间，以影像讲述体育工作者顽强拼搏的感人故事，坚持政治性、唱响主旋律、传播正能量，弘扬奥林匹克精神，多角度、全方位展示体育工作者的精神风貌与独特魅力，生动体现群众体育蓬勃开展、人民体质不断增强的巨大成就。

一、组织机构

指导单位：浙江省体育总会

主办单位：黄龙体育中心、浙江省体育摄影学会

承办单位：杭州乐图文化艺术策划有限公司

二、时间安排

征稿时间：即日起至2021年5月31日

展览时间：2021年7月

三、征稿须知

（一）征稿内容

围绕"迎杭州亚运，展体育风采"主题，征集反映竞技体育、群众体育新形象、新成就、新面貌的作品，要求主题鲜明、寓意深刻、内容健康向上。

（1）各级领导关心亚运会筹备工作。

（2）竞技体育精彩抓拍。

（3）我省运动员积极备战亚运会。

（4）社会各界以不同方式迎接亚运、支持亚运。

（5）亚运相关场馆建设及场馆风貌。

（6）其他与备战亚运有关的照片。

（7）反映群众体育活动开展的内容。

（二）征稿要求

（1）投稿作品为2015年以后拍摄，题材、风格不限，获奖与否不限，彩色、黑白、单幅、组照均可。

（2）每位作者限投10幅（组）作品（组照由4~6幅组成），单张照片长边为1 024像素，每幅（组）作品以"作品名称+作者姓名+手机号码"的形式命名，获奖照片注明奖项，以JPG文件格式，打包后发送到省体育摄影学会邮箱。

（3）本次展览照片80~100幅。入选作者在接到调底电话通知后，须在规定时间内将大图发送到邮箱：zjsps2014@sina.com，入选作品每张≥5MB，逾期不提供者视为自动放弃入选资格。

（4）本次展览不收参展费，对于所有入选作品，每幅（组）支付稿酬200元；主办单位有权用于广告、海报招贴、展览展示、媒体刊载、书籍画册以及招商宣传与旅游推广使用，并不再另付稿酬。

（5）投稿作者应保证投送作品系本人原创作品，所有作品的著作权，以及相关的肖像权、名誉权、隐私权等法律问题，由作者自行解决并承担责任。

（6）投稿作者均被视为阅读、认同并自愿遵守参展规则。主办单位拥有展览规则的最终解释权。

四、联系方式

作品电子文件请发送到电子邮箱：zjsps2014@sina.com。

联系人：何老师，电话：139××××××××。

黄龙体育中心

浙江省体育摄影学会

2021年3月1日

（资料来源：浙江在线，http://zjtyol.zjol.com.cn/xhzx/202103/t20210301_22179979.shtml.）

【评析】这是一则有关"迎杭州亚运，展体育风采"摄影作品展览征稿启事，征集目的、组织机构、活动主题、具体要求等清楚有序。由于是以团体组织名义发布的启事，行文带有一定的权威性。

【案例二】

苗族风情艺术展演海报文案

"四面楚歌"为何动听？它——是苗族的艺术。

幽远的古乐，传自五千年前的"凶黎之丘"。那里有一位"铜头食沙，以角抵人"的蚩尤，苗人敬他为尤公……古朴的傩戏将慢慢对您讲述。

铮铮楚风曾铸就项羽的拔山傲骨，蛮夷文明也哺育屈原的不朽辞赋，这是一个崇真尚美的民族！封闭的苗疆有幸真实地留住了古老文明。如今……我们驾驭春风，走出山门，与时代共舞！

黔中的优雅，东岭的彪悍，还有西山的狂野，西南大地"三苗"联袂，共同展露一幅清新神秘的画卷。您将一睹质朴高昂的舞风,多彩欢乐的服饰礼俗,鲜见的工艺古物,惊骇玄妙的神功傩仪,幽远凄婉的楚歌,以及恐怖有趣的"鬼哭节"祭鬼傩戏……

如火如荼的情感,来自俊逸淳良的苗乡。一群刀山敢上、火海敢下的黎人将为您献上蚩尤部落古文化,一个虽远犹近的传奇!

【评析】这是一则艺术展演活动海报,主题突出又不失艺术性。在保持内容真实的前提下,语言生动,极富煽动性,具有较强的感染力,使读者产生跃跃欲试的参与热情。

【案例三】

关于不法分子冒用我公司名义从事不法活动的严正声明

近日,我公司发现有不法分子,在理财协议中,冒用我公司名义,伪造我公司印章,为"浙江××××实业有限公司"向投资人提供担保。

上述行为严重侵犯了他人的合法权益,严重损害了我公司的声誉,并已涉嫌触犯《中华人民共和国刑法》《中华人民共和国治安管理处罚法》。我公司对上述不法行为予以严正谴责,并将保留采取一切措施追究其法律责任的权利。郑重声明如下:

我公司是一家管理严格、内控严谨的投融资担保公司,从未出具过任何"保险证明书";从未与"浙江××××实业有限公司"开展过任何合作,从未与其签署过任何合同及协议书。上述不法分子的一切行为均与我公司无关。

望广大投资者提高警惕,谨防上当受骗。

提示受害机构或个人积极向公安机关举报或报案,切实维护自身权益。

特此声明!

中国×××担保股份有限公司
2021 年 6 月 2 日

(资料来源:中国投融资担保股份有限公司官网,https://www.guaranty.com.cn/gtztb/xxpl/gssm/webinfo/2021/06/1624196668647051.htm,2021 年 6 月 2 日)

【评析】这则声明语气坚定有力,态度严正,为有效维护自身和客户权益,提供了违法依据,提示受害机构或个人积极向公安机关举报或报案。

单元二　演讲稿的写作

情景导入

为了激发公司年轻员工创业、创新的梦想与激情,实现个人与企业共同成长,共享人生出彩机会,结合"中国梦"系列活动,海宁市××经编有限公司决定举办"我和我的××梦"演讲比赛,要求每个部门推荐 1 名年轻员工参加。根据陈婷的综合素质,总经办决定推荐陈婷代表部门参加比赛。

陈婷认识到这是一次在单位领导和同事们面前展示自己的极好机会,虽然自己在大学时参加过多次演讲比赛,但到单位后还是第一次在这么多人面前演讲,而且代表的是整个总经理办公室的实力,自己必须下功夫好好准备。

必备知识

一、演讲稿的含义

演讲稿也叫讲话稿,是人们在工作和社会生活中经常使用的一种文体。它可以用来交流思想感情,表达主张见解;也可以用来介绍自己的学习、工作情况和经验等,具有宣传、鼓动、教育和欣赏等作用。它可以把演讲者的观点、主张与思想感情传达给听众以及读者,使他们信服并在思想感情上产生共鸣。

二、演讲稿的种类

按照演讲的场所,可以分为会场演讲稿、课堂演讲稿、广播演讲稿、电视演讲稿等。
按照演讲的内容,可以分为答谢演讲稿、学术演讲稿、竞聘演讲稿等。
按照表达形式,可以分为叙述性演讲稿、议论性演讲稿、抒情性演讲稿。

三、演讲稿的特点

1. 针对性

演讲是一种社会活动,是用于公众场合的宣传形式。它为了打动听众,必须要有现实的针对性。要关注听众所关心的问题,结合听众的层次,来设计演讲内容。

2. 口语性

演讲稿是由演说人讲出来的,因此它的词汇不能过于书面化,要尽可能减少演讲稿中书面语的运用而使用口语,以保持演说的通俗流畅性。

3. 情感性

演讲是一门艺术。情感是演讲是否能获得听众共鸣的重要因素,为此演讲稿应该是充满激情、富有感染力的。

能力技巧

一、演讲稿的写作技巧

演讲稿的结构分标题、称谓、开头、主体、结尾五个部分。

1. 标题

演讲稿的标题可以用演讲的主题来担任,如"北大精神";可以用演讲的场合来担任,如"在浙江××职业技术学院文化节开幕式上的演讲";也可以提问式作为标题,如"'命运之神'在哪里"。

2. 称谓

称谓要得体，要注意一定的情感性，以拉近与听众的心理距离。

3. 开头

演讲稿的开头，也叫开场白。它在演讲稿的结构中处于显要的地位，具有重要的作用，要抓住听众，引人入胜。好的演讲稿，一开头就应该用最简洁的语言在最短的时间内把听众的注意力和兴奋点吸引过来，达到出奇制胜的效果。

开头的方式主要有：

（1）由问候语开始。用几句诚恳的话同听众建立个人间的关系，获得听众的好感和信任后开始。例如：一位班主任老师在毕业典礼上的讲话开头。

亲爱的同学们、老师们：

大家好！

不知大家有没有注意到我刚才的称谓，以往讲话，我们肯定将领导、老师，放在前面，但是今天，我把同学放在了首位，因为，在今天这样一个场合，我们的主角既不是领导，也不是老师，而是你们，我亲爱的同学们。所以，我的首要任务是要代表全校120位毕业班主任，向所有在今天毕业的2 570位毕业生表示最热烈的祝贺！祝贺你们顺利完成了大学的学业。

（2）衔接。开头用某一件小事、一个比喻或个人经历、轶事传闻，将主要演讲内容衔接起来。如《拼搏——永恒的旋律》开头：

今天我给大家带来了一样礼物。（举起一个小铜盒）我珍藏它已五年多了。它不仅使我改变了自己的命运，更使我明白了自己肩上重担不止千斤。你们一定想知道它是什么？那就请听一个关于我自己的真实的故事……

这样示物开头很自然地给听众留下了悬念。接着，演讲者便以铜盒为线索讲了下去。

（3）开门见山，揭示主题。这种开头是一开讲，就进入正题，直接揭示演讲的中心。先明晰地把握演讲的中心，把要向听众揭示的论点摆出来，使听众一听就知道演讲的中心是什么，注意力马上集中起来。例如，有位演讲人在短短的15秒钟内便把他的演讲目的陈述给听众：

女士们、先生们，早上好！谢谢大家给予我这个露面机会。美国广告联盟是美国传播工业的一个重要组成部分。当前，美国传播工业还面临许多问题，而重担则落在大家的肩上。我今天演讲的目的便是就这些问题及它们呈现出的挑战谈谈我的看法。

（4）提出问题，引起关注。这种方法是根据听众的特点和演讲的内容，提出一些激发听众思考的问题，以引起听众的注意。例如，弗雷德里克·道格拉斯1854年7月4日在美国纽约州罗彻斯特市举行的国庆大会上发表的《谴责奴隶制的演说》，一开讲就能引发听众的积极思考，把人们带到一个愤怒而深沉的情境中去：

"公民们，请恕我问一问，今天为什么邀我在这儿发言？我，或者我所代表的奴隶们，同你们的国庆节有什么相干？《独立宣言》中阐明的政治自由和生来平等的原则难道也普降到我们的头上？因而要我来向国家的祭坛奉献上我们卑微的贡品，承认我们得到并为你们的独立带给我们的恩典而表达虔诚的谢意么？"

除了以上几种方法，还有悬念式、警策式、幽默式、双关式、抒情式等。

4. 主体

主体是演讲稿的主要部分。要把握行文的环环相扣、层层递进的问题。

撰写演讲稿时要根据听众的听觉把握层次的特点，在演讲中树立明显的有声语言标志，以达到层次清晰的效果。可以反复设问，选用过渡句，或用表示先后的"首先""其次"等语词来区别层次。此外还要注意演讲稿的节奏。既要鲜明，又要适度。平铺直叙，呆板沉滞，固然会使听众紧张疲劳，而内容变换过于频繁，也会造成听众注意力涣散。因此在演讲中要注意适度插入一些轻松幽默的内容以实现演讲意图。

5. 结尾

结尾是演讲内容的自然收束，要简洁有力，余音绕梁。演讲稿的结尾没有固定的格式，可以对演讲全文要点进行简明扼要的小结，或以号召性、鼓动性的话语做收束，或以名言、幽默俏皮的话语以及富有节奏的排比做结尾。写作的原则是要争取给听众留下深刻的印象。

二、演讲稿的写作要求

1. 要口语化

"上口""入耳"是对演讲语言的基本要求，也就是说，演讲的语言要口语化。演讲稿的"口语"，不是日常的口头语言的复制，而是经过加工提炼的口头语言，要逻辑严密，语句通顺。

2. 要生动感人

好的演讲稿，语言一定要生动。如果只是思想内容好，而语言干巴，那就算不上是一篇好的演讲稿。一是用形象化的语言，运用比喻、比拟、夸张等手法增强语言的形象色彩，把抽象化为具体，深奥讲得浅显，枯燥变成有趣。二是运用幽默、风趣的语言，增强演讲稿的表现力。这样，既能深化主题，又能使演讲的气氛轻松和谐；既可调整演讲的节奏，又可使听众消除疲劳。三是发挥语言音乐性的特点，注意声调的和谐与节奏的变化。

3. 要准确朴素

准确，是指演讲稿使用的语言能够确切地表现讲述的对象——事物和道理，揭示它们的本质及其相互关系。要做到概念明确，判断恰当，用词贴切，句子组织结构合理。朴素，是指用普普通通的语言，明晰、通畅地表达演讲的思想内容，而不刻意在形式上追求辞藻的华丽。如果过分地追求文辞的华美，就会弄巧成拙，失去朴素美的感染力。

4. 要控制篇幅

演讲稿不宜过长，要适当控制时间。演讲稿不在乎长，而在乎精。

案例评析

程民生教授在河南大学2021年毕业典礼上的发言

各位毕业的青年才俊，各位辛勤的老师：

今天是个喜庆的日子，阳光灿烂，天人感应。现在，我要送君送到南大门外，有句话儿要交代。

我在开学典礼上讲过话，那场合的心情是收获的兴高采烈。毕业送行是什么心情呢？十分复杂，百感交集。如同送女儿出嫁，有各得其所的欣慰，依依不舍的亲情；有学生出师的如释重负，儿行千里的母担忧；还有开闸放水的畅快，送部队出征的激昂。总之，悲悲喜喜那都是老师们的事，诸君只管满怀豪情地出发吧！

走出校门，海阔天空，有千千万万的门等你，有写字楼门、工厂门、机关门、军营门，国门都是敞开的。一切刚刚开始，一切都有可能。

社会是比较复杂的，必须勇敢面对。如同从温室里移到大田，风吹雨打日晒，躲不过去，谁也替不了你。就业、创业是一个新世界，很有挑战性。当然也很累，累了可以躺平歇会，可不敢一直躺平啊！躺得了初一，躺不到十五！我相信各位同学是不会躺平的，刚刚开闸放出的水，正是新一波的后浪。

社会是比较复杂的，建议简单应对。简单不是单纯，"以不变应万变"就是简单，"有所为有所不为"就是简单，"不忘初心"就是简单，"一根筋"就是简单。"天下本无事，庸人自扰之"，我们当然不是庸人。我喜欢把复杂的事情简单化，结果，许多复杂的事情真的就简单了。在八朝古都、百年老校受过高等教育，您有了人文情怀，或者说应当有人文情怀。什么叫人文情怀？有畏惧心，有羞耻感，有良知，有天下情怀，能够承担社会的责任和痛苦，有独立思考能力。无论作为知识分子还是老板，千万不要泯灭与生俱来的善良，不要丢掉藏在心底的纯真，因为，那是作为人的基因和理由。

我小的时候喜欢上房，年轻时常常登山，现在能上树。忘不了在泰山顶上俯瞰泰安城，感到那些高楼大厦很渺小。换个角度看人生，能够得到更新，加油。我的意思是，各位前程远大，见识不凡，玉树临风，理应高瞻远瞩，追求的是大目标。河大铁塔牌的学生有个特点，那就是慢热型，有后劲！让我们不急不躁不泄气，积蓄力量，伺机发力。我们总是笑到最后的人。

昨天晚上，我梦见了祖籍开封、在开封讲学、收了程颢、程颐为学生的张载，委托我给大家赠送四句话："为天地立心，为生民立命，为往圣继绝学，为万世开太平。"他的宋代口音是不是很难听懂？好吧，我用当代话重复一遍，那就是：探讨自然与社会的基本规律，为民众摸索出一条共同遵行的大道，继承优良的传统文化，为后世开辟永久太平的基业。概括而言，就是探索精神、担当精神、奉献精神、使命精神。很高大上吗？不，这只是读书人的本分而已。

俗话说：师傅领进门，修行靠个人。今天我要加上一句：师傅送出门，母校伴终身！人生路上，母校已经给各位交纳了首付，以后房贷的月供就靠自己了，努力工作，多多挣钱是必需的，实在不行了，回来充充电（值）。我当然希望看到你们成功、发财，更希望看到你们高兴，哪怕是傻高兴。

同学们，有一种人生叫毕业，有一种情感叫再见，激情地告别，或许就是为了辉煌的再见。同学们，再见！

谢谢！

（资料来源：河南大学官网，https://news.henu.edu.cn/info/1083/114557.htm，2021年6月7日，有删改）

【评析】河南大学2021年毕业典礼上，河南大学博士生导师、河南省特聘教授程民生的毕业致辞金句连连、慷慨激昂。该文语言朴实有趣，思想深刻，节奏感、层次感清晰，既旁征博引，又很接地气，容易引起听众（毕业生）的共鸣。

相关能力拓展

竞聘演讲稿的写作

竞聘演讲稿是竞聘者在竞聘演讲之前写成的准备用作口头发表的文稿。竞聘演讲的目的，就是要使听众对演讲者有充分的了解和认识，从而鉴别其是否能胜任该职位。演讲稿的撰写，是竞聘上岗演讲的一个不可忽视的重要环节，值得每一位竞聘者注意。

一、竞聘演讲稿的写作技巧

1. 开头

竞聘演讲的时间是有限制的。因此，精彩而有力的开头便显得非常重要。有经验的竞聘者常用下面的方法来开头：

（1）用诚挚的心情表达自己的谢意。这种方法能使竞聘者和听众产生心理相融的效果。例如，"我非常感谢各位领导、同事给了我这次竞聘的机会。"

（2）简要介绍自己的有关情况，如姓名、学历、职务、经历等。例如，"我叫李哲明，2009年毕业于北京大学哲学系，2011年加入中国共产党，现任人文科学部副部长。"

（3）概述竞聘演讲的主要内容。这种方法能使评选者一开始就能明了演讲者演讲的主旨。例如，"我今天的演讲内容主要分两部分：一是我竞聘办公室副主任的优势；二是谈谈做好办公室副主任工作的思路。"

2. 主体

竞聘演讲的目的，就是要把自己介绍给评选者，让评选者了解你的基本情况，了解你对竞聘岗位的认识和当选后的打算。所以，竞聘演讲的主体内容应该包括以下几方面：

（1）介绍自己应聘的基本条件。一般包括政治素质、业务能力和工作态度等。这一部分实际上是要说明为什么要应聘、凭什么应聘的问题。竞聘者在介绍自己的情况时，一定要有针对性，即针对竞聘的岗位来介绍自己的学历、经历、政治素质、业务能力、已有的成绩等。

（2）简要介绍自身的不足之处。竞聘者在介绍自己应聘的基本条件时，要尽可能地展示自己的长处，但不是对自身的不足之处闭口不言。请看某竞聘者的表述：

我从没有担任过班干部，缺少经验。这是劣势，但正因为从未在"官场"历练，没有"官相官态""官腔官气"；少的是畏首畏尾的私虑，多的是敢作敢为的闯劲。正因为我一向生活在最底层，从未有过"高高在上"的体验，对摆"官架子"看不惯，弄不来，就特别具有民主作风。因此，我的口号是"做一个彻底的平民班长"。

（3）表明自己任职后的打算。评选者更关心的还是竞聘者任职后的打算。因此，竞聘者在竞聘演讲时，一定要用简明扼要的语言亮明自己的观点，也就是说，要紧紧围绕着听众关心的热点、难点问题，提出明确的工作目标和切实可行的措施。请看某竞聘老干部处副处长职务竞聘人的演讲：

总结我自身的情况，我认为我有条件、有能力胜任副处长的工作。如果我能竞聘成功，我将做好以下几项工作：首先，协助处长继续做好老干部工作，解决老干部急需解决的问题，如老干部的政治待遇和生活待遇问题、老干部的晚年教育问题。其次，积极组织老干部开展积极健康的文化和健身活动，使他们老有所乐。再次，积极开展家访工作，特别是要加强对孤寡老人的服务工作，安排工作人员与他们结成帮助对子，使他们感受到组织的温暖。最后，设立一个意见箱，了解老人的思想状况，了解他们的需求，并将了解到的情况，及时向局领导汇报，并及时解决问题。

3. 结尾

好的结束语能加深评选者对竞聘者的良好印象，从而有利于竞聘成功。竞聘演讲常见的结尾方法有：

（1）表明对竞聘成败的态度。这种方法能使评选者感受到竞聘者的坦诚。例如：

作为这次竞聘上岗的积极参与者，我希望在竞争中获得成功。但是，我绝不会回避失败。不管最后结果如何，我都将"堂堂正正做人，兢兢业业做事"。

（2）表达自己对竞聘上岗的信心。例如：

我今天的演讲虽然是毛遂自荐，但却不是"王婆卖瓜，自卖自夸"。我只是想向各位领导展示一个真实的我。我相信，凭着我的政治素质，我的爱岗敬业、脚踏实地的精神，我的工作热情，我的管理经验，我一定能把副处长的工作做好。如果各位没有疑虑，那就请给我一个机会，我绝不会让大家失望。

（3）希望得到评选者的支持。例如：

各位领导、各位评委，请相信我，投我一票！我将是一位合格的处长。

二、竞聘演讲稿的写作要求

1. 气势要先声夺人

竞聘演讲的一个重要特征就是具有竞争性，而竞争的实质，是争取听众的响应和支持。做到这一点的有效方法之一，就是要有气势，"气盛宜言"。这气势不是霸气，不是骄气，不是傲气，而是浩然正气。有了渊博的才识和对事业深厚的感情，就不难找到恰当的语言表达形式。

2. 态度要真诚老实

竞聘演讲其实就是"毛遂自荐"。自荐，当然应该将自己优秀的方面展示出来，让他人了解自己。但要注意的是，在"展示"时，态度要真诚老实，有一分能耐说一分能耐，不能为了自荐成功而说大话、说谎话。

3. 语言要简练有力

老舍先生说："简练就是话说得少，而意思包含得多。"竞聘演讲虽是宣传自己的好时机，但也绝不可"长篇累牍"，应该用简练有力的语言把自己的思想表达出来。

4. 内心要充满自信

著名演说家戴尔·卡耐基曾说过："不要怕推销自己。只要你认为自己有才华，你就应该认为自己有资格担任这个或那个职务。"当一个人充满自信时，站在演讲台上，面对众人，就会从容不迫，就会以最好的心态来展示自己。当然，自信必须建立在丰富的知识和经验的基础上。这样的自信，才会成为竞聘的力量，变成工作的动力。

案例评析

尊敬的各位领导，各位同事：

大家好！

我叫蔡××，去年我运气不错，有幸转业到市委办这个人才济济、团结又温暖的大家庭。今年是我的而立之年，常言道：三十而立。在充满生机与活力的新世纪，在日新月异的知识经济时代，在竞争激烈、挑战与机遇并存的今天，扪心自问，我能立什么？我深思过，迷惘过，也无奈过。古人讲：天生我才必有用。适逢这次难得的竞岗机会，我本着锻炼、提高的目的走上讲台，展示自我，接受评判，希望靠能力而不是靠运气为自己的而立之年留下点什么。

站在大家面前有点单薄的我，稳重而不死板，激进而不张扬，温和而不懦弱，愚钝而不懒惰，正直而不固执。我1989年9月考入空军飞行学院，学过飞行，后因视力下降停飞改做地面工作，干过排长、指导员、干事，大学文化，中国共产党党员，2000年9月转业。在有206名军转干部参加的政法系统考试中，我名列第二。原以为能谋个警察的差事也就心满意足了，没料到能非常荣幸地被选拔到首脑机关——市委办工作。在此，我衷心感谢领导和同仁的厚爱。与大家共事一年来，我既有不小的压力，更有无穷的动力。

我没有辉煌的过去，只求把握好现在和将来。今天，我参加《×××》编辑部副主任职位的竞争，主要基于以下两个方面的考虑：

一方面我认为自己具备担任副主任的素质。

一是有吃苦耐劳、默默无闻的敬业精神。我是一个农村伢子，深深懂得"宝剑锋从磨砺出，梅花香自苦寒来"的道理。当兵前，我参加过"双抢"，上山砍过柴火；当兵后，经受过炎炎烈日下负重五十多斤日行军五十公里的考验，更经历了八年大西北恶劣自然环境和艰苦生活条件下的磨炼，特别是严格的军营生活培养了我"流汗流血不流泪"和"特别能吃苦、特别能忍耐、特别能战斗、特别能奉献"的良好品质。我爱岗敬业，工作踏踏实实，兢兢业业，一丝不苟，不管干什么从不讲价钱，更不怨天尤人，干一行，爱一行，努力把工作做得最好。

二是有虚心好学、开拓进取的创新意识。爱因斯坦说过：热爱是最好的教师。我热爱文秘工作，平时爱读书看报，也浏览了一些有关政治、经济方面的书籍。到办公室工作后，我谦虚好学，系统学习了有关业务知识和各级各类文件精神，初步具备了一个文秘人员所必需的业务知识和政策水平。还自学了计算机知识，能够熟练地使用计算机进行网上操作、文字处理并进行日常维护等。我思想比较活跃，爱好广泛，接受新事物比较快，勇于实践，具有开拓精神；同时我朝气蓬勃，精力旺盛，工作热情高、干劲足，具有高昂斗志。

三是有严于律己、诚信为本的优良品质。我信奉诚实待人、严于律己的处世之道。我曾经多年在上百人的连队工作，既要维护连队干部的权威，又要和战士们打成一片，正因为具有良好的人格魅力和做人宗旨，同战友们建立了亲如兄弟的深厚感情，受到了战士们的爱戴，在我转业离队时，许多战友因舍不得我离去而泪流满面。到市委办工作后，我在日常生活和工作中，不断加强个人修养和党性锻炼，以"老老实实做人、勤勤恳恳做事"为信条，严格要求自己，尊敬领导，团结同志，应该说得到了领导和同事的肯定。

四是有雷厉风行、求真务实的工作作风。11年的军旅生涯，培养了我雷厉风行、求真务实的工作作风，养成了我遇事不含糊、办事不拖拉的工作习惯，造就了我不唯书、不唯上、只唯真、只唯实的工作态度。至今，我仍然清晰地记得离开部队时一位老首长语重心长对我讲的话：小蔡啊，你不管到哪工作，在什么岗位上，作为一个经过部队多年摔打的共产党人，做什么事要上不愧党、下不欺民，更要对得起部队的培养和自己的良心。

另一方面我认为自己具备担任副主任的才能。

一是有一定的政治素养。我平时比较关心社会生活中的大事，对国家的大政方针有一定的了解，有较高的思想政治觉悟。尤其是到地方工作后，我更加注重政治理论知识的学习和思想意识的改造，能够始终保持坚定的政治立场和较高的政治敏锐性。

二是有一定的文字基础。"腹有诗书气自华"。我在中学阶段就爱好文学，参加过文学社，17岁时就发表过诗歌，在部队有二十多篇文学、新闻作品和理论文章在省级以上报刊发表。到督查室工作后，在领导和同事的帮助下，我的文字综合水平又有了一定的提高，我撰写的《××××××××》在20××年的第一期《××××》杂志上刊发后，广西、山西等兄弟省市的督查部门纷纷来信要求我们寄送资料，供他们借鉴学习。

三是有一定的管理能力。我在部队工作期间，在基层连队任职达五年之久，从事过连队的日常管理和思想工作。在我的任期内，我所在的警卫连是军区空军的基层达标先进连队，我还带队参加过军区空军警卫专业大比武，获得了第三名，本人也荣立了三等功，最重要的是我积累了一定的管理经验。

四是对编辑工作有初步了解。转业前我当过近两年的新闻干事，在空军报社实习过三个月，是《空军报》的特约记者和《解放军报》的特约通讯员，从事过团里简报和广播稿的主编工作，对摄影也不是个外行。在督查室工作的一年时间里，我主要从事《××××》《××××》的编辑工作，应该说我对编辑工作也略知一二。

假如我有幸竞聘成功，我将笨鸟先飞，不负众望，不辱使命，做到"以为争位，以位促为"。

第一，摆正位置，当好配角。在工作中我将尊重主任的核心地位，维护主任的威信，多请示汇报，多交心通气，甘当绿叶。辩证地看待自己的长处和短处、扬长避短，团结协作，做到：到位不越位，补台不拆台。

第二，加强学习，提高素质。一方面加强政治理论知识的学习，不断提高自己的政治理论修养和明辨大是大非的能力。另一方面加强业务知识和高科技知识的学习，紧跟时代步伐，不断充实完善，使自己更加胜任本职工作。

第三，扎实工作，锐意进取。既发扬以往好的作风、好的传统，埋头苦干，扎实工作，又注重在工作实践中摸索经验、探索路子，和大家一道努力把《×××》办成更具前瞻性、可读性、指导性、思想性和有特色的党委机关刊物。

不容置疑，在各位领导和同事面前，我还是一个才疏学浅、相对陌生的学生或者新兵；平心而论，我到办公室工作的时间短，参加竞争，我一无成绩，二无资历，三无根基，优势更无从谈起。倒是拿破仑的那句"不想当将军的士兵不是好士兵"在激励着我斗胆一试，响应组织号召，积极参与竞争。我不敢奢求什么，只想让大家认识我、了解我，进而喜欢我、支持我、帮助我。也正因为如此，我更加清醒地看到了自身存在的差距，促使我在以后的工作当中，恪尽职守、努力学习。勤奋工作，以绵薄之力来回报组织和同志们对我的厚爱。

最后以一首自编的对联来结束我的演讲,上联是"胜固可喜,宠辱不惊看花开",下联是"败亦无悔,去留无意随云卷",横批是"与时俱进"。

谢谢大家!

【评析】这篇竞聘演讲稿思路清晰,内容充实,从应聘条件到工作思路具体明确,可信度高,感情真挚、充满自信。

单元三　礼仪讲话稿的写作

情景导入

经过充分的准备,陈婷在"我和我的××梦"演讲比赛中取得了一等奖的好成绩。总经办主任表扬了陈婷,同时又布置了新的工作任务:公司一年一度的文化节即将开幕,届时将邀请海宁市分管副市长、紧密合作企业代表、公司离退休老领导等参加。主任要求陈婷起草公司董事长在文化节开幕式上的欢迎词和上级领导的致辞。

陈婷分析,这两个致辞都属于礼仪讲话稿,必须切合讲话者的身份和本次文化节的主题。

必备知识

一、礼仪讲话稿的含义

礼仪讲话稿主要有祝词、欢迎词、欢送词、答谢词等。

祝词是机关、团体、单位是在庆典或会议上,以表示良好愿望和庆祝致贺为内容的讲话。一般有会议祝词、庆功祝词、宴会祝词等类型。

欢迎词、欢送词、答谢词都是迎送宾客和集会时应酬用的讲话稿。

欢迎词是在迎接宾客的仪式上由东道主出面对宾客的到来表示欢迎的讲话。

欢送词是在接待宾客结束时,主人对其离去表示友情欢送的致辞。

答谢词是宾客对主人的热情接待,在仪式上表示感谢的讲话。

二、礼仪讲话稿的特点

1. 感情性

祝词、欢迎词、欢送词和答谢词要传递的是表示庆贺、欢迎、惜别、感谢的感受,所以具有强烈的感情色彩。

2. 口语性

祝词、欢迎词、欢送词和答谢词都是用来表述的应用性文书,应该注意书面语和口语的使用,使之既富有情趣又自然得体。

3. 适度性

一般说来，礼仪讲话稿的篇幅都不太长。但是如果场面非常隆重，太过简短也会显得不够礼貌。

能力技巧

一、礼仪讲话稿的写作技巧

祝词、欢迎词、欢送词和答谢词的写法基本一样。大体可以分成五个部分：

1. 标题

（1）直接以文种为题。如"欢迎词""答谢词"等。

（2）以"场合"或"对象+文种"为题。如"20××年企业新春答谢词""教师节的祝词"等。

2. 称谓

通常在称谓前加修饰语，如"尊敬的领导""亲爱的朋友"；称谓后加头衔，如"教授""处长"等。如果不清楚头衔或者没有的，可以加"先生""女士"。

3. 正文

祝词在正文部分要表明自己的身份，传达对与会者的热烈欢迎和问候，说明集会或聚会的原因并表示祝贺。

欢迎词的正文一般说明欢迎的情由，可叙述彼此的交往、情谊，说明交往的意义。对初次来访者，可多介绍本组织的情况。

欢送词要说明欢送仪式的目的、发言人的身份，回顾和阐述双方在合作或访问期间取得哪些突破性的进展，陈述本次合作交流中双方的合作和交流给双方所带来的益处，阐述其深远的历史意义。私人欢送词还应注意表达双方在共事合作期间彼此友谊的加深、增进以及分别之后的想念之情。若为朋友送行，还要加上一些勉励的话。

答谢词的写作重点是要表达出对主人热情好客的感谢之情。答谢词的正文部分，先要简短陈述具体的事例，对主人所做的安排给予高度评价，对主人的盛情款待表示衷心的感谢，然后对取得的收获给予充分肯定。最后可以谈自己的感想和心情，或向主人提出回访的邀请等。

4. 结语

祝词的结语部分一般是进一步表示祝贺，或者提出希望，表达决心。如果是在酒宴上，其句式则可以为"让我们为×××而干杯"。

欢迎词的结语是用敬语对宾客表示再一次的欢迎。

欢送词通常在结尾处会再次向来宾表示真挚的欢送之情，并表达期待再次合作的心愿。

答谢词的结尾，主要是再次表示感谢，并对双方关系的进一步发展表示诚挚的祝愿。

5. 落款

一般在结语后右下角注上致辞的机关、人物的名称和日期。如果在标题中已经出现，也可以省略。

二、礼仪讲话稿的写作要求

1. 注意礼貌

祝词、欢迎词、欢送词、答谢词都是出于礼仪的需要而使用的,因此要十分注意礼貌。

2. 注意情感

祝词、欢迎词、欢送词、答谢词致辞的双方都有着比较密切的社会关系,因此在书写时感情要真挚,让听众感受热烈的情感。

3. 注意篇幅

祝词、欢迎词、欢送词、答谢词的篇幅应尽可能地简短,语言要精确,语气要热情、友好、温和、礼貌。一般具体事务性内容均不在这里写。

案例评析

【案例一】

国家主席习近平2022年新年贺词

大家好,2022年即将到来。我在北京向大家致以新年祝福!

回首这一年,意义非凡。我们亲历了党和国家历史上具有里程碑意义的大事。"两个一百年"奋斗目标历史交汇,我们开启了全面建设社会主义现代化国家新征程,正昂首阔步行进在实现中华民族伟大复兴的道路上。

从年头到年尾,农田、企业、社区、学校、医院、军营、科研院所……大家忙了一整年,付出了,奉献了,也收获了。在飞逝的时光里,我们看到的、感悟到的中国,是一个坚韧不拔、欣欣向荣的中国。这里有可亲可敬的人民,有日新月异的发展,有赓续传承的事业。

七月一日,我们隆重庆祝中国共产党成立一百周年。站在天安门城楼上感慨系之,历史征程风云激荡,中国共产党人带领亿万人民经千难而百折不挠、历万险而矢志不渝,成就了百年大党的恢宏气象。不忘初心,方得始终。我们唯有踔厉奋发、笃行不怠,方能不负历史、不负时代、不负人民。

党的十九届六中全会通过了党的第三个历史决议。百年成就使人振奋,百年经验给人启迪。我曾谈到当年毛主席与黄炎培先生的"窑洞对",我们只有勇于自我革命才能赢得历史主动。中华民族伟大复兴绝不是轻轻松松、敲锣打鼓就能实现的,也绝不是一马平川、朝夕之间就能到达的。我们要常怀远虑、居安思危,保持战略定力和耐心,"致广大而尽精微"。

大国之大,也有大国之重。千头万绪的事,说到底是千家万户的事。我调研了一些地方,看了听了不少情况,很有启发和收获。每到群众家中,常会问一问,还有什么困难,父老乡亲的话我都记在心里。

民之所忧,我必念之;民之所盼,我必行之。我也是从农村出来的,对贫困有着切身感受。经过一代代接续努力,以前贫困的人们,现在也能吃饱肚子、穿暖衣裳,有学上、有房住、有医保。全面小康、摆脱贫困是我们党给人民的交代,也是对世界的贡献。让大家过上更好生活,我们不能满足于眼前的成绩,还有很长的路要走。

黄河安澜是中华儿女的千年期盼。近年来，我走遍了黄河上中下游9省区。无论是黄河长江"母亲河"，还是碧波荡漾的青海湖、逶迤磅礴的雅鲁藏布江；无论是南水北调的世纪工程，还是塞罕坝林场的"绿色地图"；无论是云南大象北上南归，还是藏羚羊繁衍迁徙……这些都昭示着，人不负青山，青山定不负人。

　　这一年，还有很多难忘的中国声音、中国瞬间、中国故事。"请党放心、强国有我"的青春誓言，"清澈的爱、只为中国"的深情告白；"祝融"探火、"羲和"逐日、"天和"遨游星辰；运动健儿激情飞扬、奋勇争先；全国上下防控疫情坚决有力；受灾群众守望相助重建家园；人民解放军指战员、武警部队官兵矢志强军、保家卫国……无数平凡英雄拼搏奋斗，汇聚成新时代中国昂扬奋进的洪流。

　　祖国一直牵挂着香港、澳门的繁荣稳定。只有和衷共济、共同努力，"一国两制"才能行稳致远。实现祖国完全统一是两岸同胞的共同心愿。真诚期盼全体中华儿女携手向前，共创中华民族美好未来。

　　我同外国领导人及国际组织负责人电话沟通、视频连线时，他们多次赞扬中国抗疫和为全球疫情防控所作的贡献。截至目前，中国累计向120多个国家和国际组织提供20亿剂新冠疫苗。世界各国风雨同舟、团结合作，才能书写构建人类命运共同体的新篇章。

　　再过一个多月，北京冬奥会、冬残奥会就要开幕了。让更多人参与到冰雪运动中来，这也是奥林匹克运动的题中之义。我们将竭诚为世界奉献一届奥运盛会。世界期待中国，中国做好了准备。

　　新年的钟声即将敲响。我们的三位航天员正在浩瀚太空"出差"，海外同胞仍在辛勤耕耘，使领馆、中资企业等海外派驻人员和广大留学生仍在勇毅坚守，无数追梦人还在奋斗奉献。大家辛苦了，我向大家致以诚挚的新年问候！

　　让我们一起向未来！祝福国泰民安！

　　（资料来源：国家主席习近平发表二〇二二年新年贺词，中华人民共和国中央人民政府网，http://www.gov.cn/xinwen/2021-12/31/content_5665868.htm?jump=true，2021年12月31日）

　　【评析】此文是国家主席习近平通过中央广播电视总台和互联网发表的2022年新年贺词。主题十分明确，就是向大家致以诚挚的新年问候，亲切温暖的语言让所有的听者（读者）从过去一年"国家盘点"中触摸生活的温度，于字里行间找寻奋斗的身影，从对未来国泰民安的祝愿中获得心灵的鼓舞。

【案例二】

贵阳市长在2021中国国际大数据产业博览会上的欢迎词

尊敬的各位来宾，女士们、先生们，朋友们：

　　大家下午好！

　　值此2021中国国际大数据产业博览会召开之际，非常高兴能够与大家相聚在多彩贵州、爽爽贵阳，共叙友谊、共商合作、共谋发展。在此，我代表贵阳市、贵安新区向各位嘉宾表示热烈的欢迎，向一直以来关心和支持贵阳贵安经济社会发展的各界人士表示衷心的感谢！

　　人工智能是引领未来的战略技术，是新一轮产业变革的核心驱动力，平台经济是生产力新的组成方式，是经济发展的新动能，为人工智能的应用创造了丰富场景。

习近平总书记高度重视平台经济发展，今年3月在中央财经委员会第9次会议上深刻阐述发展平台经济的重要意义，充分肯定平台经济取得的成绩，同时也强调要推动平台经济规范、健康、持续发展，为我们运用好人工智能、发展好平台经济指明了前进方向、提供了根本遵循。

特别是在当前全国上下加快构建双循环新发展格局的历史背景下，探讨人工智能如何更好地为平台经济赋能，不仅是贯彻落实习近平总书记重要讲话精神的实际行动，更是顺应平台经济发展趋势、提高资源配置效率、畅通要素流通渠道的迫切需要，对于推动平台经济规范健康持续发展具有十分重要的意义。

近年来，贵阳市、贵安新区深入实施大数据战略行动，在人工智能领域加快布局，大力推动人工智能与各行各业特别是服务实体经济的互联网平台的深度融合方面取得了明显成效。贵州工业互联网平台是国家级工业互联网创新发展工程，致力于为工业企业提供数字化、网络化、智能化改造方案。截至目前，全市规模以上工业企业上云比例达到85%，打造了一批国家级智能制造试点示范项目，满帮作为西南地区首家超级独角兽，在智慧物流、物联网运用平台、智慧民生等领域表现突出。截至目前，满帮平台认证司机已超过1 000万人，认证货主超过500万。贵阳政务服务一网通办网上可办率达到100%，实现全方位智能服务，无人驾驶、刷脸支付、无人配送等新模式新业态正在加快培育。人工智能深刻改变着贵阳贵安人民的生产生活方式。

当前，我们正深入学习贯彻习近平总书记视察贵州重要讲话精神，把发展平台经济作为实施"强省会"五年行动的重要内容，充分整合贵阳贵安要素市场、交通区位、政策红利等比较优势，加快建立机制、定措施、补短板、强弱项，大力推动人工智能与平台经济深度融合，推动平台经济智能化、精准化、便民化转型，为经济社会高质量发展注入强劲动能。

我们热忱欢迎各位企业家到贵阳贵安考察调研、投资兴业，共同做大做强平台经济。

人工智能高端对话作为数博会重要活动之一，今年是第四次举办，旨在通过探讨人工智能的前沿理论、发展趋势、技术创新，力求为社会生产生活提供更多智能化的解决方案，每一次都受到了业界的广泛关注。今年出席活动的各位企业家、各位专家都是行业翘楚，对平台经济发展有着独到的认识见解和丰富的实践经验，希望大家围绕"AI经济·共享未来"的主题，交流互鉴，碰撞思想，提出更多促进人工智能赋能平台经济的新模式、新理念，引领和带动平台经济健康快速发展。

最后，预祝本次论坛对话圆满成功，祝大家身体健康，万事如意，谢谢大家。

（资料来源：2021数博会人工智能高端对话，中共贵阳市委副书记、市长在会上致欢迎词，贵阳网，http://www.gywb.cn/system/2021/05/27/031292101.shtml，2021年5月27日）

【评析】这是贵阳市长在2021中国国际大数据产业博览会上的欢迎词，称谓得体，内容简要阐述了在新的历史背景下，人工智能的意义和贵州工业互联网发展的态势，同时提出了对本次年会成果的期盼和欢迎企业家到贵州贵安投资兴业的希望，对出席年会的嘉宾欢迎和感谢的情怀也表现得淋漓尽致。

【案例三】

邱曙第副教授在授助仪式上的答谢词

法国驻中国大使、总领事、文化领事：

法国文化是如此的灿烂和迷人，让世界上许许多多不同民族、不同国家、不同文化背景的人们所喜爱，而我正是其中的一员。我是如此的幸运，在我的学生时代去到了巴黎这座令世人惊艳而迷恋的美丽城市，在那里我接受了法国音乐艺术的系统教育，在那里我受到了热情、浪漫和善良的法国人的帮助和友善，那里给予了我家一样的温馨和快乐，这份美好的回忆始终陪伴着我。

我感谢我亲爱的爸爸妈妈支持我留学，他们让我梦想成真，我感谢我的家人对我的鼓励和帮助，使我顺利地走到今天，谢谢你们今天的到来，谢谢爸爸，此时此刻我无比怀念我在天堂的亲爱的妈妈。

多年来，我在世界各地与许许多多来自各国的音乐家多次合作和演绎着令人痴迷的法国音乐，我感受到了人们对法国音乐的无限喜爱和深刻理解。

中国和法国有着令世人羡慕的悠久历史和灿烂文化，有着我们长期的友谊和更加美好的合作未来，而我正是这种历史、文化、友谊和合作的受益者，上海音乐学院和上海法语培训中心在我们的合作中发挥了重要的作用。我希望更多的中法两国年轻人能加入到我们中来，让他们成为我们两个伟大国家人民与人民之间交流和发展的重要力量，让更多的年轻人成为我们友谊和合作的受益者。

我要感谢我的朋友们，他们中有艺术家、评论家、收藏家，他们是教育家、诗人、翻译家、出版人，我的老师、同事和学生，他们是艺术的同路人和爱好者，他们是我永远的朋友，谢谢你们今晚的到来。

最后我要再次感谢法国驻中国大使 Laurent BILI（罗梁）先生、总领事 Benoît Guidée（纪博伟）先生、文化领事 Myriam KRYGER（柯梅燕）女士，谢谢你们代表法国政府授予我的这份激动人心的荣誉，谢谢你们对我的友爱和鼓励，谢谢你们今天举办的这场晚会。

……

谢谢各位。祝大家度过一个美好的夜晚。

（资料来源：知乎，https://zhuanlan.zhihu.com/p/359732413，2021年3月25日，有删改）

【评析】2021年3月16日晚，中国著名艺术歌曲歌唱家、上海音乐学院邱曙苇副教授被法国政府授予法兰西共和国文学与艺术骑士勋章。当晚，法国驻沪总领馆在著名的历史建筑上海总领事"巴塞别墅官邸"举办了"邱曙苇授勋仪式"。邱曙苇副教授用中法文做了精彩的答谢词。文章称谓得体，从多个角度表达了对帮助自己的有关人士的感谢之情，高度赞美了中法文化，语言真挚，充满情谊。

相关能力拓展

请柬、聘书的写作

一、请柬

请柬是为邀请宾客参加某一活动时所使用的一种书面形式的通知。一般要写清楚称谓、活动内容、时间、地点、方式、要求等。结尾写"届时敬请光临""此致敬礼"等祈求和敬语，然后落款。

> **案例评析**
>
> 请　柬
>
> ×××董事长：
> 　　兹定于20××年8月10日至8月18日，在华侨大厦召开思雨名酒展销会，并于8月10日中午11时30分在华侨大酒家举行开幕典礼。敬备酒宴恭候，请届时光临。
>
> 鸿远酒业有限公司敬约
20××年8月2日
>
> 【评析】这则请柬用词文雅，恭敬而不失热情，对活动相关信息的介绍也较为清楚、具体。

二、聘书

聘书也称聘请书，是聘请某些有专业特长或有名望、有权威的人完成某项任务或担任某种职务时所使用的书信体文书。

聘请书的写作技巧如下：

1. 标题

一般用套红、烫金封面印上"聘书"两个字，聘书里面文字的正中间写"聘请书"或"聘书"字样。

2. 称谓

写明被聘请人姓名，如"××先生""××同志"等，这个项目也可省略，将被聘请人的姓名在正文中书写，如"兹聘请××先生……"。

3. 正文

交代聘请的原因、聘请担任的职务或承担的工作、聘请的期限。有的还说明待遇，这一点也可省略不写。

4. 结尾

惯用语写"此聘"。

5. 落款

写明聘请单位名称并加盖公章、日期。

> **案例评析**
>
> 聘　请　书
>
> 　　为维护公司的合法权益，特聘请杭州市天秤律师事务所×××律师担任本公司常年法律顾问，负责办理本公司一切对外法律事务。聘期两年（2023年1月—2024年12月）
> 　　此聘
>
> 杭州市旗胜商贸公司（公章）
2023年1月5日
>
> 【评析】这则聘书对涉及的关键信息交代得清楚准确。

—— 模 块 小 结 ——

◎ 公关礼仪文书写作时要体现公关性、礼仪性。
◎ 启事与海报的区别：前者严肃，后者活泼。
◎ 写作声明要态度严正、明确。
◎ 演讲稿应主题鲜明，材料充实，亦庄亦谐。
◎ 竞聘演讲稿要目的明确，针对性强，应聘条件具体，工作思路明确。
◎ 礼仪讲话稿要根据场合需要，礼貌热情，语言得体。

—— 应知、应会目标鉴定 ——

一、应知目标鉴定
1. 正确说出启事、海报、声明的一般特点和写作要求。
2. 正确说出聘书、请柬的特点和写作结构。
3. 正确说出演讲稿的写作要求。
4. 正确说出礼仪讲话稿的写作技巧。
5. 利用互联网或其他途径查找相关公关礼仪文书的案例，并做出相应评析。

二、应会目标鉴定
1. 根据具体的情景进行启事、海报、声明的模拟实训写作。

（1）××国际大酒店是四星级新型酒店，位于××市郊高新开发区，交通便捷，环境幽静，集娱乐、健身、休闲、阅览、餐饮于一体，适合不同等级的消费者。酒店将招聘客房、餐饮、前厅部门经理各1人，要求：35岁以下，大专学历，星级酒店相关工作经历3年以上者。服务员50名，要求：25岁以下，高中以上学历，男性1.70米以上，女性1.60米以上。应聘准备的资料：个人简历、学历证书、技能等级证书、身份证、一寸近照两张。材料于20××年5月30日前寄往或送往××国际大酒店人力资源部，材料合格通知面试。地址：××市××路××号，电话：×××××××，网址：××××××。请根据以上材料写一则招聘启事。

（2）近期某些私人教育机构及中介假借××集团公司的名义发布"联合办学"招收高考落榜生的信息，以毕业后由集团公司安排工作为诱饵，吸引考生及家长。对此，××集团公司授权××市律师事务所××律师发表声明，××集团公司未和任何一家学校签订"联合办学"合同，也从未以"签订用人合同"形式发布招生、招工信息。请根据以上材料写一份严正声明。

（3）××服装杭州专卖店于20××年5月8日开业。××是中国驰名商标，中国服装经典品牌，由××市服装厂定点生产。20××年5月8日至18日开业期间，全场商品八折优惠。专卖店地址：杭州市××路××号，电话：×××××××。请根据以上材料写一则开业启事，同时制作一份适合张贴的宣传海报。

2. 根据实际需要正确写作聘书、请柬。

（1）为了提高学院教学质量，加强实践性教学，培养学生实际操作的动手能力，浙江××职业技术学院人文部文化市场经营与管理专业特聘请××拍卖有限公司董事长×××先生为兼职教授，聘期两年。请根据以上材料写一份聘书。

（2）中华诗教促进中心将于20××年3月18日举行诗国青春吟诵晚会，邀请该中心顾问×××先生参加并担任评委，请起草一份请柬。

3. 根据具体情景写作规范、得体的竞聘演讲稿、礼仪讲话稿。

（1）结合实际，写一篇竞聘班干部或学生会干部的演讲稿。

（2）请你代表全校（或全系）在校生写一篇对新生的欢迎词或对毕业生的欢送词。

（3）"元通国际汽车展览会"开幕了，当晚主办单位举行酒宴，请代表主办方浙江××××集团有限公司董事长拟写祝词。

（4）王和一行五人是光厦公司员工，他们赴凌云集团公司考察并商讨关于电子技术合作事宜。在为期三天的活动中，他们受到了凌云集团公司吴启明经理的热情欢迎和招待。临别前，请你代王和写一份答谢词。

module 4

模块四
契约文书写作技巧

应知目标

- 了解常用的借条、收条、领条等契据的写作知识。
- 了解合同的分类、写作结构、必备条款和注意事项。
- 熟悉涉外经济合同的结构和写法。
- 熟悉协议书、意向书的写作要领。

应会目标

- 能根据具体情景写作各类契据。
- 能根据实际需要写作规范、严密的合同、协议书和意向书。

素养目标

- 树立诚信至上、公平至上的理念,培养务实、平等、守信的契约精神。

单元一　契据的写作

情景导入

王佳琪是刚被海宁市××经编有限公司录用的新员工,第一天上班,人力资源部工作人员通知她去总务处领取办公用品。王佳琪便兴冲冲地到总务处领取电脑和办公桌椅,工作人员告诉她必须先写一则领条。"领条怎么写?"王佳琪随口一问,"你是大学生,连领条都不会写?"工作人员的一句话,把王佳琪弄得面红耳赤,"会写,会写",王佳琪赶紧解释,同时也感觉到了社会对一名大学生的要求,自己必须努力工作,否则对不住自己十多年的寒窗苦读。

思考:领条究竟应该怎么写?平时我们写作契据时应注意些什么?

必备知识

一、契据的含义

契据是单位或个人之间,为了办事方便、手续清楚,在收到、借到、领到钱物时所出的一种书面凭证。

二、契据的特点

1. 凭证性

无论是借条还是收条、领条均是当事人发生经济往来的依据。

2. 约束性

契据一旦签订,便构成一种约束关系,具有法律效力。

3. 慎重性

正因其具备法律效力,所以在立据时双方都应十分慎重。

4. 简便性

契据言简意赅,写清楚发生财物往来的具体内容即可。

能力技巧

一、契据的写作技巧

1. 标题

写明契据的名称如"借条""收条""领条"等。

2. 正文

先写明契据的性质，"今借（收、领）到"，如果替别人代借，应在"借"前加"代"字，再写明对方单位名称或个人姓名，借（收、领）款数额、物品名称、数量及归还的具体期限。

3. 结束语

另起一行空两格写"此据"。

4. 落款

借（收、领）款、物单位或个人签名，写明年月日。单位借款、借物应加盖公章，并标明经手人的姓名。

二、契据的写作要求

1. 书写要规范

钱款金额、物品数量必须准确，数字要大写。金额前不留空白，金额后要加"整"字，如"壹仟元整"，以防止添、改。

2. 字迹要工整

契据一般不得涂改。若要改动，须在改动处加盖印章，以示负责。

3. 语言要简明

简洁、明了、准确，是契据要求的语言特点，不能有半点含糊。

4. 落款要明确

对外单位使用的契据，单位名称要写完整，不要用简称。当事人的姓名要以身份证为准。

案例评析

【案例一】

借　条

今借到电视机1台，电脑1台。一周后归还。

借物人：李小明

20××年1月3日

【评析】此借条存在如下不规范：一是向谁借没有写明确；二是电视机、电脑的型号、特征没有写明确；三是数字没有大写；四是归还时间不具体；五是格式上缺少结束语。

【案例二】

借　条

今借到本单位同事吴双华（身份证号：　　　　）以现金方式出借的人民币贰拾万元整，用于本人母亲住院治疗费，自出借之日起壹年内还清。如到期未还清，按月利10%（百分之十）计付逾期利息。

此据

借款人：杭州文仓小学李小兰
身份证号：330××××××××××
家庭地址：杭州市下沙×街×号
　　　　　×幢×单元×号
联系电话：158××××××××

20××年1月15日

【案例三】

收　条

今收到市人事局交来的20××年12月该局20名党员的党费贰仟叁佰伍拾元整。

此据

××市组织部组织处（公章）

经手人：李玉燕

20××年1月20日

【评析】案例二和案例三格式规范，内容严密，语言简洁、明了、准确。

单元二　合同的写作

情景导入

经过邀约，海宁市××经编有限公司与国内外多家企业建立了贸易关系，订单纷至沓来，原有的库房不够用了，需要租用一间厂房，刚好离公司不远的海宁市××科技信息公司有厂房出租，公司派陈婷前往协商并负责起草租赁合同。

思考：陈婷该如何起草规范的合同呢？在订立合同的过程中要重点注意哪些问题呢？

必备知识

一、合同的含义

《中华人民共和国民法典》（2020年5月28日通过，2021年1月1日起实行，以下简称《民法典》）第三编为合同，第四百六十四条规定："合同是民事主体之间设立、变更、终止民事法律关系的协议。婚姻、收养、监护等有关身份关系的协议，适用有关该身份关系的法律规定；没有规定的，可以根据其性质参照适用本编规定。"这一定义明确了合同的本质是双方或多方当事人在意愿一致、平等协商的情况下所订立的确认各自的权利与义务的协议。

二、合同的特点

1. 内容的合法性

合同的订立和履行，是当事人受到法律保护和监督的合法行为。只有依法成立的合同，才能受法律保护，否则是无效合同。

2. 协商的一致性

合同即"合而同之"。协商一致体现的就是合同程序的合法性。只有各方当事人对各自的权利和义务协商一致，合同才能产生法律效力。

3. 地位的平等性

合同的当事人无论是自然人、法人或者是其他组织，他们的经济关系、法律地位应该是平等的。

4. 条款的完备性

《民法典》合同编中明确规定了合同的必备条款，只有条款完备，才能对各自的权利和义务真正起到保障作用。有些常用的合同，必须按国家规定的示范文本写作。

5. 措辞的严密性

由于合同牵涉到经济利益，因此在表述上必须准确，一旦表意不明或产生歧义，就会带来经济损失或法律纠纷。

三、合同的种类

合同的种类众多，按不同的标准可以进行不同的分类：

（1）按时间有效期分为长期合同、中期合同、短期合同。

（2）按订立方式分为口头合同、书面合同。

《民法典》第四百六十九条规定：当事人订立合同，可以采用书面形式、口头形式或者其他形式。

书面形式是合同书、信件、电报、电传、传真等可以有形地表现所载内容的形式。

以电子数据交换、电子邮件等方式能够有形地表现所载内容，并可以随时调取查用的数据电文，视为书面形式。

（3）按写作形式分为条款式合同、表格式合同、"条款+表格"式合同（综合式合同）。

（4）按当事人的国际关系分为国内合同、涉外合同、中外合资合同。

《民法典》第四百六十七条规定：在中华人民共和国境内履行的中外合资经营企业合同、中外合作经营企业合同、中外合作勘探开发自然资源合同，适用中华人民共和国法律。

（5）《民法典》合同编中按内容性质，将合同划分为19种典型合同：

1）买卖合同。买卖合同是出卖人转移标的物的所有权于买受人，买受人支付价款的合同。

2）供电、水、气、热力合同。供用电合同是供电人向用电人供电，用电人支付电费的合同。供用水、供用气、供用热力合同，参照适用供用电合同的有关规定。

3）赠与合同。赠与合同是赠与人将自己的财产无偿给予受赠人，受赠人表示接受赠与的合同。

4）借款合同。借款合同是借款人向贷款人借款，到期返还借款并支付利息的合同。

5）保证合同。保证合同是为保障债权的实现，保证人和债权人约定，当债务人不履行到期债务或者发生当事人约定的情形时，保证人履行债务或者承担责任的合同。

6）租赁合同。租赁合同是出租人将租赁物交付承租人使用、收益，承租人支付租金的合同。

7）融资租赁合同。融资租赁合同是出租人根据承租人对出卖人、租赁物的选择，向出卖人购买租赁物，提供给承租人使用，承租人支付租金的合同。

8）保理合同。保理合同是应收账款债权人将现有的或者将有的应收账款转让给保理人，保理人提供资金融通、应收账款管理或者催收、应收账款债务人付款担保等服务的合同。

9）承揽合同。承揽合同是承揽人按照定作人的要求完成工作，交付工作成果，定作人支付报酬的合同。承揽包括加工、定作、修理、复制、测试、检验等工作。

10）建设工程合同。建设工程合同是承包人进行工程建设，发包人支付价款的合同。建设工程合同包括工程勘察、设计、施工合同。

11）运输合同。运输合同是承运人将旅客或者货物从起运地点运输到约定地点，旅客、托运人或者收货人支付票款或者运输费用的合同。它包括客运合同、货运合同和多式联运合同等。

12）技术合同。技术合同是当事人就技术开发、转让、许可、咨询或者服务订立的确立相互之间权利和义务的合同。它包括技术开发合同、技术转让合同、技术许可合同、技术咨询合同、技术服务合同。

13）保管合同。保管合同是保管人员保管寄存人交付的保管物，并返还该物的合同。寄存人到保管人处从事购物、就餐、住宿等活动，将物品存放在指定场所的，视为保管，但是当事人另有约定或者另有交易习惯的除外。

14）仓储合同。仓储合同是保管人储存存货人交付的仓储物，存货人支付仓储费的合同。

15）委托合同。委托合同是委托人和受托人约定，由受托人处理委托人事务的合同。

16）物业服务合同。物业服务合同是物业服务人在物业服务区域内，为业主提供建筑物及其附属设施的维修养护、环境卫生和相关秩序的管理维护等物业服务，业主支付物业费的合同。

17）行纪合同。行纪合同是行纪人以自己的名义为委托人从事贸易活动，委托人支付报酬的合同。

18）中介合同。中介合同是中介人向委托人报告订立合同的机会或者提供订立合同的媒介服务，委托人支付报酬的合同。

19）合伙合同。合伙合同是两个以上合伙人为了共同的事业目的，订立的共享利益、共担风险的协议。

能力技巧

一、合同的写作技巧

合同的基本写作形式有条款式、表格式和综合式。条款式是用文字分条逐项表述合同的条款；表格式适用于经常反复使用的文本合同；综合式是将条款与表格结合起来使用。不管哪种形式，合同的基本结构都包括标题、约首、正文和约尾四个部分。当事人可以参照各类合同的示范文本订立合同。

1. 标题

合同的标题一般由合同的性质和文种组成，即标题就要标明该合同是哪一类合同，如"买卖合同""技术合同"等；有的标题中还可点明标的物，如"施工机械设备租赁合同""房屋买卖合同"等。但不能笼统地写成"合同"或"经济合同"。

2. 约首

约首位于标题之下，包括当事人名称、合同编号及签订的时间、地点等。当事人的名称是必须书写的内容；合同的编号是为了方便合同的登记，有的合同没有此项；签订的时间、地点也可放在约尾中。

当事人的名称一般写在标题下方的左侧，先顶格书写"订立合同单位"或"订立合同人"，后面上下分列写上各方当事人的名称，要使用全称，再用括号注明规定的简称，如"以下简称甲方或供方、卖方、借款方、出租方""以下简称乙方或需方、买方、贷款方、承租方"等。

合同编号及签订的时间、地点一般上下分列写在标题下右侧。

3. 正文

正文是合同的主要内容，它包括导语和主体两部分。

导语先点明签订合同的目的、依据和签订过程、签订方式，通常的写法比较固定，比如，"为明确双方的权利和义务，根据《中华人民共和国民法典》合同编，经双方协商一致，特签订本合同，以资共同恪守。"

主体部分逐条写明双方协议的具体条款。格式条款通常事先印好，项目比较固定，只要往里填充具体内容即可；非格式条款内容根据需要而定。《民法典》规定，合同的内容由当事人约定，一般包括下列条款：

（1）当事人的姓名或者名称和住所。

（2）标的。合同的标的就是双方或多方当事人权利和义务共同指向的对象。标的可以是物，如买卖合同中出售的商品；可以是行为，如运输合同中承运人将旅客和货物运达目的地的行为；还可以是智力成果，如技术合同中的技术、出版合同中的作品等。

标的是一切合同必备的首要条款，必须明确具体地写清楚，标的含糊，责任就含糊；标的也是双方权利和义务的载体，没有标的，权利和义务就失去了指向和依据，合同就不能成立。

（3）数量。数量是标的在量的方面的尺度，是双方权利和义务大小的标准，是对标的的计量。合同中必须明确地规定标的数量、计量单位和计量方法。

（4）质量。质量是标的在质的方面的规定，它不仅指标的物的好坏、优劣，还包括产品的品种、规格、型号等的标准，标的的质量标准力求详细、具体、明确，凡有统一质量标准的可按标准执行，如国际标准、国家标准等；没有统一标准的，由双方当事人协商确定并在合同中予以说明。

标的的质量常常还包括有关包装和验收的内容，在合同中产品的包装方法，包装标准，包装物的供应，验收的方式、地点、标准等，都应明确规定。

《民法典》规定，质量要求不明确的，按照强制性国家标准履行；没有强制性国家标准的，按照推荐性国家标准履行；没有推荐性国家标准的，按照行业标准履行；没有国家标准、行业标准的，按照通常标准或者符合合同目的的特定标准履行。

（5）价款或者报酬。价款或者报酬，是标的的价值。以实物为标的的叫"价款"，如买卖合同中买卖商品的价款，租赁合同中的租金，包括单价和总金额；以劳务或智力成果为标的的叫"报酬"，即接受服务一方付给提供服务一方的报酬，如技术合同中的劳动报酬，保管合同中的保管费。价款或报酬一般都以货币数量来表示，故支付的货币名称、数额要标明，还要明确价款或报酬的支付方式、支付时间等。

《民法典》规定，价款或者报酬不明确的，按照订立合同时履行地的市场价格履行；依法应当执行政府定价或者政府指导价的，依照规定履行。

（6）履行期限、地点和方式。履行合同的期限是合同当事人实现权利、履行义务的时间界限，包括合同有效期限和履行期限，超过期限未能履行合同，就应当承担由此产生的后果。履行合同的地点指合同履行时的具体地点，包括交货、验货或承建工程的具体地点，必须规定具体、明确，不能产生歧义。履行合同的方式指当事人以什么方式来履行合同，包括时间方式和行为方式两方面。时间方式指的是一次性履行完毕还是分期履行；行为方式指当事人交付标的物的方式，如标的物的交付、运输、验收、价款结算等的方式。

《民法典》规定，履行地点不明确，给付货币的，在接受货币一方所在地履行；交付不动产的，在不动产所在地履行；其他标的，在履行义务一方所在地履行。履行期限不明确的，债务人可以随时履行，债权人也可以随时请求履行，但是应当给对方必要的准备时间。履行方式不明确的，按照有利于实现合同目的的方式履行。履行费用的负担不明确的，由履行义务一方负担；因债权人原因增加的履行费用，由债权人负担。

（7）违约责任。违约责任又叫罚则，指当事人由于主观原因造成合同不能履行或不能全部履行而应承担的责任。当事人不履行合同义务或者履行合同义务不符合约定的，应当承担继续履行、采取补救措施或赔偿损失等违约责任。违约责任的条款应先定义在合同履行中可能出现的违约情况，写明发生了这种情况后，责任方应当承担的责任。承担违约责任的主要方式是支付违约金、偿付赔偿金等。

《民法典》规定，当事人一方因不可抗力不能履行合同的，根据不可抗力的影响，部分或者全部免除责任，但是法律另有规定的除外。因不可抗力不能履行合同的，应当及时通知对方，以减轻可能给对方造成的损失，并应当在合理期限内提供证明。当事人迟延履行后发生不可抗力的，不免除其违约责任。

（8）解决争议的方法。这个条款是当事人关于解决争议的方法、程序和适用法律的约定。解决争议的方法有四种：协商、调解、仲裁、诉讼。

（9）其他条款。除必备条款外，其他未尽事宜的处理办法，合同的生效方式、份数和保存办法、有效期、附件等也应写明确。

总之，正文的主体部分是保证经济合同双方当事人合法权益的主要依据，必须明确写清各方当事人须共同解决的问题、达到的目的，以及由此而产生的各自的权利和义务。

4. 约尾

约尾一般包括合同当事人的署名（盖章、按指印）和日期。

（1）署名（盖章、按指印）。签订合同的各方当事人单位的全称、电话号码、单位详细地址及邮政编码、开户银行及账号、法定代表人及经办人的签名和单位行政公章或合同专用章。如果需主管部门或公证机关审批、鉴（公）证，则还需写上主管部门或鉴（公）证机关的名称、意见、日期，并加盖公章。

（2）日期。以签订合同的日期为准。签约日期关系到合同的效力，必须写清楚。日期也可写在约首。

二、合同的写作要求

订立合同必须遵循以下原则：

（1）平等原则。合同当事人的法律地位平等，一方不得将自己的意志强加给另一方。

（2）自愿原则。当事人依法享有自愿订立合同的权利，任何单位和个人不得非法干预。

（3）诚信原则。当事人行使权利、履行义务应当遵循诚实守信的原则。

（4）合法原则。当事人订立、履行合同，应当遵守法律、行政法规，尊重社会公德，不得扰乱社会经济秩序，不损害国家利益和社会公共利益。

（5）依法原则。依法成立的合同，受法律保护，对当事人具有法律约束力。当事人应当按照约定履行自己的义务，不得擅自变更或者解除合同。

> **案例评析**
>
> 【案例一】
>
> 经 济 合 同
>
> 订立合同人：
> ××化工厂第二车间（甲方）
> ××市第二建筑公司生产科（乙方）
>
> 　　为建筑××化工厂第二车间东厂房，经甲方要求，订立本合同。
> 　　甲方委托乙方建造东厂房一座，由乙方全面负责建造。全部建筑费（包括材料、人工）壹拾叁万元。
> 　　××化工厂在订立合同后先交一部分建造费，其余在东厂房建成后抓紧归还所欠部分。
> 　　工期待乙方筹备就绪后立即开始，力争三月中旬开工，争取十一月左右交工。
> 　　建筑材料由乙方全面负责筹备。
> 　　本合同一式两份，双方各执一份。
>
> ××化工厂第二车间（公章）　　　　　　××市第二建筑公司生产科（公章）
> 主任：××（私章）　　　　　　　　　　科长：××（私章）
> 　　　　　　　　　　　　　　　　　　　　　　　　20××年×月×日
>
> 【评析】这是一份不合法，格式不正确，内容不具体、不明确，语言不规范的合同。①不合法。经济合同的主体应是法人，而这份合同的立合同人都不具备法人的资格与条件。②合同正文中说明"经甲方要求"，不符合合同协商一致性，应改成"经双方友好协商"。③标题不准确。本合同的项目是建筑安装工程承包，用"经济合同"作标题范围大了一些。④内容不具体、不明确。该合同第一条中没有阐明建造厂房的式样、面积、高度、结构等，使乙方无法施工；第三条中的"一部分"应具体化；第四条中的工期应该明确，尤其是交工日期，还应有保证措施；第五条缺少材料标准附件。⑤合同没有说明生效期。⑥该合同缺少违约责任的有关内容，属于无效合同。⑦语言表达不规范，前后称呼不一致，第三条中"归还"一词表述不当。

【案例二】

买卖合同

订立合同单位： 合同编号：20××C字（18）
甲方：纯农果园 签约时间：20××年3月3日
乙方：原汁原味水果行 签约地点：纯农果园

为明确双方的权利和义务，甲乙双方本着平等互利、等价有偿、协商一致的原则，签订本合同，以资共同恪守。

第一条 乙方向甲方订购水果，名称、等级、数量、单价、金额如下：

名　称	等　级	数量（千克）	单价（元）	金额（元）
猕猴桃	一级	500	5.00	2 500
苹果	特级	1 000	3.00	3 000
西瓜	一级	1 200	3.20	3 840
枇杷	一级	400	6.00	2 400
香梨	特级	800	3.60	2 880

金额合计：14 620元（人民币大写，壹万肆仟陆佰贰拾元整）

第二条 果品质量：各类水果按照国家规定的规格标准执行。

第三条 包装要求和费用负担：

1. 包装材料及规格：除西瓜直接用货车装运外，其他水果均用纸板箱包装，外套保鲜纸膜。
2. 每包水果净重：25千克。
3. 不同品种等级分别包装。
4. 包装牢固，适宜装卸运输。
5. 每包品种等级标签清楚。
6. 包装费用由甲方负担。

第四条 交货时间、地点：

1. 交货时间：每批水果九成熟时，提前三天预约。
2. 交货地点：原汁原味水果行。

第五条 验收方法：货到后现场抽样验货。

第六条 运输方法及运费承担：甲方通过货车送货，费用由甲方负担。

第七条 结算方式与期限：货到验收合格后三天内，乙方通过银行转账支付。

第八条 甲方的违约责任：

1. 甲方未按合同规定品名、等级、数量交货，应向乙方偿付少交部分总价值2%的违约金。
2. 甲方未按合同规定时间交货，每逾期10天，应向乙方偿付迟交部分总价值2%的违约金。
3. 甲方包装不符合合同规定，应当返工，所造成损失由甲方自负。

第九条 乙方的违约责任：

1. 乙方必须按合同规定收货，否则，应向甲方偿付少收部分总价值3%的违约金。

2. 乙方没有按照国家规定的等级和价格标准，压级压价收购，除还足压价部分货款外，应向甲方偿付压价部分总价值2%的违约金。

3. 乙方在甲方交货后，应按时付款，每逾期一天，应向甲方偿付未付款部分总价值2%的违约金。

第十条 甲乙双方由于自然灾害和其他不可抗力，而确实不能全部或部分履行合同，可免除全部或部分的违约责任。

第十一条 对本合同产生的一切争议双方应先友好协商，协商不成的，任何一方均可向其所在地的仲裁委员会仲裁或向法院起诉。对仲裁结果或法院裁决双方均应执行。

第十二条 本合同经双方法定代表人或委托代理人签字并加盖行政公章或合同专用章后生效。

第十三条 本合同一式两份，双方各执一份，具有同等法律效力。

第十四条 本合同有效期限自20××年3月3日至20××年12月31日。

第十五条 未尽事宜，双方协商解决。

甲　　方：纯农果园	乙　　方：原汁原味水果行
地　　址：浙江省×市×村	地　　址：浙江省杭州市×区×路×号
代　　表：赵红升	代　　表：李四平
开户银行：中国工商银行××支行	开户银行：中国农业银行××支行
账　　号：××××××××	账　　号：××××××××

【评析】 以上例文属条款式合同，从合同文本看，条款齐全，内容完备，结构完整，语言规范，既符合《民法典》的要求，又符合合同的书写格式。

单元三　协议书的写作

情景导入

随着公司的进一步发展，海宁市××经编有限公司越来越认识到高素质技术技能型人才的缺乏和企业新产品研发团队力量的不足，他们决定与地区高校合作，开展订单培养，同时开展校企产学研合作，利用高校的人才优势，研发新产品。经前期协商，公司决定与浙江××职业技术学院建立深度校企合作关系，陈婷等随公司总经理一起赴该学院签订合作协议。

思考：一份规范的协议书应该怎么写呢？它与合同又有哪些区别与联系呢？

必备知识

一、协议书的含义

协议书又称协议，是指协作的双方或数方，就某个问题经过谈判或共同协商，取得一致意见后，订立的一种具有经济或其他关系的契约性文书。

协议书是当事人双方（或多方）为了解决或预防纠纷，或确立某种法律关系，实现一定的共同利益、愿望，经过协商而达成一致后，签署的具有法律效力的记录性应用文。

二、协议书的种类

协议书的种类很多，常用的有技术合作协议书、联营协议书、经销协议书、委托协议书、代理协议书、购房协议书、就业协议书、仲裁协议书等。

三、协议书与合同的关系

1. 作为正式合同的"前奏"

有些初次建立的或较为复杂的经济关系，需要经过反复多次的谈判、协商才能取得最后的结果。这时，为了表明双方合作的意向，肯定初步洽谈的结果，便于实际工作的开展，往往在正式合同前先签订纲要性的协议书。

2. 作为已订合同的补充或修订

合同签订后，有可能出现下列情况：发现合同某些规定欠妥；出现预料不到的影响合同履行的情况；一方出现履行合同不当的情况，但经过协商对解决办法取得了一致意见，原合同仍可继续执行。在这些情况下，就可以订立协议书，作为原合同的补充或修订。

3. 当作合同使用

随着社会的发展，改革开放的深入，经济事业日益繁荣，经济关系日趋复杂，需要订立合同的地方越来越多。我国的《民法典》只对经济生活中最常见的19种合同关系做了明确具体的规定，凡《民法典》未做规定的领域，都可以用协议书替代。

无论哪一种情况，协议书都具有一定的法律效力，对当事人双方有约束力。就这一点说，它与合同一致。因此，协议书也具有合法性、制约性、对等性、一致性等特点。

能力技巧

一、协议书的写作技巧

1. 标题

协议书的标题一般由当事人名称、事由和文种组成，如"浙江××职业技术学院高层次人才引进协议书"；或事由加上文种，如"技术服务协议书"；或直接写文种，如"协议书"。

2. 约首

标题之下，需写上协议书的约首，即当事人单位名称或代表人、代理人姓名，为行文方便，常常在其名称前加上"甲方""乙方"等来代称。约首左右并列、上下分列、前后连写均可。

3. 正文

协议书的正文一般由开头、主体和结尾三部分组成。

（1）开头。简要写明签订本协议的依据、原因、目的，紧接着可用程式化语言转入主体，如"现就有关事项达成协议如下"。

（2）主体。就协议有关事宜做出明确、全面的说明，尤其要着力写好协议双方的权利和义务。

（3）结尾。标明本协议共一式几份、保存情况、附件等。

4. 约尾

约尾包括当事人署名（全称），盖章（按指印），签订协议书的时间、地点等。必要时还得注明鉴证或公证单位的名称，并加盖公章。

二、协议书的写作要求

1. 合法原则

合法原则即协议书的内容、形式和程序，均须遵守国家的法律，符合国家政策的要求，方能得到国家的承认和保护。凡违反国家政策、法令和危害国家与公共利益的协议是无效的，当事人须承担由此而产生的法律责任。

2. 平等原则

平等协商、自愿互利是签订协议的前提和基础，不同的机关和经济组织在职能、规模和经营能力等方面各有区别，或有领导与被领导的关系，但在订立协议时，彼此的地位是完全平等的，应充分协商、互相尊重。任何一方不得以自己的意志强加于对方，任何单位和个人也不得从中非法干预。双方取得的权利和承担的义务应当是对等的。

3. 制约原则

协议一经签订，即具有法律约束力。由于故意或自己的过失造成的违约，必须承担赔偿损失的责任。

案例评析

【案例一】

协 议 书

中国杭州××××科技有限公司（甲方）
美国××××有限公司（乙方）

双方于20××年7月8日至10日在杭州市经友好协商，在平等互利的原则下，就合作投资创办出租汽车公司事宜，达成如下协议：

一、合营企业定名为江南出租汽车公司，经营用大、小型车100辆。其中：X品牌E300轿车7辆（为二手车，行车里程不超过17 000公里，外表呈新）、Y品牌系列轿车83辆（其中50辆含里程、金额计数表，空调，步话机等）、面包车10辆。

二、合营企业为有限公司。双方投资比例为3:7，即甲方占70%，乙方占30%。总投资140万美元，其中：甲方98万美元（含库房等公用设施），乙方42万美元。合作期限定为5年。

三、公司设董事会，人数为5人，甲方3人，乙方2人。董事长1人由甲方担任，副董事长1人由乙方担任。正、副总经理由甲、乙双方分别担任。

四、合营企业所得毛利润，按中国税收相关法律法规照章纳税，并扣除各项基金和员工福利等，净利润根据双方投资比例进行分配。

五、乙方所得纯利润可以人民币计收。合作期内，乙方纯利润所得达到乙方投资额后，企业资产即归甲方所有。

六、双方共同遵守中国政府制定的外汇、税收、合资经营以及劳动等方面法律法规。

七、双方商定，在适当的时间，就有关事项进一步洽商，提出具体实施方案。

甲方代表：×××

乙方代表：×××

签订地点：××××

签订时间：20××年6月10日

【评析】这是一份为签订正式合同做准备的意向式协议书，对双方最重要的权利和义务做了明确的说明，同时也为其他具体实施方案的协商做好了铺垫。格式相对灵活，具体的违约责任等需要进一步签订合同。

【案例二】

项目合作协议书

项目出资人（以下简称甲方）：＿＿＿＿＿＿，身份证号：＿＿＿＿＿＿

项目技术负责人（以下简称乙方）：＿＿＿＿＿＿，身份证号：＿＿＿＿＿＿

甲乙双方本着公平、平等、互利的原则订立如下合作协议：

第一条　甲乙双方自愿合作经营塑胶和金属油漆项目，总投资为200万元，甲方以人民币出资150万元，乙方以人民币出资50万元及技术和客户资源。

第二条　本合伙依法组成合伙企业，在合伙期间合伙人出资的为共有财产，不得随意分割。合伙终止后，各合伙人的出资仍为个人所有，届时予以返还。

第三条　本合伙企业经营期限为三年。如果需要延长期限，在期满前六个月办理有关手续。

第四条　双方共同经营，合伙人执行合伙事务所产生的收益归全体合伙人，所产生的亏损或者民事责任由全体合伙人承担。

第五条　企业固定资产和盈余按照取得的销售净利润分配，甲方占60%、乙方占40%。

第六条　企业债务按照甲方60%、乙方40%比例负担。任何一方对外偿还债务后，另一方应当按比例在十日内向对方清偿自己负担的部分。

第七条　每年项目产品总销售利润的10%进行固定投入。销售利润分红，按年结算。

第八条　自协议签订之日起，乙方需要负责技术和市场开发及售后跟进，甲方负责管理及日常事务。

第九条　违约处理。如果一方违反本协议的任何条款，非违约方有权终止本协议的执行，并依法要求违约方赔偿损害。

第十条　争议处理。对于执行本协议发生的与本协议有关的争议应本着友好协商的原则解决；如果双方通过协商不能达成一致，则提交仲裁委员会进行仲裁，或依法向人民法院起诉。

第十一条 本协议到期后，双方均未提出终止协议要求的，视作均同意继续合作，本协议继续有效；如果不再继续合作，退出方应提前三个月向另一方提交退出的书面文本，并将己方的有关本协议项目的资料及客户资源都交给另一方。

第十二条 协议解除。一方合伙人有违反本合作协议的，另一方有权解除合作协议；一方合伙人做出对企业有损害行为的，另一方有权解除合作协议。

第十三条 本协议未尽事宜，双方可以补充规定，补充协议与本协议有同等效力。

第十四条 本协议自双方签字（或盖章）之日起生效。一式两份，甲乙双方各执一份，具有相同的法律效力。

第十五条 本协议有效期暂定三年，自甲乙双方签字之日起计算，即从____年____月____日至____年____月____日止。

甲方：（签章）　　　　　　　　　乙方：（签章）
地址：　　　　　　　　　　　　　地址：
　　　　　　　　　　　　　　　　签订地点：_____
　　　　　　　　　　　　　　　　签订时间：____年____月____日

【评析】这份协议与正式合同相同，规定了双方的权利和义务，以及违约责任、解决争议的办法等，条款具体明确，便于执行。

单元四　意向书的写作

情景导入

海宁市××经编有限公司与浙江××职业技术学院合作十分顺利，通过校企产学研深度结合，开发了具有中国传统特色的青花瓷系列经编产品。很快英国某经销商来公司考察，双方经过谈判，签订了合作意向书，该公司成为海宁市××经编有限公司在欧洲的代理商，双方合作将青花瓷系列经编产品销往欧洲。

思考：意向书与合同、协议之间有什么联系和区别。

必备知识

一、意向书的含义

意向书是国家、单位、企业以及经济实体与个人之间，对某项事务在正式签订条约、达成协议之前，由一方向另一方表明基本态度或提出初步设想的一种具有协商性作用的应用文书。

意向书的主要作用是传达一种"意向"，提请对方注意、供对方参考，可以约束双方的行动，保证双方的利益；意向书能反映业务工作上的关系，能保证业务朝着健康有利的方向发展；意向书可作为正式签订协议或合同的前奏。

二、意向书的特点

1. 协商性

写意向书多用商量的语气，不带任何强制性。有时还用假设、询问的语气。

2. 灵活性

从法律角度讲，意向书具有双重属性，第一重属性是对签订正式合同的预约性，意向书的内容并不涉及买卖关系双方的具体权利与义务，该意向书属于预约合同，双方当事人取得的也只是签订正式合同的优先权，最后以双方签订的正式合同为准，即使违约，承担的也只是缔约过失责任，而非违约责任。第二重属性是契约性，在意向书的内容已具备合同的构成要件时，它就是一份有效的合同，一旦当事人一方违约，即需要承担违约责任。因此相对于合同来说，意向书具有一定的灵活性。

3. 临时性

意向书是协商过程中各方基本观点的记录，一旦达成正式协议，便完成了意向性的使命。

三、意向书与协议书、合同的区别

与协议书和合同相比，意向书大多没有写明违约责任，因此不具备合同和协议书那样的法律效力，只具备对立约各方信誉上的约束力，只表达谈判的初步成果，为进一步签订协议书和合同做铺垫，一旦协议书或合同签订，意向书就不再需要了。

意向书的内容是概略性、轮廓性的，不像协议书或合同那样具体，一般将当事人议定的共同目的、合作领域和项目、大体规模等初步意向记下来即可。有时意向书可以是一方以广告的形式来征求合作单位，例如，某专业的管理类网络媒体，在网上发布媒体合作意向，寻求合作伙伴。

能力技巧

一、意向书的写作技巧

1. 标题

意向书的标题与协议书相同，可直接写"意向书"，也可加上事由和当事人名称，如"就业意向书""中国××传播网网媒联盟意向书"。

2. 正文

意向书开头简明扼要地写明双方单位名称，代表人姓名、身份，洽商时间、地点，以及洽谈的主要事项。

主体写明双方协商一致的具体意向，一般以条款形式表述。

结尾写明意向书的份数、保存情况等需要说明的事项。这一部分也可以省略。

3. 落款

落款处当事人签名盖章，写明签订日期、地点。

二、意向书的写作要求

1. 行文简练

意向书内容体现签订方原则性的意向，不像合同、协议那样具体，不用注明违约责任，也不用标明有效期限。因此，内容简练，篇幅较短。

2. 语言平和

意向书一般不具备法律约束力，故行文语言相对平和，格式相对随意，内容相对灵活。

3. 态度严肃

意向书虽不受法律约束，违反意向也不会造成严重后果，但容易给自己的信誉造成消极影响。因此，签订意向书也须严肃、认真、慎重。

案例评析

校际合作意向书

甲方：××职业技术大学　　　　乙方：××职业技术学院
法定代表人：××　　　　　　　　法定代表人：×××
地址：　　　　　　　　　　　　　地址：
联系电话：　　　　　　　　　　　联系电话：

甲、乙双方经友好协商，本着精诚合作、互惠互利的原则，特订立合作意向书如下：

一、校际交流：建立校级领导、中层干部定期互访机制，加强两校之间的交流与合作。

二、教师交流：根据需要，每年分别选派一定数量的教师赴对方学校进行1～2学期的挂职交流。派出学校自行负担往返费用和挂职教师工资、津贴等，双方互免食宿费用。

三、学生交流：甲乙双方在读学生赴对方学校进行为期1～2学期的学习交流，往返费用由派出学校负担，双方互免学生学费。

四、学术交流：甲乙双方联合开展教学和学术领域的研究，共同开展远程视频教学公开课、共享教学资源等。

五、合作办学：共同开展专业、社会服务培训等各种形式的合作办学。

六、本意向书所涉及的各项合作方式的落实，均须经过另行协商，以合同的方式最终确定。

本意向书一式两份，甲、乙双方各执一份，由双方代表签名、盖章后生效。

甲方：××职业技术大学　　　　乙方：××职业技术学院
代表签字：李向阳　　　　　　　　代表签字：王春林
　　　　　　　　　　　　　　　　20××年5月3日

【评析】以上例文，内容比较灵活，格式相对随意，行文简明扼要，不像合同那样具体、复杂，体现了意向书的特点。

相关能力拓展

洽谈备忘录与谈判纪要

洽谈备忘录是商务往来双方就某种共同感兴趣的贸易、技术转让、技术合作等项目在进行初步谈判后,双方认为可以进行更进一步洽谈时,所写出的双方均已经接受的文字材料。洽谈备忘录是一种简单的、初步的协议书。

谈判纪要又称会谈纪要,是记载谈判情况和谈判主要内容及议定事项的协约性文书。作为商务协约文书,谈判纪要是双方协商的产物,并经过双方认可、共同签署。

洽谈备忘录不同于谈判纪要,后者双方签字,前者没有。纪要记录的是双方达成一致性意见的内容,而备忘录所记录的是双方各自的意见观点,它有待于下一次洽谈时进一步磋商;纪要以"双方一致同意"的语气来表达,备忘录则以甲乙双方各自的语气来表达。

涉外经济合同

涉外经济合同是指中国的企业或其他经济组织,为实现一定的经济目的与外国的法人或个人之间订立的经济合同。在合同种类上,涉外经济合同可根据标的物运行方向,分为进口合同和出口合同。不同的标的物运行方向,产生不同的合同条件,如 FOB 条件(Free on Board,离岸价)、C & F 条件(Cost and Freight,货价加运价)、CIF 条件(Cost Insurance and Freight,到岸价)等,进而形成了不同的合同文本。按国际惯例,涉外经济合同又可分为合同(Contracts)、协定(Agreements)、议定书(Protocols)、确认书(Confirmations)。

涉外经济合同的文本形式与国内合同基本一样,但须形成结构、内容、意义相同的双语文本。文本结构也分标题、约首、正文、约尾、附件。外文文本的标题要求大写,约首要注明当事人国籍。

涉外经济合同的写作必须依据我国《民法典》,同时也要符合世界贸易组织的相关法律文件和其他国际组织的相关规定,如《联合国国际货物销售合同公约》《2020年国际贸易术语解释通则》等,此外,还要遵从国际公认的经济事务惯例。

一般货物出口合同

合同号:
日　期:
订单号:

买方:
卖方:
买卖双方签订本合同并同意按下列条款进行交易:
1. 品名及规格:
2. 数量:
3. 单价:
4. 金额:
合计:
允许溢短装__%
5. 包装:
6. 装运口岸:
7. 目的口岸:
8. 装船标记:
9. 装运期限:收到可以转船及分批装运之信用证__天内装出。

10. 付款条件：开给卖方100%保兑的不可撤销即期付款之信用证，并须注明可在装运日期后15天内议付有效。

11. 保险：按发票110%保全险及战争险。由买方自理。

12. 买方须于__年__月__日前开出本批交易信用证，否则，卖方有权：不经通知取消本合同，或接受买方对本约未执行的全部或部分，或对因此遭受的损失提出索赔。

13. 单据：卖方应向议付银行提供已装船清洁提单、发票、中国出入境检验检疫局或工厂出具的品质证明、中国出入境检验检疫局出具的数量/重量鉴定书；如果本合同按CIF条件，应再提供可转让的保险单或保险凭证。

14. 凡以CIF条件成交的业务，保额为发票价值的110%，投保险别以本售货合同中所开列的为限，买方如要求增加保额或保险范围，应于装船前经卖方同意，因此而增加的保险费由买方负责。

15. 质量、数量索赔：如交货质量不符，买方须于货物到达目的港30日内提出索赔；数量索赔需于货物到达目的港15日内提出。对由于保险公司、船公司和其他转运单位或邮政部门造成的损失卖方不承担责任。

16. 本合同内所述全部或部分商品，如因人力不可抗拒的原因，以致不能履约或延迟交货，卖方概不负责。

17. 仲裁：凡因执行本合同或与本合同有关事项所发生的一切争执，应由双方通过友好方式协商解决。协商不能达成一致时，则在中国国际经济贸易仲裁委员会根据该仲裁机构的仲裁程序及规则进行仲裁。仲裁决定是终局的，对双方具有同等约束力。仲裁费用除仲裁机构另有决定外，均由败诉一方负担。仲裁也可在双方同意的第三国进行。

18. 买方在开给卖方的信用证上应填注本合同号码。

19. 其他条款：

卖方：　　　　　　　　　　　　　　　　买方：
地址：　　　　　　　　　　　　　　　　地址：

模块小结

◎ 契据，措辞严密，数字大写，格式规范，语言简单，字字有分量。因为它是一种书面凭证，一旦签字，就形成了一种契约关系，具有法律约束力。

◎ 根据《民法典》规定，典型合同有19种。无论哪种合同都必须具备：当事人的姓名或者名称和住所，标的，数量，质量，价格或者报酬，履行期限、地点和方式，违约责任，解决争议的办法。

◎ 与合同相比，协议书的范围更加广泛，写作也更灵活。

◎ 协议书、意向书的法律效力虽然不及合同，但在履行条款和违约责任明确的前提下，依然会产生法律效力。

◎ 写作合同、协议书、意向书须注意：依据国家的法律和政策；内容具体、明确，语言准确、严密；格式规范，条文科学；体现平等、自愿、公平、诚信的原则。

应知、应会目标鉴定

一、应知目标鉴定

1. 修改下列借条。

借　条

今借到人民币 32 200 元，5 月 30 日前归还。

借款人：李小兰
5 月 10 日

2. 正确说出我国《民法典》中所规定的典型合同。
3. 正确说出合同的必备条款。
4. 通过网络或其他途径查找规范的合同、协议书和意向书各一份，分析比较其特点和异同。
5. 分析下面这则案例，指出张经理在签订这份合同时有何差错。

某装修公司张经理与某家具厂赵总经理签订了一份金额达 500 万元的买卖合同。合同规定两个月内交货，由装修公司交付 10 万元作为保证合同履行的订金。其间家具公司接到一宗更大的订单，无法履行与该装修公司之间的合同，便电告张经理，经多次协商未果，张经理只好要求赵总退还双倍定金，另找合作伙伴。不料对方却只退还 10 万元，而且是以合同为准，张经理拿出一看，傻了眼，追悔莫及。为什么？

6. 指出下面合同的问题，并进行修改。

订货合同

立合同单位：××超市（以下简称甲方）

××食品公司（以下简称乙方）

兹因甲方向乙方购下列货物，经双方协商订立本合同。

品　名	规　格	数　量	单　位	单　价	金　额
花式饼干	500 克	1 000	千克	10.5	10 500

货款计人民币（大写）：壹万零伍佰元

交货地点：超市仓库。

交货办法：乙方仓库当面验收过磅交货。乙方协助办理托运手续，其运杂费用由甲方负责。

交货期限：×月×日前交货。

付款办法：×月×日先付给乙方货款 5 000 元，余款起运托收，如有拒付，按总金额罚款 10%。

附注：

1. 本合同一式两份，双方各执一份，存查。
2. 本合同自签订日起至银货两讫失效。
3. 乙方向甲方交货 1 000～1 200 千克，数量可以增减，最少不得少于 800 千克。
4. 任何一方违约者，付总金额 1% 的违约金。

二、应会目标鉴定

1. 根据具体情景写作规范、严密的契据。

（1）浙江××职业技术学院团委因演出需要向华丽服饰公司借用演出服30套，一周内归还。请根据材料写一张借条。

（2）上班第一天，你去总务处领取办公用品，请写一张领条。

2. 请根据以下材料并适当补充，写作一份规范的条款式合同。

某学院（甲方）委托某建筑公司（乙方）装修办公楼，建筑面积共1 000平方米，包工包料，工程造价120万元整，工期120天。甲方在开工前30天做好"三通一平"工作，并向乙方提供施工图。材料需按设计规定购用，乙方需提交材料质保书或合格证。合同签订后甲方预付工程总造价45%的定金，工程完工并验收合格再付45%，余款10%作为预留保修金，1年保质期满，扣除修理金后付给乙方。工程质量要求符合《建筑安装工程质量检验评定统一标准》，并由即时聘请的工程监理工程师协助验收。甲方委派学院项某为常驻现场负责人。乙方委派田某为现场施工负责人。

3. 根据以下材料签订一份合作意向书（和另一同学合作，分别代表其中一方）。

2022年4月16日至18日，杭州××大学王大伟先生，与杭州××公司李小明先生，对校企合作事宜进行了初步协商，双方对进一步探讨建立校企合作实训基地的可行性深感兴趣。双方商定，双方愿以合资或合作的形式建立合资企业，暂定名为××有限公司。建设期为两年，即2023～2024年全部建成。双方意向书签订后，即向各方有关上级申请批准，然后由杭州××公司负责办理合资企业开业申请事宜。双方同意于2022年6月15日至18日就双方投资的方式和比例、双方的权利和义务等问题进行进一步的探讨和协商。

module 5

模块五
策划研究文书写作技巧

应知目标

- 认识策划研究文书在日常工作、学习中的作用,了解常用策划研究文书写作的格式和要求。
- 懂得计划的写作要领。
- 熟悉策划书的写作要领。
- 熟悉广告文案的特点、创意与写作要领。
- 熟悉商品说明书的特点及其与商业广告的区别。
- 熟悉市场预测报告与计划、调查报告的关系,熟悉常用预测方法与写法要领。
- 熟悉招标、投标文书的写作要领。

应会目标

- 能根据实际需要写作各类计划书。
- 能写作营销策划书和专题活动策划书。
- 能写作有创意的广告文案。
- 会写作规范的商品说明书。
- 会写作简单的预测报告。
- 会写作常用的招标、投标文书。

素养目标

- 通过计划的写作学习,考虑规划切实可行的人生阶段性目标和长远目标,在了解国家未来中长远目标的同时培养为实现中国梦努力奋斗的家国情怀。
- 通过写作策划书、广告文案、商品说明书，培养创新意识和实事求是的作风。
- 通过学习市场预测报告，培养严谨的科学精神，善于顺势而为。
- 通过招投标文书的学习，培养廉洁精神和诚信公平的工作作风。

单元一　计划的写作

情景导入

转眼到了年底，海宁市××经编有限公司经营班子领导召开了为期两天的专题会议，研究讨论新的一年的工作思路。陈婷和总经办的其他人员也列席了会议。经过两天的头脑风暴，基本理清了明年工作的指导思想、总体目标、基本任务、实施路径和举措。会后陈婷负责整理会议决议内容，形成公司年度工作计划初稿，再在公司内部征求意见，修改完善后递交职工代表大会审议。

思考：一份计划的制订为何需要如此兴师动众？计划在我们的日常工作中到底发挥着怎样的作用？

必备知识

一、计划的含义

计划是机关、团体、单位和个人对将要进行的实践活动预作构想安排的常用文体。

凡事预则立，不预则废。在日常工作和企业管理过程中，各类活动计划书的编写往往影响着整个工作的成败。

平时我们所指的计划，一般有下列几种别称：

（1）规划——长远的计划，一般三年以上的计划称规划。如《中华人民共和国国民经济和社会发展第十四个五年规划》。

（2）方案——详细的、操作性强的计划，如《百联超市母亲节促销活动方案》。

（3）安排——短期的、阶段性工作计划，如《宏大公司20××年年初工作安排》。

（4）设想、打算——粗线条、初步的工作计划，如《20××年财务处工作设想》。

（5）要点——带有全局性的总体工作计划，如《浙江××职业技术学院2023年工作要点》。

二、计划的特点

1. 目的性

计划必须在明确目的的基础上制订，因此计划的开头往往是制订计划的目的、依据和总的要求。

2. 预见性

计划是指导今后工作的，任何企业和事业单位或个人都会根据国家相关法规政策、市场需要和自身条件，编制自己的工作计划，提出工作目标，保证取得最佳的工作效率。而只有对计划时限内的形势有所了解，正确地预测有关情况，才能制订出合理而有前导性的工作目标。

3. 可行性

任何的计划都必须切合实际，保证通过努力能实现，才有意义。计划过高或过低都会影响实际效率。

三、计划的种类

计划是日常工作中必不可少的事务文书，有多少项工作，就有多少项计划。

（1）计划按时间分类，有月工作计划、季度工作计划、半年工作计划、年度工作计划、五年规划、十年规划等。

（2）计划按性质分类，有综合计划和专题计划。综合计划是整体工作的计划，包括工作的各个方面，如《浙江省××集团有限公司20××年工作计划》就涉及该公司20××年生产、销售、经营管理、党建和企业文化建设等各方面的目标、措施和实施步骤；专题计划是指某一专项工作的计划，如《浙江省××集团公司20××年财务工作计划》。

（3）计划按写作形式分类，有条文式计划、表格式计划、条文兼表格式计划。除短期工作安排用表格式外，大多数计划都用条文式或条文兼表格式。

能力技巧

一、计划的写作技巧

1. 标题

计划的标题一般由单位名称、计划时限、计划内容、文种组成。单位名称也可省略。如："经策股份有限公司20××年利润分配计划""20××年第二轮企业改制实施方案"等。

2. 正文

计划的正文一般由前言、主体和结语三部分组成。

（1）前言。前言说明制订计划的依据、缘由、指导思想、总体要求等，回答"为什么"的问题。如《教育部2021年工作要点》开头阐述了工作的总体要求：

2021年是中国共产党成立100周年，是"十四五"规划开局之年，也是全面建成小康社会、开启全面建设社会主义现代化国家新征程的关键之年。

教育工作总体要求：以习近平新时代中国特色社会主义思想为指导，贯彻落实党的十九大和十九届二中、三中、四中、五中全会精神，贯彻落实习近平总书记关于教育的重要论述和全国教育大会精神，按照"五位一体"总体布局和"四个全面"战略布局，增强"四个意识"、坚定"四个自信"、做到"两个维护"，坚持稳中求进工作总基调，立足新发展阶段，贯彻新发展理念，构建新发展格局，以推动高质量发展为主题，以改革创新为根本动力，坚持系统观念，更好统筹发展与安全，坚持和加强党对教育工作的全面领导，全面贯彻党的教育方针，落实立德树人根本任务，坚持发展抓公平、改革抓体制、安全抓责任、整体抓质量、保证抓党建，全面推进依法治教，巩固拓展新冠肺炎疫情防控和教育改革发展成果，为建设高质量教育体系立柱架梁，推进教育治理体系和治理能力现代化，为建设教育强国开好局、起好步，以优异成绩庆祝建党100周年。

（2）主体。计划的主体一般有三个要素，即目标、措施和步骤。

1）目标。目标即工作要达到的数量、质量要求，一般由总目标和具体任务构成，解决"做什么"的问题。

2）措施。措施包括工作制度、具体规定、实施办法、分工情况、责任、配合协作关系等，解决"如何做"和"由谁做"的问题。

3）步骤。步骤即工作的程序、进程等，解决"何时做"的问题。

计划主体常见的结构模式有以下两种：

模式一：按照三要素的顺序分条列项；如原国土资源部《进一步治理整顿土地市场秩序工作方案》主体结构：

一、治理整顿的指导思想和原则

二、治理整顿的范围和主要内容

三、工作方法和步骤

（一）动员部署阶段（2月20日至3月10日）

（二）学习和对照检查阶段（3月11日至4月10日）

（三）处理和整改阶段（4月11日至6月10日）

（四）验收和总结阶段（6月11日至6月20日）

四、加强组织领导

模式二：以目标任务为小标题，每一小标题下写出实现相应目标任务的措施、步骤。如《教育部2021年工作要点》主体部分结构：

一、深入学习宣传阐释习近平新时代中国特色社会主义思想

1. 加强思想理论武装

目标任务：准确领会习近平新时代中国特色社会主义思想的核心要义，掌握贯穿其中的立场观点方法，坚持不懈用党的创新理论武装头脑、指导实践、推动工作。

工作措施：制订2021年部党组理论学习中心组及司局级以上干部集体学习方案，优化"4+N"研学机制。不定期印发《直属机关政治理论学习重点内容安排》，深入推进党史、新中国史、改革开放史、社会主义发展史专题教育，跟进学习习近平总书记最新重要论述。办好"周末理论大讲堂"，将党的十九届五中全会精神列入教育部各级各类干部教育培训，列入高校思政课骨干教师、哲学社会科学教学科研骨干研修和高校思想政治工作骨干示范培训的必修课程，作为学校思想政治教育的重要内容。

2. 加强宣传引导

目标任务：（具体内容略，以下同）

工作措施：

3. 深入研究阐释

目标任务：

工作措施：

二、推动改革和发展深度融合高效联动

三、发挥教育人力资本优势更好服务国家创新体系建设

四、全面落实立德树人根本任务

五、提升人民群众教育获得感

六、提升教师教书育人能力素质

七、坚持和加强党对教育工作的全面领导

（3）结语。结语即计划的检查办法、执行希望、补充说明等。大多数计划省略结尾。

3．落款

落款写明计划的制订者、制订日期。如标题中有制订者，则此处可省略。

二、计划的写作要求

（1）有依据。计划要以党的方针政策为指导，以单位实际和前期工作为依据。

（2）可操作。计划要实事求是，结合实际，切实可行。在执行中的计划并不是一成不变的，有时需要根据形势的变化做相应的调整。

（3）可检查。计划内容要具体明确。尤其是措施办法与步骤，要具体、明确、有序，条理清楚，具有可检查性。

（4）抓关键。制订计划要抓住关键、突出重点。要根据任务的主次、缓急来安排程序，将重要的、紧迫的工作安排在前面，一般工作安排在后面。把中心工作和重点任务突显出来，然后围绕中心工作合理安排其他事项。

案例评析

浙江省××集团有限公司数字化改革行动计划（2021—2025年）

根据全省数字化改革大会和全省国资国企数字化改革工作推进会部署要求，结合集团实际，现就开展集团数字化改革行动制定如下方案。

一、总体要求

（一）指导思想

以习近平总书记关于推动数字经济和实体经济融合发展的重要指示精神为指导，深入贯彻全省数字化改革大会和全省国资国企数字化改革工作推进会精神，围绕集团"十四五"发展战略目标，以数字化改革为抓手，打造集约高效、安全可靠的"企业大脑"，推动集团业务数字化和数字化业务治理能力及管控水平不断提升，高质量服务集团"双倍增"和"双一流"战略目标的实现。

（二）主要目标

围绕全省国资国企数字化改革"一年出成果、两年大变样、五年新飞跃"总体目标，紧跟全省数字化改革步调，主动融入和参与全省国资国企在线监管系统建设，加快落实集团数字化改革各项相关工作。

到2021年底，强化集团数字化改革顶层设计；完成全省国资国企在线监管系统相关建设项目及系统衔接工作，实现与省国资委"网络通、数据通、业务通"，集团管控日常工作在线化率达90%以上；加强集团大数据系统建设，初步构建集团"企业大脑"。

到2022年底，完成全省国资国企在线监管系统与集团数字化系统对接工作，提高工作效率，数据上报自动化率达95%以上；集团大数据系统、"企业大脑"建设进入新阶段。

到2025年底，集团数字化改革全面深化，集团管控标准化、集约化水平大幅提升，形成比较成熟完备的数字化改革制度体系；打造3个以上在行业领域内具有示范效应的产业数字化项目。

（三）工作原则

（1）顶层设计，协同推进。统筹兼顾、科学谋划、扎实推进，坚持顶层设计和基层创新相结合，进一步发挥成员单位主观能动性，运用系统思维，强化协同共享。

（2）整合资源，开放共享。深挖集团现有信息系统、数据资源和基础设施资源，加强互联互通和资源共享，打破信息孤岛。

（3）需求导向，重点突破。以国家和省里数字化改革为先导，撬动集团各板块各企业经营管理的各领域数字化改革，优先制定重点企业和重点领域数字化转型目标。

（4）标准规范，保障安全。以标准化促进数据资源深度融合和业务系统互联互通。从管理体系、风险控制、技术设施和运行维护等方面入手，理顺管理体制，明确管理责任、完善管理制度，确保基础网络、应用系统和数据资源安全可控。

二、主要任务

（一）完成"1+N"国资国企数字化智治系统建设相关任务

与全省国资国企数字化改革进度保持同步，主动加强与省国资委对接，按照省国资委对数字化改革工作的要求，理清任务内容、明确进度要求、落实工作职责，确保工作进度。推动集团系统全员、全面、全力融入全省国资国企数字化改革进程，部署集团成员单位数字化改革任务清单和进度要求，确保集团数字化改革步调一致、同向发力、逐级夯实。

（二）完成集团公司"1+3+1"数字化工作体系构建

加快构建集团"1+3+1"工作体系。"1"，即1个集团"企业大脑"。紧紧围绕集团数字化改革目标，按照"顶层设计，协同推进"的原则，打造集约高效、安全稳定、开放兼容的集团"企业大脑"，构建"集团门户网站、集团移动OA（集成钉钉）"两门户，建设完善基础设施、数据资源、应用支撑、业务应用、标准规范、网络安全六大体系。"3"，即集团数字化管控与服务平台建设（包括集团NCC系统、投资管理、基础能力数据库、"三重一大"决策监督管理、预算管理等）、产业数字化典型应用场景建设、数据与网络安全建设等3项工作内容。深度融合省国资委建设应用和集团自建系统应用，以"三重一大"决策监督管理、大额资金监控预警为小切口，事前加强投资管理系统建设、事后加强监督追责管理等场景应用。"1"，即构建一套数字化制度规范体系。推进数字化制度规范体系建设，构建一整套与集团各应用系统相适应的机制和工作规范。

（三）指导与服务成员单位数字化改革工作

围绕科技创新与产业能级提升，大力推进成员单位数字化转型。按照统筹规划、业务引领、场景驱动、迭代升级的原则，全面推动5G、云计算、大数据、物联网以及人工智能等数字技术与成员企业业务深度融合，以打造"企业大脑+未来工厂"为引领、智能工厂（数字化车间）为主体的新智造企业，推动打造3个以上深度运用数字技术、在行业领域内具有示范效应的产业数字化项目。

三、重点项目

（一）集团"企业大脑"建设

集团数据中台、数据采集与共享交换平台建设。在集团大数据建设一期、二期基础上，进一步完善财务、人力资源、生产经营、安全生产、基础能力数据、科技管理、投资发展等模块建设，建立领导驾驶舱，实现集团核心指标、关键主题统一桌面展现；按照集团主数据标准，设计和实现集团主数据中心、主数据治理平台、数据采集与共享交换平台，通过多种数据采集方式，汇总集团各类数据。实现纵向向上对接全省国资国企在线监管系统，向下对接成员单位相关数字化系统，横向帮助集团各级领导了解企业经营和管理的核心指标情况，实时掌控运营风险，为科学决策提供依据。

（二）集团数字化管控和服务平台建设

（1）资金（大额资金监控预警系统）、预算、资产管理系统应用。根据大额资金管理办法，实时采集集团企业大额资金往来明细信息，并建立模型进行统计分析，以及对大额资金收支情况进行"三重一大"合规性核查、贸易真实性核查和募集资金使用、专项贷款使用核查等监管目标，构建符合集团实际管控特性的资金模式，满足集团对资金监管、计划控制的管理要求，并支持资金部门日常资金出入、贷款管理的业务要求，同时满足省国资委大额资金监控预警管理应用建设要求；建立集团预算管控体系，形成集团公司级/部门级/项目级预算（财务预算等）套表，满足预算下发、编制、上报、分析等管理要求；集团资产管理应用以"摸清家底"为基础，根据不同的资产特征进行分类管理，有效跟踪资产的全生命周期。资产分类包括固定资产（机器设备、房屋建筑物等）、金融资产（货币资金、应收账款、应收票据、其他应收款、股权投资、债权投资等）、无形资产（土地使用权、专利等）。

（2）投资、企业改革管理系统应用。在省国资委统一部署国有经济产业布局与投资管理系统、企业改革管理系统应用基础上，从项目管理入手，围绕项目计划管理、项目决策情况、项目实施进度、项目运行与后评价等核心功能打造系统应用，实现对信息的合并、汇总、查询、统计、制表等处理功能，从产业和区域两个维度构建资本布局版图，动态掌握成员单位分类投资、产业布局和服务重大战略情况。以深入推动国企改革重点任务和关键领域在集团公司的落实落地为目的，以公开督办改革落实情况为重点，围绕成员企业改革基本情况、重大改革督办事项、企业改革相关信息等核心功能打造系统应用，建设集团成员企业改革数据填报、试点企业改革进展等核心模块，动态展示重点改革任务情况。

（3）党建管理系统应用。在省国资委统一部署党建管理系统基础上，围绕基础信息录入、数据集成分析、业务流程优化、台账记录管理、动态信息发布、党建对标共享、党课在线学习、用户权限等核心功能模块，打造党建对标共享、党课在线学习、用户权限配置等核心功能模块，打造覆盖集团公司党建工作、宣传工作等的一体化党建平台。

（4）"三重一大"决策监督管理系统应用。在省国资委统一部署"三重一大"决策监督管理系统基础上，进一步设计并实现科学、合规、高效的"三重一大"管理、分析和预警机制，实现对集团"三重一大"事项决策制度、规则、清单、程序、台账和落实等情况的全过程监督和智能化管理。

（5）监督追责、审计管理系统应用。在省国资委统一部署监督追责系统基础上，围绕监督追责工作在线化的目标，建设实时报告管理、责任追究台账、定期报告管理、禁入限制人员管理、综合分析等核心模块，提升集团公司综合监督效能。适时推进内部审计系统、监事会监督系统应用，形成监督工作合力。

（6）集团科技创新管理系统应用。以集团科技创新管理日常工作为基础，有效衔接省国资委国企科技创新数字化平台建设，构建集团公司重点研发计划项目库、高能级创新平台，按照国企创新发展数字化报表体系，打造成果转化、知识产权、项目报表管理等核心功能模块，实现科技创新管理全过程数字化。

（7）HR系统深化应用。持续完善集团公司HR组织架构、人员基本信息、人员变动管理、人员合同管理、薪酬管理等模块建设，适时开展多层级的组织、人员绩效考评体系，建立集团统一的人才管理库，实现基于能力为核心的关键人才识别、培养、绩效跟踪等过程管理。

（8）纪检监察管理应用。在省国资委统一部署纪检监察系统基础上，围绕纪检监察工作在线化的目标，建设"信访举报管理""问题线索管理""违纪违法案件管理""信息数据报送管理""政治生态建设管理""巡视巡察整改监督管理""日常监督检查管理"等核心模块，并有效衔接兼容上级纪检监察机关数字化监督系统及其应用场景。同时，立足"监督的再监督"定位，按照"用数据来说话、用数据来管理、用数据来监督、用数据来纠偏"的总体要求，以各职能部门业务数据上线并建立监管预警功能为前提，在贯通生产、经营、投资、财务、审计、人力资源、企业管理等部门的监督数据基础上，构建"重点监督对象管理""监管预警处置监督管理""大数据分析监督管理"等核心模块，强化对权力运行的制约与监督，做到及时采集、及时预警、及时纠正。有效衔接省纪委省监委纪检监察内网联通，通过及时比对历史数据与模型分析，切实提升数据识别、采集、分析、预警、研判能力，为正风肃纪反腐提供高效合理的判断依据。

（三）产业数字化典型应用场景建设

（1）产业数字化示范项目建设。以省委省政府数字化改革要求为指导，坚持集团引导、企业主体、市场导向，以新智造为主攻方向，加快新一代信息技术与制造业深度融合，打造"未来工厂"引领、智能工厂（数字化车间）为主体的新智造企业，促进企业生产方式转型，推动制造业要素资源重组、生产流程再造、企业组织重构。

重点推进"基于工业互联网的液压油缸智能工厂""民爆器材生产智能工厂""智慧型风电场综合服务平台""民爆器材全生命周期平台"等4个项目建设，塑造成为可复制可推广的产业数字化建设示范项目。

（2）推进相关成员单位供应链、生产等业务系统建设。基础条件较好、有能力自行建设业务系统的单位，可采用接口对接方式实现实时传输数据；其他单位可与集团公司共建系统，实现财务业务一体化，入库、出库、应收、应付、存货成本核算相关的业务单据自动生成凭证传到财务总账系统，满足企业进、销、存的日常管理要求。

（四）数据与网络安全建设

统筹推进集团公司信息系统数据与网络安全建设工作，为应对不断升级的网络安全风险，进一步加强集约安全的集团私有云共享平台基础设施体系建设，增设堡垒机、数据库审计、运维管理等安全设备建设，提升严密可靠的网络安全防护体系。全面推进集团公司及各成员单位网络信息系统等级保护安全测评、软件正版化等工作，力争在2025年底，实现集团公司及成员单位全覆盖。做好网络安全的预防预警工作，实时为"护网行动"做好相关准备，适时推进集团数字化系统、基础设施国产化替代工作。

（五）数字化制度规范体系建设

以标准化促进数据资源深度融合以及和业务系统的互通互联，初步构建一整套与集团各应用系统相适应的机制和工作规范，如数据标准、应用技术标准、基础设施标准、运营管理标准、数据安全标准等，推动集团数字化改革实践固化为制度成果。

四、保障措施

（1）加强组织领导。坚持"一把手"负责制，成立由集团主要领导担任组长的集团数字化改革领导小组，统筹推进集团数字化改革工作。成员单位分别成立由主要领导担任组长的数字化改革领导小组，畅通上下连接，强化数字化改革工作组织保障。

（2）加强工作专班推进。建立跨单位、跨层级的协同工作专班运作制度，工作专班负责对接和落实省委省政府和省国资委相关数字化改革任务，衔接集团数字化改革进程，推进各级相关数字化改革任务。

（3）强化清单管理。盯紧目标任务，构建路线图、时间表，建立动态工作台账，定期列清单、抓推进。围绕数字化改革落实责任。

（4）强化督查考核。建立跟踪督查和定期考评机制，将数字化改革工作纳入年度绩效考核管理，对照任务清单，分节点、按要求发布系统建设推进情况，有效推动数字化改革进程。

【评析】这是一份××集团公司数字化改革专项行动计划。开头交代了制订计划的依据、指导思想、主要目标和工作原则；主体部分围绕数字化建设的总要求，列出具体的建设任务和重点项目，以具体目标任务为小标题，每一小标题下写出实现相应目标任务的措施、步骤；结尾部分列出保障措施，使整个计划具体、明确、可操作。

相关能力拓展

企业常用计划书的写作

一、经营计划书

经营计划书是企业在确定总的经营目标和管理理念的基础上，进一步具体规划落实企业各种经营计划的文书。经营计划书的内容一般包括公司目前状况分析，将要推出的产品或服务，竞争优势、消费需求、市场发展趋势分析，在此基础上确立公司的近期和长远目标以及达到这些目标采取的战略。经营计划书主要围绕如何提高企业经营业绩、开发潜在市场、保持持续性经营和如何发展壮大企业等内容撰写。

二、生产计划书

生产计划书是指具体规划落实企业某一时期内完成生产任务和进度情况的文书，包括年度计划、5年规划、10年规划等。生产计划书主要围绕新产品的研制与开发、产品质量的提高、产量的增长、销售额的增长、销售技术的提升、主要技术经济指标的改善等目标、措施、步骤编写。

三、销售计划书

销售计划是指具体规划落实企业在某一时期内产品的销售数量和销售收入的文书，一般包括销售额目标、利益目标以及措施、步骤，促销目标以及措施、步骤，扩大顾客需求目标以及措施、步骤，营业实绩的管理目标以及措施等。

四、人力资源计划书

人力资源计划书是根据企业的发展规划，对职务编制、人员配置、人员招聘、教育培训、人员管理等内容进行具体部署的文书，包括总体人员目标、招聘目标、招聘方法、人员调整方法、绩效考核方法、培训措施、人力资源预算等内容。

五、促销计划书

促销计划书是指促成既有客户及潜在客户购买的方案，主要包括促销对象分析、促销目标、促销活动安排、促销活动预期效果、配合事项等。

六、广告计划书

广告计划书是指具体规划落实企业为实现广告目标而采用的措施和步骤的文书，主要内容包括广告的目标和任务，现有市场分析（经营分析、产品分析、市场分析、消费者分析），广告重点，广告诉求对象和地区，广告策略（实施的具体措施、步骤、媒体选择等），广告预算及分析，广告效果预期等。

七、财务计划书

财务计划是以货币形式协调安排计划期内投资、筹资及财务成果的文件。

财务计划一般包括固定资产投资计划、流动资金来源计划、流动资金使用效果计划、产品销售收入和利润计划、货币资金收支计划等。

企业财务计划书一般包括指导思想、基本情况、任务要求、工作进度、具体措施等内容。

八、利润分配计划书

利润分配计划书是按照国家的有关法规和企业利益分配方案确定利润如何分配的方案。一般开头简要说明基本情况和制订本计划的依据；主体部分要说明利润分配指标及分配办法，包括应分配给投资者的利润、应缴纳的所得税以及留归企业自主分配的利润数额。留归企业的利润规定安排用于企业技术改造发展生产，增加员工生活福利设施，提高员工物质文化生活水平，奖励对企业做出贡献的先进员工等。计划书中还要列出具体的分配政策、分配比例、分配形式等。

九、内部审计计划书

内部审计计划书是企业内部审计人员对一定时期内企业内部审计的目标、内容、方式、实施时间、组织措施进行合理规划的计划性文书，一般包括机构的设置、人员的安排、职责权限、工作程序、审计方法、进度安排、审计报告、管理办法等写作要点。

十、财务收支计划书

财务收支计划是根据预算或有关计划，结合单位的有关情况编制的，用于确定在一定时间内资金筹集、运用和分配的方案。

财务收支计划书一般包括编制计划的依据、生产指标、财务指标以及指标变化原因、增收节支、实现计划的措施等内容。结构上可以采用条款式和表格式，表格式通常使用收入项目和支出项目两大类，并对它们做出合计。

单元二　策划书的写作

情景导入

> 海宁市××经编有限公司即将迎来成立20周年纪念日。为了感谢上级领导和社会各界对公司的关心、支持和厚爱，公司将举办20周年系列庆典活动，包括公司庆典促销活动策划、庆典晚会策划等。庆典晚会由总经办策划，陈婷负责策划书的起草。

一个成功的企业，往往离不开有效的策划，可以说企业能否成功地进行营销和活动策划并实施，是企业经营成功或失败的关键所在。

必备知识

一、策划书的含义

策划书即对某个未来的活动或者事件进行策划而制订的行动计划。策划书是目标规划的文字书，是实现目标的指路灯。

在经济繁荣、社会发展的今天，各种专题活动如雨后春笋，层出不穷。学校的各类社团活动需要策划；企业有新产品问世、开张营业需要策划；当组织声誉受损，受到指责、误解时，有针对性的专题公关活动就更有必要了。成功的策划会使专题活动有声有色，取得圆满成功。

策划书的种类很多，一般分为：商业策划书、创业计划书、广告策划书、活动策划书、营销策划书、网站策划书、项目策划书、公关策划书、婚礼策划书、医疗策划书等。其中营销策划书和专题活动策划书使用比较广泛。

在市场营销中，把策划过程用文字写出来，就是营销策划书。随着市场竞争日益激烈，好的营销策划更成为企业创名牌、迎战市场的决胜利器。营销策划书是营销策划的反映。

专题活动策划书就是为对外接待、参观、各种庆典、新闻发布会、记者招待会、竞赛、捐助等大型活动所制订的行动计划。

二、策划书的特点

1. 创意性

策划书的本质是一种思维智慧的结晶。具有创意的策划，才是真正的策划，策划书的灵魂就是创意。

2. 前瞻性

策划书是人们围绕某种目标，在一定思考以及调查的基础之上进行的科学的预测，具有一定的前瞻性，但它不是一种突发奇想的方法，而是建立在科学的基础之上进行的预测、筹划，具有可行性。

3. 操作性

策划书必须具有可操作性，这是策划方案的前提。如果一个策划连最基本的可操作性都没有，那么即便这个策划方案再有创意、再好，也只是一个空中楼阁式的策划方案。

——————————— 能力技巧 ———————————

一、营销策划书的写作技巧

营销策划书没有一成不变的格式，它依据产品或营销活动的不同要求，在策划的内容与编制格式上也有变化。但是，从营销策划活动一般规律来看，一般包括以下几个方面：

1. 封面

营销策划书的封面可提供以下信息：策划书的名称，被策划的客户，策划机构或策划人的名称，策划完成日期及本策划适用的时间段。

2. 正文

（1）前言。前言包括策划的缘起、背景材料、问题点与机会点、创意的关键等。

（2）市场状况和市场前景分析。具体包括：整个产品的市场性、现实市场及潜在市场状况；与其主要竞争品牌的销售量、销售额及市场占有量的比较分析；竞争品牌市场区域与产品定位的比较分析；竞争品牌广告费用与广告表现的比较分析；与竞争品牌之间公关活动的比较分析；消费者的情况分析：消费者年龄、性别、籍贯、职业、学历、收入、家庭结构的分析，消费者的接受性、需求变化对产品市场的影响等；市场成长状况，产品目前处于市场生命周期的哪一阶段上，相应营销策略效果如何，公司产品的利润结构分析；公司过去几年的损益分析等。

（3）产品市场影响因素分析。这部分内容主要是对影响产品的不可控因素进行分析，如宏观环境、政治环境、消费者收入水平、消费结构的变化、消费心理等。对一些受科技发展影响较大的产品，如计算机、家用电器等产品的营销策划中还需要考虑技术发展趋势的影响。

（4）市场机会与问题分析。一是针对产品目前营销现状进行问题分析。一般从企业知名度、产品质量、功能、产品包装、产品价格定位、销售渠道、促销方式、服务质量、售后保证等方面存在的问题进行分析。二是针对产品特点分析优、劣势，从问题中找劣势予以克服，从优势中找机会，发掘其市场潜力。分析各目标市场或消费群特点进行市场细分，对不同的消费需求尽量予以满足，抓住主要消费群作为营销重点，找出与竞争对手差距，把握利用好市场机会。

（5）营销目标。营销目标就是公司所要实现的具体目标，即营销策划方案执行期间，经济效益目标。

（6）营销战略，即具体的行销方案。营销战略包括营销宗旨、产品策略，如产品定位策略、产品质量功能策略、产品品牌策略、产品包装策略、产品服务策略等。

（7）价格策略。价格策略包括定价标准、制约定价的基本因素、定价的程序、定价的基本方法、定价策略等。

（8）营销渠道策略。营销渠道策略包括营销渠道的选择策略和中间批发商的营销策略，促销手段的选择和营业推广。

（9）广告宣传的原则和实施步骤。

营销策划书没有固定不变的模式，应结合实际，学会灵活运用。

二、专题活动策划书的写作技巧

1. 标题

标题一般由"活动名称＋文种"组成，如"浙江××职业技术学院第10届校园文化节活动策划书"。

2. 正文

（1）活动宗旨。简要交代活动的背景、意义、目的。这部分可省略。

（2）活动主题。主题是整个策划的灵魂，是策划所要达到的主要理念，是统帅整个活动，连接各个项目、各个步骤的纽带。主题既要虚拟、向上，又不能太空洞。如杭州2022年第19届亚运会主题"心心相融，@未来"，英文为"Heart to Heart, @Future。意在各国人民在亚运会这个大舞台上交融，同时传递自信乐观、不畏挑战、共迎美好的期许，与"永远向前"以及"更快、更高、更强"的体育精神契合一致，也寄托着面向未来，共建人类命运共同体的良好愿望。@这个全球互联网通用符号，也契合了杭州互联网之城的特征。

（3）活动日期。最好避开重大节日，也不要与人们普遍关注的社会重大活动相重叠。

（4）活动地点。考虑公众分布情况、活动性质、活动经费以及可行性。

（5）活动主办、承办、协办单位。

（6）活动流程，即活动的措施、步骤等。这部分是重点，也是整个活动的创意所在。一般分活动的宣传准备、活动的组织开展、活动结束后的总结等几个阶段，写出每一阶段所要采取的措施、办法，具体的负责人与参与人员，完成的时间等。内容须具体、可操作。

（7）活动经费预算。估计可能需要的各种支出，呈报上级批准。

总之，专题活动策划的基本要求是主题明确，内容具体；时机恰当，规模适中，形式新颖，组织周密；符合公众心理，赢得社会支持。

三、策划书的写作要求

为了提高策划书撰写的准确性与科学性，首先应把握以下几个编制原则：

1. 逻辑清晰原则

策划的目的在于解决企业营销中或活动开展中的问题，一般按照以下逻辑性思维的构思来编制策划书：首先是设定情况，交代策划背景，分析现状，再将策划中心目的全盘托出；其次是对具体策划内容进行详细阐述；最后明确提出解决问题的对策。

2. 突出重点原则

要抓住企业营销中或活动开展中所要解决的核心问题，深入分析，提出可行性的相应对策。

3. 利于操作原则

编制的策划书是要用于指导活动开展，其指导性涉及活动中每个工作环节的处理。因此必须具有较强的针对性，具有实际操作指导意义。不能操作的方案，其创意再好也无任何价值。

4. 内容新颖原则

要求策划的"点子"（创意）新、内容新，表现手法也要新，给人以全新的感受。新颖的创意是策划书的核心内容。

案例评析

【案例一】

某网站网络营销策划书目录

1. 概述
2. 市场分析
2.1 市场需求分析
2.2 区域市场分析
2.3 用户结构分析
2.4 市场渠道分析
2.5 市场竞争分析
2.6 购买行为分析
2.7 市场发展趋势
3. 现状分析
3.1 主要竞争对手
3.2 次要竞争对手
3.3 中国电子商务现状分析
4. 网站策划
4.1 站点规划
4.2 网站定位
4.3 用户定位
4.4 网页策划
4.5 网站功能
5. 宣传方案
5.1 媒体选择
5.2 宣传方式
5.3 宣传口号

6. 推广方案
   6.1 注册搜索引擎
   6.2 交换友情链接
   6.3 广告交换宣传
   6.4 信息推荐
   6.5 网站CI宣传
   6.6 目标邮件宣传
   6.7 网站统计宣传
   6.8 特殊宣传手段
   6.9 软性文章宣传
   6.10 传统媒体
   6.11 活动宣传
   6.12 宣传合作
7. 运营方案
   7.1 市场模式
   7.2 盈利模式
   7.3 盈利预测
   7.4 市场策略
   7.5 风险分析
8. 费用预算

附件：主要经营产品列表（略）

【评析】营销策划书是一种较为复杂的应用文书。从上文的目录看，一份周全的营销策划书需要在对项目做概要分析的基础上，对市场状况和市场发展前景、影响产品市场的诸多因素等进行全面分析，对产品营销目标以及营销过程中各个环节进行周密而详细的策划。

【案例二】

杭州××百货公司2021年母亲节活动策划方案

一、活动背景

杭州××百货有限公司是浙江××百货的第一家连锁店，位于杭州市商业最繁华的黄金地段——武林广场商业中心附近的延安路，是一家集百货、休闲、美食于一体的大型综合性百货公司。商场建筑面积5.1万平方米，营业面积2.72万平方米，定位中、高档，以年轻、时尚的都市白领和新型家庭为主力客群，力求走在潮流的尖端，及时传递最新的流行资讯。

作为一个富有活力、勇于创新的现代化百货商场，一个充满都市时尚气息、聚集白领的时髦购物场所，一个"能征善战"、不断进取的后起百货之秀，杭州××百货希望通过一些新颖的活动，吸引更多的新老客户能够前来消费。此次母亲节活动是一个相当不错的契机，一方面可以让子女在这个时候和自己的母亲更靠近，帮她们挑选特别的母亲节礼物。同时，也可以通过这些为母亲们量身打造的活动，让××百货吸引到更多母亲客群，使消费受众的范围进一步扩大。

二、活动主题

1. ××百货——休闲购物的最佳选择!
2. 秀出对妈妈的爱——2021最in母亲节系列活动。

三、活动目标

通过本次母亲节活动，让消费者们拉近跟母亲们的距离，花时间多陪伴母亲，并为母亲选择合适的礼物。同时，建立××百货亲民的形象，进一步提升企业形象，提高知名度。

四、活动方案

（一）活动前期媒体宣传方案

1. 商场内部海报宣传

（1）设置地点：在每层楼自动扶梯入口摆放和此次母亲节活动相关的宣传海报。

（2）设置形式：采用大型立式海报。

（3）数量：在每层楼的两个自动扶梯入口各摆放一幅，总共摆放16幅宣传海报。

（4）大小、高度：根据自动扶梯入口实际位置大小确定海报的大小，文字尽可能大一些，采用看上去醒目的字体字号。

（5）设计要求：要求使用××百货的标准标识，写上生动形象的宣传语，配以适当图片，做到图文并茂，引起消费者关注。

（6）时间要求：在母亲节活动开始的前一周摆放在各层自动扶梯入口。

（7）目的：使消费者提前了解到未来将会有这个活动，为母亲节活动累积大量人气，吸引大批人潮。同时，提升××百货在同行业中的知名度。

（8）负责部门：公关部。

2. 网络宣传

在母亲节活动开始前一周，在××百货官方网站、App上发布相关活动信息，告知消费者在母亲节会开展哪些活动，会有哪些优惠措施，从而吸引更多消费者。

3. 报纸版面广告宣传

在杭州几大知名报纸刊登母亲节相关活动广告，可以适当附送一些活动优惠券，吸引消费者前来购物。

（二）活动当天母亲节系列活动

1. 主题：晒出对妈妈的爱——最in妈妈照片墙。

活动日期：2021年5月9日

活动时间：9:00—12:00

活动地点：××百货

负责部门：人力资源部

活动概况：在5月9日当天来到××百货，顾客们均可以在"最in妈妈照片墙"上晒晒你与妈妈的亲密靓照或者最难忘的出游照片；同时，也可以邀请你的至亲好友们来做自己妈妈的铁杆粉丝，为妈妈投上宝贵的一票。××百货将根据投票的结果评选出"最温馨母子""最相像母子""最可爱母子""最时尚母子""最漂亮妈妈""最火辣妈妈""最潮流妈妈""最年轻态妈妈"八大奖项以及"最in妈妈"人气大奖。得奖的母子，××百货"最in"创意小集市将为你们量身打造一份你们母子的专属温馨小物。

2. 主题：唱出对妈妈的爱——我为妈妈唱首歌。

活动日期：2021年5月9日

活动时间：13:00—15:00

活动地点：××百货公司

负责部门：综合管理部

活动概况：在母亲节当天带着自己的妈妈前来消费的顾客们，可以报名参加由××百货举办的以"唱出对妈妈的爱"为主题的歌唱比赛，名额有限，先到先得。每位参加比赛的顾客和自己的妈妈一起上台，牵着妈妈的手，对她唱出心中的感恩和感谢。比赛要求选择歌颂母亲伟大的系列歌曲作为参赛歌曲，通过歌曲表达出对母亲的感激，使自己的妈妈感动，同时也感动到周围其他顾客。

此次比赛会给每位参赛者的母亲发放母亲节专属纪念品，通过在每位参赛者演唱完毕后用分贝器测量现场观众的掌声和欢呼声，选出比赛的前三名，给予不同金额的赠券作为奖励。赠券可在母亲节当天在指定柜台消费使用。

3. 主题：道出对妈妈的爱——我对妈妈说句话。

活动日期：2021年5月9日

活动时间：16:00—18:00

活动地点：××百货公司

负责部门：客服部

活动概况：在母亲节当天，划出一个母亲节专区摆放各式贺卡，供前来消费的顾客选择，并在自己喜欢的贺卡上写下心里最想对妈妈说的但又一直没有说出口的话。商场同时准备彩笔、贴纸和彩带等装饰物品，让顾客自己打造送给母亲的专属贺卡。

4. 主题：秀出对妈妈的爱——我为妈妈挑礼物。

活动日期：2021年5月9日

活动时间：19:00—21:00

活动地点：××百货公司

负责部门：营销部

活动概况：在母亲节当天，设置一个专门出售母亲节礼物的专柜。凡在此柜台购物一次性实付金额满300元的顾客，可获得120元现金礼券；满600元，送240元礼券；依此类推，上不封顶。同时，一次性实付金额满1 000元可以参加抽奖。设置一等奖1名，37寸液晶电视一台；二等奖5名，智能手机一部；三等奖20名，平板电脑一台；人人有奖，现金礼券80元。

（三）经费预算（单位：万元）

1. 活动前期媒体宣传：××。
2. 活动当天母亲节系列活动：××。
3. 其他费用：××。
4. 合计：××××。

五、项目评估

（1）通过活动前期媒体宣传，使消费者初步了解这一次的母亲节活动，为活动累积人气，吸引消费者在母亲节当天前来消费。

（2）通过"照片墙"活动，晒出对母亲的爱，也可以让更多的消费者因为这面照片墙慕名而来，提高商场的知名度，吸引更多消费者。

(3)通过"唱首歌"活动，唱出对母亲的爱。以消费者亲自发声的形式，给××百货做最好的免费宣传，不仅使消费者通过歌唱拉近与母亲的距离，也因获得礼券而进店消费，提高母亲节当日业绩。

(4)通过"说句话"活动，道出对母亲的爱。××百货为消费者提供各式贺卡以及装饰品，可以看出商场充分考虑到消费者的需求，树立了商场的良好形象。

(5)通过"挑礼物"活动，秀出对母亲的爱。××百货设立母亲节专柜，深刻了解消费者心理，为他们提供便利，也使商场本身营业额有了大幅提高。

【评析】此活动策划书目的明确，活动内容、流程、措施、办法具体明确，操作性强，也具有一定的创意。

单元三　广告文案的写作

情景导入

为了进一步扩大公司的知名度和影响力，海宁市××经编有限公司在20周年庆祝活动前夕，准备推出以感恩为主题的广告宣传。陈婷和她的团队经过反复策划，决定用中国式的浪漫、江南风情、感人的故事等元素组合成一则以情感诉求为主的广告文案。

现代社会任何企业都已经离不开广告了，也没有不依赖广告进行商品销售的商业活动。在市场经济社会，无论从事什么职业都应学会推销自我，懂得一些广告知识。

必备知识

一、广告的含义

广告"advertisement"一词源出拉丁文advertere，意思是"引人注意"，后逐渐演变，现在的意思指商品宣传的形式和手段。

美国纽约百老汇的广告牌，曾是世界上最早的广告牌。世界上最早刊登广告的报纸是英国的《伦敦报》。我国广告的历史可以追溯到3 000年前。殷周时期有个叫格伯的人，把马卖给棚先，这笔交易用铭文的形式，记录在专门为铭刻而铸的青铜器上。到宋代，出现了图文广告，即商标。张择端的《清明上河图》记录，汴梁城的十字街头就有各类横幅、竖牌等广告牌30多块。上海博物馆收藏着一枚宋制针坊银牌，上面有"请认白兔儿为记"的字样。

广义的广告指个人或组织通过传播媒体向公众宣传自身的某种信息、意愿的播扬手段。广告包括商业广告，也包括不具有商业性、不以营利为目的的广告，如征婚广告、招聘广告、礼仪广告、公益广告等。

狭义的广告专指商业广告。

《中华人民共和国广告法》规定的广告是指"商品经营者或者服务提供者通过一定媒介和形式直接或者间接地介绍自己所推销的商品或者服务的商业广告活动"。

二、广告文案的含义

广告文案是已经定稿的广告作品的全部的语言文字部分。

广告文案包括广告作品中的语言和文字两个部分,其中,语言指有声语言或口头语言,而文字指书面语言,包括电视广告中的字幕形式等。

广告文案写作是广告作品中全部的语言文字部分的写作;是写作者在广告运作目的的制约和支配下,进行广告作品的主题的提炼、材料的选择、结构的安排、文案部分与美术设计部分配合的过程;是写作者采用不同的语言排列组合、不同的表现方式表达广告主题,传达广告信息,以达到广告意图的过程。

三、广告文案的特点

作为策划性的说明、介绍,广告文案具有如下特点:

1. 创新性

创新性是广告文案成功与否的关键。广告文案制作者要正确把握市场趋势和消费心理,精心构思、独特创意。一则真正有独特创意的广告文案,不仅给受众留下关于产品鲜明深刻的印象,而且也是一次企业文化和内涵的高度提升。

2. 实效性

广告文案要抓住特点,突出主题,要能诱导、激发消费,成为"推销者的喉舌""消费者的向导"、买方和卖方的"联姻红娘"。反之,广告文案写得再华丽、再有创意,如果起不到任何扩大宣传的目的,这则广告文案就是没有实效的。

3. 艺术性

广告具有艺术美。它集文学、美术、音乐、影视、建筑等艺术为一体。文字广告要求优美、富有情趣;美术广告以健康的审美趣味吸引消费者和服务对象;音乐广告以悦耳动听的乐曲吸引听众。广告还要求讲究艺术,追求新颖,抓住商品的特点、优点,摸透消费者和服务者心理,运用各种艺术手段,突出商品的独特美质,使顾客产生购买欲望。

4. 严肃性

广告内容必须真实无误、诚实守信。同时,广告内容要求健康、情趣高尚,不允许宣传低级、庸俗、丑恶、淫秽的东西,不贬低其他商品或者服务,不乱使用国家级、最高级、最佳等用语。

能力技巧

一、广告文案的写作技巧

广告文案的结构一般包括标题、广告语、正文、广告随文等四个部分。

(一)标题

标题是广告文案的总题目。它为整个广告提纲挈领,将广告中最重要的、最吸引人的信息进行富于创意性的表现,以吸引受众对广告的注意力。标题昭示广告中信息的类型和最佳的利益点,使受众继续关注正文。因此，广告文案标题要求：醒目、新颖、简短、有吸引力。一般来说，广告文案标题有以下三类：

1. 直接标题

以简明的语言直接表明广告内容，使人们一看便知要推销什么（产品或品牌），会给消费者带来什么利益（核心竞争力）。直接标题主要有以下几种表现形式：

（1）标明式。标明产品名称，如"暗香浮动竹叶青"（竹叶青茶）。

（2）提问式。如"为什么孩子一到冬天容易咳嗽？听10年资深宝妈怎么说"。

（3）欢迎式。如"欢迎乘坐中国××航空公司班机"。

（4）慰问式。如"××公司向国内外用户祝贺新年"。

（5）通告式。如"好空调，××造"。

（6）祈使式。如"要想皮肤好，早晚用××"。

（7）比兴式。如"五岳之首为泰山，布鞋名城是莱芜"。

（8）炫耀式。

2. 间接标题

这类标题不直接反映广告的对象和内容，而是用含蓄、耐人寻味的语句吸引广告接收者的兴趣。例如××钻戒系列广告标题：

标题1："有时候，爱神也会用他的弓箭来换一部火箭炮。"（画面：极其华丽的钻戒，可能是求婚戒）

标题2："盘古初开，人类已懂得如何用两颗石头取火。"（画面：两枚结婚钻戒）

标题3："男人用行动代替语言来表达他们的感觉；对此说法女人一点问题也没有。"（画面：钻戒）

标题4："亲爱的，明年再装修厨房吧！"（画面：结婚周年纪念日，两枚钻戒）

标题5："绝对不会是'平安夜'。"（画面：钻戒礼品，是圣诞节）

这一组系列广告标题，没有直接标明广告的对象或内容，每一句广告标题都是常用口语，但短短一句，提升了消费者的想象力，富有故事性，十分富有创意。这就是间接标题的魅力。

3. 复合标题

像新闻标题那样，由引题、正题、副题等多行标题组成。如××电器变频式空调的报纸广告标题：引题——销售进入第二年，正题——××电器变频式空调的受用者越来越多，副题——这么多的笑脸是舒适性和令人信赖的质量证明。

（二）广告语

广告语，也称广告口号，指为了加强受众对企业、商品或服务的印象而在广告中长期、反复使用的一种简明扼要的、口号性的、表现商品特性或企业理念的句子。广告语一般用以展示优势，承诺利益，唤起感情等。如中国移动："沟通从心开始"；浙江物产中大元通汽车集团："汽车之路，元通相伴"等。这类口号突出了产品的个性，表达出企业的追求，而且适合受众的情感需求，使广告能够迎合受众，发挥情感渗透作用，形成了某种内在的亲和力，引起受众的关注和青睐。有些广告口号由于长期、反复使用，成了企业文化的一部分。如"华为，不仅仅是世界500强""车之道，为大众"（一汽大众）等，较好地体现了其企业文化。

（三）正文

正文是指广告文案中处于主体地位的语言文字部分。其主要功能是，展开解释或说明广告主题，将在广告标题中引出的广告信息进行较详细的介绍，对目标消费者展开细部诉求。广告正文的写作可以使受众了解到各种希望了解的信息，一般包括产品性能、特点、用途、规格、价格、使用等。正文开头迅速生动地点明标题，承上启下；主体部分阐述商品的特点与消费者的利益，重点突出商品的优势与特点、契合消费者的利益，并找准两者的结合点；结尾部分一般鼓舞行动。广告正文的写作主要有如下方式：

1．述介体

一般用于受众较为生疏的新产品或高技术产品。它通过叙述直接表达出被广告产品的特性和优点，语言较为朴实，给人一目了然的感觉。

如：上海××汽车平面广告文案的正文：

实际上，当你观察××轿车的内部时，你就不会对这样的价格感到意外了。

并没有多少汽车像××这样在自己的内部装很多东西。

光是手工就很明显。××的引擎是手工装配起来的。一个零件接一个零件。

每一台引擎都要测试两次，一次在它还是一台引擎时，另一次在它成为整车的一部分后。一辆××要涂四遍油漆，每次油漆之间都要用手持砂纸将表面磨光。甚至车顶材料也是手工填装的。你不会在任何地方发现一个裂口、一道凹陷或一团胶水糊。因为如果必要，××会为一个小小的细节而拒绝让整部车出厂。因此当你以磅计算××轿车时，就会知道它为什么如此之贵。这是值得考虑的事情。

这部分很好地突出了产品的制作工艺和特性，使消费者无法拒绝购买如此高质量的产品。

2．描写体

通过日常生活场景的描写，将产品的使用情况融汇在这些生活场景里，可以从侧面揭示出产品的良好性能。例如"××汽车"广告文案：

他，他们，天生的运动者。以奔跑为生，以奔跑为乐，以奔跑为表情，以奔跑为语言，以奔跑为态度，以奔跑为价值。不以物喜，不以己悲；平凡态度，超越平凡。

3．问答体

利用反问或设问，突出广告主题。例如安徽××汽车专修学校广告文案：

为什么只选安徽××学汽修？为什么家长们都愿意把孩子送到安徽××学技术？为什么很多退伍军人和有着多年工作经验的人都励志转业来到安徽××？为什么很多待业青年要创业也选择安徽××……

因为它的正规、更因为它的专业！安徽××，27年办学历程，27年实战实训，27年辛勤耕耘，培养了一批又一批杰出学子，用它的"实打实"教学理念和"理实一体"教学模式开创了汽车医生新时代！

4．对话体

对话体主要是采用一问一答的形式，介绍产品的用途、性能等。这种方式就是运用人们好奇的心理，在释疑过程中不知不觉起到宣传的作用，例如：

母亲：佳佳，快！帮我到楼下买包盐。

女儿：来了，妈妈！
母亲：记住要买平衡健身盐。
女儿：盐，不都是一样的吗？
母亲：不一样，平衡健身盐采用科学配方，营养更均衡。哎，快去买回来再说。记住，看清楚是××牌平衡健身盐。
女儿：放心吧！妈妈，我一定把××牌平衡健身盐买回来。
运用简单的对话介绍了产品的特性或优势。

5. 文艺体

文艺体主要通过诗歌、戏剧、抒情散文等形式，介绍和宣传产品。这种方式在表达方式上文雅优美，容易引起受众的共鸣。例如××口服液广告文案：

夏天的女人

> 最美的
> 是夏天的女人
> 美丽的沙滩
> 阳光里
> 纷飞的衣裙
> 一个女人所有的千娇百媚
> 便在这一季
> 展露无遗
> 令人炫目的夏天
> 你更需要健康的心情
> ——××口服液
> 给你一个浪漫美丽的季节

本文案充满了诗情画意，美丽的风景和风景中的人融为一体，最后不动声色地推出自己的产品——××口服液。在这里策划者将诗歌体的形式优点发挥得淋漓尽致。

6. 故事性

以叙事故事的形式作为正文主体。如：

还没进门，就是石板路，黄昏时刻，落日的余晖在林荫路上泛着金黄的光，再狂野的心也会随之安静下来。车子走在上面会有沙沙的声响，提醒你到家了。后庭的南面以手工打磨过的花岗石、板岩等天然石材拼就，供你闲暇之余赤脚与之厮磨。屋檐下搁着石臼与粗瓷坛，仿佛在静静等待着雨水滴落，追忆似水的年华。

故事化情节要打破常规的叙事逻辑，不能平铺直叙，避免平淡无奇；要善于设置悬念，创造跌宕起伏、引人入胜的效果；有的像文学创作那样，善于捕捉富有特征性的典型细节，深化受众对信息主体的感受、体认，从而留下深刻的印象。

（四）广告随文

广告随文又叫附文，是广告文案中不可缺少的一部分。广告随文用来传递附加的信息，主要是生产企业的相关信息，包括地址、邮编、企业名称、电话、传真等，以便于消费者与其联系。

有时是产品的参数说明,方便消费者挑选。随文也可以是一些个性化的语句,增加广告的人情味,如:"您想了解为什么这么多人排队定购家家花园,请拨打我们的热线电话:××××""如果您在×月×日前购买我们的电器,我们将有特别的礼品奉送"等。

二、广告文案的写作要求

1. 准确简洁

广告文案要求用语准确,概念明确,表意恰当。例如××手机Mate10系列:"卓越性能,搭载人工智能芯片,强劲续航——Mate10系列××,预见未来。"品牌不是虚无的概念,品牌需要高品质产品的支撑。××手机Mate10系列广告,重点突出该品牌的产品理念:摒弃华丽,主打技术,也正是这种踏实让其"预见未来",遇见世界。

2. 幽默机智

由于广告大多是被动阅读,因此机智幽默的广告会让受众在会心一笑中,加深印象。如某酒店广告:"本店出售的是掺水一成的陈年老酒,如有不愿掺水者,请预先说明,但饮后醉倒,概与本店无关。"诙谐,真情,自然。

3. 亲切平易

广告要紧扣不同消费群体的心理,拉近与受众的距离。如××电器:"赠人玫瑰,手有余香,××,用科技改变生活,把爱献给世界""××金维他,家人的健康,我们的责任""祝中老年朋友腰好、背好、腿脚好"(××牦牛壮骨粉)等亲切自然的广告成为沟通情感的桥梁。

4. 通俗上口

"喝了×××,吃饭就是香""中国味,××香","水果喝起来,××百分百"等,朗朗上口,简单易记。

5. 巧用修辞

广告语言大量使用修辞,给人一种美感。例如:"××电梯,助君高升"(拟人,双关);××大曲:"酒气冲天,飞鸟闻香化凤;糟粕落地,游鱼得味成龙"(对偶,夸张);"今年过节不收礼,收礼只收×××"(珠联);××蚊香"××忠告蚊子:吸烟有害生命!"(拟人);"××冰箱:反对腐败"(双关)等。

> **案例评析**
>
> 哞哞哞,啾啾啾,哗哗哗
>
> 饮着清澈的溪水,听着悦耳的鸟鸣,吃着丰美的青草,呼吸新鲜的空气。如此自在舒适的环境,××乳牛产出的牛奶自然品质不凡,营养更好!
>
> 广告口号:青青大草原,自然好牛奶。
>
> 【评析】这则广告标题新颖,通过一系列的象声词,表现乳牛在舒适的环境中惬意地吃草、哞叫的声音,调动受众的想象和联想,形成视觉冲击力。而广告正文又做了形象的说明、注释和深化,道出了牛奶的优良品质,非常有说服力,很能打动消费者,是以文案写作为主要表现形式的典型佳作。

相关能力拓展

广告文案的类型

根据不同的标准,广告文案可以分为不同的类型,一般按照广告对象主体或者广告媒体来划分。

一、按照广告对象主体划分

1. 企业广告文案

企业广告文案主要是告诉人们企业的经营范围、管理理念和宗旨、目标等情况。企业广告文案重在正面宣扬企业的信誉,使得大众了解本企业的良好形象。

2. 商品广告文案

大部分的广告文案属于此类,主要介绍产品的质量、功用、价格、售后服务等,中心目的就是说服广告的受众购买被广告的商品。

3. 服务信息广告文案

服务信息广告文案主要介绍某一类服务的内容、价格、益处等,例如,目前社会各类快递服务、物流服务等,要把这类服务信息传播出去,就要借助于广告文案。

4. 公益性广告文案

这类广告文案主要是宣传各类公益机构和组织的宗旨、目的,增加大众对某一行为的认识,引导其在道德层面认同或者反对某些现象。例如助残广告、防艾广告、无偿献血广告、环保广告等。

二、按照广告媒体划分

1. 报纸广告文案

作为最早的平面广告文案的载体,它的发展和运用较为完善。报纸,尤其是发行量大的报纸传播范围广、速度快,见效也快。它可以利用报纸的版面,通过合理的排版,突出需要强调的内容(如商场折扣的力度),配以图案的直观形象,往往可以给人留下深刻的印象。

2. 杂志广告文案

杂志往往针对一定的读者,所以其指向性较为明确,而且杂志的多人阅读概率较高,无形中也扩大了受众的数量。杂志广告文案的印刷和装帧设计可以比报纸的更加精美,但是相对而言,受众面要小,传播速度较慢。

3. 广播广告文案

与报纸杂志相比,广播是一个有声媒体,与平面媒体相比,其内容随着时间的流逝而流逝。因此,在设计的创意上,要特别注意声音的因素,例如,使用的形式有陈述式、日常对白式、戏剧式、歌唱式、采访式、相声幽默式等;还有话语中间穿插什么样的音乐或声音背景,播音者需要酝酿什么样的感情,用什么样的语速和声音,等等。总的原则就是要给听众留下尽量深刻的印象。在这里,广告文案的设计必须有一个鲜明、创意新颖,又容易让人记住的广告标语(口号)。

4. 电视广告文案

与广播广告文案相比，电视又进了一步，它既有声音又有画面，所以在创意和操作上更加复杂，在费用上也比其他媒体更为高昂。电视广告已经成为一门综合性的艺术，它要求文字、语音、音乐（音响）和画面的有机配合，随着画面的播放和声音、文字等因素的运用，调动观众的观赏积极性，从而达到宣传的目的。优秀的电视广告文案中，并不要求全部要素都展现出来，有时候仅仅一段音乐和结尾的几个文字，就能创造出令人惊喜的广告效果。对创意者来说，电视广告文案的创作难度最大，需要各个方面的知识储备。

5. 网络广告文案

网络广告是一种适合于细分化市场营销趋势的新媒体写作文案。由于网络是由画面、文案、声音共同组合而成的五彩斑斓的世界，它给广告人提供了无限创意的空间，既可以选择一般印刷媒体所采用的文图混编的模式，也可以通过动画演示，像电视广告媒体一样用生动的画面来吸引受众，还可以加入音乐，将受众的听觉积极调动起来。与传统媒体相比，各网站对广告尺寸有一定限制，要求语言更加简洁生动，而且语言更应服务于画面，应充分利用动画技术，利用字体大小、位移的快慢变化，来增加信息传播的趣味性和表现力，起到画龙点睛的作用。同时，由于网络将受众高度细分化，因而在针对目标受众诉求时，要注意运用他们所熟悉的语气、词汇，会增强认同感，要根据受众的文化背景、不同嗜好等来及时调整语言形式。

当然，其他的媒体还有很多，较为常见的有路边的广告牌、灯箱广告、海报广告等。

单元四 商品说明书的写作

情景导入

有一天，陈婷在网络上无意间看到一则说明书，职业的敏感使她立即对这篇带有创意性的说明书产生了兴趣。

雨伞使用说明书

警告：

当伞还是潮湿的时候，请不要用它戳电器开关；

请不要在骑摩托车时使用；

使用时，伞的下沿必须高于眼睛；

本品只能为您的上半身提供有限度的防雨保护，如果雨量过大，您的名牌皮鞋进水，本公司不承担连带责任；

不建议将本品当作拐棍使用，如果因此而戳伤使用者或他人脚面，责任自负；

潮湿的雨伞在被带进屋之前，请甩干水分，以免雨水滴落地板后，造成地板变形或使行人滑倒。

最后切记：本品不可当作降落伞使用。

思考：你如何看待上述说明书？随着我国社会主义市场经济的日益发达，商品种类越来越多，产品说明书是一个小问题，但是对于企业来说却是一个大战略。

必备知识

一、商品说明书的含义

商品说明书是一种以说明为主要表达方式的文体，主要用来对事物做具体、平实、客观、系统的介绍或说明，指导或者告知被说明对象的内容、用途、性能、使用注意事项等信息。

二、商品说明书的特点

1. 指导性

说明书用以解释说明商品的相关信息，将有关的参数、功能、使用方式方法和注意事项等进行仔细全面的罗列，使消费者清楚地了解这些信息，所以它具有指导性。例如数码相机的说明书，它详尽地说明了数码相机及其配件的使用方式，各种功能的具体使用情况和使用效果，并且强调了售后服务的具体途径和产品的保养事项等，这些信息对消费者正确使用和维护数码相机具有指导作用。

2. 科学性

说明书必须客观具体地介绍商品的相关信息，这些解释和介绍都是以严谨的科学态度作为基础的。尤其现代社会的各类消费产品，多少包含了一定的科技含量，有关的说明文字就一定要以科学性作为基础。例如药品说明书，应仔细说明药物的成分、药理作用、功能和用量等信息，这些介绍毫无疑问应具有严谨的科学性。

3. 条理性

任何商品的使用必须遵循商品固有的特性，而这种特性往往是具有商品自己的规律的。所以在说明时，要条理清晰，层次分明。例如家具和电器的安装说明，必须按照其规定的程序来，否则就无法安装甚至带来危险。

三、商品说明书的种类

按照所要说明的事物来分，可以分为以下几种：

1. 产品说明书

产品说明书就是对日常生产生活产品进行介绍的说明书，是对某一类产品的全部情况和信息的介绍，包括成分、性能、用途、注意事项等。

2. 使用说明书

使用说明书就是向消费者介绍某种商品的使用方法或者使用步骤的说明书。如"××豆浆机使用说明"中将使用方法和具体操作步骤仔细罗列出来。

3. 安装说明书

安装说明书主要是对商品分散的零件进行总装时用来指导的说明书。例如，家具的安装说明、电器产品的安装说明等。

四、商业广告与商品说明书的异同

商业广告与商品说明书都有对商品性能、构造、功能、使用方法等向消费者宣传的功能，都有促进商品销售的作用。但两者还有如下区别：

1. 目的不同

商品说明书是让消费者了解商品有关知识，充分发挥使用价值，取得最佳的使用效果。商业广告则是最大限度引起消费者注意和兴趣，以激发消费者购买欲望，并付诸行动。

2. 内容不同

商品说明书一般只限于介绍某一特定商品本身的有关知识，不涉及销售过程和其他环节。而商业广告除宣传商品本身外，还可以介绍工厂设备、信誉、消费者的反映、售后服务等。

3. 表达方式不同

商品说明书以说明为主要表达方式；商业广告则可以采用叙述、议论、描写、抒情等各种表达方式。

4. 宣传途径不同

商品说明书一般直接印在商品包装物上或与商品一起装入包装物内，随商品销售到达消费者手中。商业广告则通过一定的媒体物，如电视、广播、报刊、路牌、网络等，出现在消费者面前。

能力技巧

一、商品说明书的写作技巧

商品说明书的写作包括标题、正文和落款三个部分。

1. 标题

商品说明书常见的标题有三种：

（1）直接以文种作标题。例如，"商品说明书""产品说明书""使用说明书""使用指南"等。

（2）以商品名称作标题。例如，"××胃泰""××扫描仪"等。

（3）以商品名称加文种作标题。例如，"××口服液产品说明书""××电脑使用说明书"等。

2. 正文

正文是商品说明书的核心部分，各种商品不同，需要说明的内容也不同，有的说明商品的用法，有的说明商品的功能，有的说明其构造，有的说明其成分等，千差万别，各有侧重。例如，食品说明书重在说明其成分、使用方法及保质期限，药物说明书重在说明其构成成分、基本效用及用量，电器说明书重在说明其使用和保养方法等。正文一般包括以下几个方面的内容：

（1）产品的概况（如名称、产地、规格、发展史、制作方法等）。

（2）产品的性能、规格、用途。

（3）安装和使用方法。

（4）保养和维修方法。

（5）附件、备件及其他需要说明的内容。

以上的内容，可以根据实际需求取舍详略和变动前后顺序。

正文的写法多种多样，比较常见的有概述式、短文式、条款式、图文结合式。

（1）概述式。一般只有一两段文字，简明扼要地对商品做概括介绍。

（2）短文式。对商品的性质、性能、特征、用途和使用方法做简要介绍，多用于介绍性的内容说明，常用商品多采用这种方法。

（3）条款式。这是详细介绍商品说明书的写法。它分成若干个部分，将有关商品的规格、构造、主要性能和指标参数、保养方法、维修保修方式逐一分条列项地介绍给消费者。常用的家用电器说明书多采用这种方式。

（4）图文结合式。这种写法可以图文并茂地介绍商品，既有详尽的文字说明，又有照片和图示解说，辅之以电路图、构造图、分子式（医药）等。这种商品的说明书往往印成小册子作为商品附件。

3．落款

落款要写明产品制造厂家的名称、地址、邮编、E-mail 地址、电话、传真、产品的批号、生产日期、质量等级等。不同的商品说明书，落款的项目有所不同，应根据实际需要落款。

二、商品说明书的写作要求

1．平实、通俗

作为接受对象的广大人民群众不可能都是专家，所以在写作说明书时，必须做到平实、通俗，能够用最简短的语言表达完整的意思，避免使用模棱两可、含糊不清的语言，尽量少使用专业术语。

2．客观、实际

说明书中对商品的各类参数、功能、注意事项都必须实事求是地清楚标明，不能夸大事实。

> **案例评析**
>
> 核准日期：2006 年 11 月 27 日
> 修订日期：2013 年 8 月 14 日
>
> **祖卡木颗粒说明书**
> 请仔细阅读说明书并在医师指导下使用
>
> 【药品名称】
> 通用名称：祖卡木颗粒
> 汉语拼音：Zukamu Keli
> 【成分】山柰、睡莲花、破布木果、薄荷、大枣、洋甘菊、甘草、蜀葵子、大黄、罂粟壳。
> 【性状】本品为黄棕色的颗粒；气微香，味甜、微苦。
> 【功能主治】调节异常气质，清热，发汗，通窍。用于感冒咳嗽，发热无汗，咽喉肿痛，鼻塞流涕。
> 【规格】每袋装 12g
> 【用法用量】口服。一次 12g，一日 3 次。

【不良反应】尚不明确
【禁忌】尚不明确
【注意事项】运动员慎用。糖尿病患者遵医嘱。
【贮藏】密封。
【包装】聚酯/铝/聚乙烯药品包装用复合袋装，6袋/盒。
【有效期】24个月
【执行标准】
标准名称：中华人民共和国卫生部药品标准维吾尔药分册
标准编号：WS_3-BW-0172-98
【批准文号】国药准字Z65020179
【生产企业】
企业名称：新疆维吾尔药业有限责任公司
生产地址：新疆乌鲁木齐经济技术开发区沈阳街2号
邮政编码：830026
电话号码：0991-3766×××
传真号码：0991-3727×××
注册地址：新疆乌鲁木齐经济技术开发区沈阳街2号
网址：http://www.xj-wy.com

【评析】这是比较标准的药品说明书，表达通俗易懂，科学、严谨，对××颗粒的药品成分、药品性状、功能主治、规格、用法用量、注意事项、有效期及企业相关情况做了实事求是的说明，体现了说明书的指导性、科学性和条理性。

相关能力拓展

其他说明书举例

一、戏剧演出说明书

这是相对较有文艺色彩的说明书，主要用于介绍戏剧、影视的主要内容，同时也向人们推荐该戏剧或者影视作品。某些集体性演出的说明书中有对演员和节目的介绍，主要是引起人们的兴趣，吸引观众。

二、招股说明书

《中华人民共和国公司法》与《股票发行与交易管理暂行条例》针对招股说明书制定了有关准则。凡在中华人民共和国境内公开发行股票的发行人，在申请公开发行股票时，应当按照准则编制招股说明书。招股说明书作为发行人向中国证券监督管理委员会申请公开发行申报材料的必备部分。

招股说明书的内容与格式包括：封面、目录和正文三个部分。正文包括：①主要资料；②释义；③绪言；④发售新股的有关当事人；⑤风险因素与对策；⑥募集资金的运用；⑦股利分配政策；⑧验资报告；⑨承销；⑩发行人情况；⑪发行人公司章程摘录；⑫董事、监事、高级管理人员及重要职员；⑬经营业绩；⑭股本；⑮债项；⑯主要固定资产；⑰财务会计资料；⑱资产评估；⑲盈利预测；⑳公司发展规划；㉑重要合同及重大诉讼事项；㉒其他重要事项；㉓董事会成员及承销团成员的签署意见等内容。

三、财务情况说明书

这是财务会计报告的重要组成部分，编写好财务情况说明书对贯彻《中华人民共和国会计法》，规范会计行为，保证会计资料质量的立法宗旨具有重要作用。财务情况说明书是企业（公司）年度、半年度财务报告期内生产经营的基本情况、财务状况与经营成果的总结性书面文件。它为企业（公司）内部和外部了解、观察、衡量、考核、评价其报告期内的经营业绩和生产经营状况提供重要依据。企业（公司）的财务情况说明书必须按照《企业财务会计报告条例》和国家统一的会计制度规定，对需要说明的事项，至少应当对以下情况做出真实、完整、清楚的说明：一是企业生产经营的基本情况；二是利润实现和分配情况；三是资金增减和周转情况；四是对企业财务状况、经营成果和现金流量有重大影响的其他事项。

四、毕业设计说明书

这是学生在教师指导下，对所从事毕业设计工作和取得的设计结果的表述。毕业设计说明书的撰写应符合国家及有关行业（部门）制定的有关标准，符合汉语语言规范。一般由学校对毕业设计说明书的文字、图表、页面设计做明确的规定。毕业设计说明书一般由论文封面，目录，中、英文摘要，正文，参考文献等部分组成。封面一般由学校统一格式；正文包括引言、主体与结尾三部分。引言一般介绍本课题的目的和意义，在国内外发展概况及存在问题，本课题应解决的主要问题、指导思想及应达到的技术要求等。主体从各个角度对整个设计进行阐述与论证。结尾一般对整个毕业设计工作进行归纳和综合，对结果进行讨论与分析，着重提出自己的见解与观点，对自己的工作做出客观的评价，对整个毕业设计达到的水平进行评述，对本设计中尚存在的问题及进一步开展的研究工作阐述见解和建议。

单元五　市场预测报告的写作

情景导入

随着竞争对手的增加，海宁市××经编有限公司销售业绩增长开始放慢，市场渠道的开拓也越来越艰难。有人提议运用电子商务模式，设立一个公司网站并进行在线销售，也有人提议在天猫商城开一家网店。电子商务有它的优势，但也同样存在风险，公司领导要求市场部对这一项目进行充分调研，对运行模式和发展前景做分析预测，并形成书面的市场预测报告。

市场是朝夕万变的，要在竞争日益激烈的市场中应付自如，少走弯路，需要做科学的预测。市场预测在市场经济体制日益健全的今天，越来越发挥出它的重要作用。

必备知识

一、市场预测报告的含义

市场预测报告就是依据已掌握的有关市场的信息和资料,通过科学的方法进行分析研究,从而预测未来发展趋势的一种预见性报告;是在市场调查的基础上,综合调查的材料,用科学的方法估计和预测未来市场的趋势,从而为有关部门和企业提供信息,以改善经营管理,促使产销对路,提高经济效益。

与计划相比,市场预测报告也有对今后的判断和安排,但计划是指令性的,必须实行;预测报告则是估计会发生什么情况,供领导决策参考。

与调查报告相比,市场预测报告也运用调查与分析方法,但调查报告着眼于对过去和现状做客观的反映,预测报告着眼于对未来状况做分析、预测;调查报告要求准确性、客观性,预测报告允许带有主观推断性和不确定性。

二、市场预测报告的作用

1. 为经济管理决策提供科学依据

随着经济的发展,工业企业已经由单纯生产型变为生产经营型,商业企业也形成开放的、多渠道和连锁式的新体制,市场竞争日趋激烈,市场动态变化迅速,准确地预测才能预见未来,避免主观臆断和短期行为,减少生产和经营的盲目性。

2. 为制订计划提供有力的依据

要制订科学的计划往往要先学会科学地预测。对表面上滞销的产品,分析找出潜力和发展余地;对表面畅销的产品,分析什么时候饱和,在此基础上修正计划,调整生产规模,则能很好地把握市场脉搏。相反,对市场变化反应迟钝,势必造成巨大的经济损失。

3. 为开拓市场提供可靠的依据

通过预测,企业往往会分析自己产品在当地市场、国内市场和国外市场的地位、特点和作用,同时研究同类企业的产品的来源和去向,研究其质量、特点、适用性,从而采取有效的对策,取得最佳的经济效益。

三、市场预测报告的种类

1. 按范围分类

市场预测报告按范围分为宏观市场预测报告和微观市场预测报告。宏观市场预测报告指国家或者政府的某个职能部门针对宏观市场的各项未来活动,进行总体架构,经过分析和预测后,写出的书面报告。微观市场预测报告指在具体的经济单位(某一部门或者某一经济实体)对特定市场商品供求变化情况、新产品开发前景等分析研究的预测报告。

2. 按空间层次分类

市场预测报告按空间层次分为世界市场预测报告、全国性市场预测报告、地区性市场预测报告、某行业市场预测报告等。

3. 按时间层次分类

市场预测报告按时间层次分为短期（旬、月）市场预测报告、近期（半年、一年）市场预测报告、中期（3～5年）市场预测报告和长期（五年及以上）市场预测报告等。

4. 按预测方法分类

市场预测报告按预测方法分为定量预测报告和定性预测报告。定量预测报告是根据掌握的数据，应用数理统计方法，研究和推测发展状况及结构关系，分析生产、销售和市场需求内在联系与变化过程写成的市场预测报告。定性预测报告是根据经验判断预测法（主观预测）和调查研究预测法，通过向专业人员调查，收集专家预测意见、经营人员预测意见、销售人员预测意见、用户意见即民意测验等，取得各种因素的历史和现实情况的资料，并进行分析加工整理，判断预测未来情况写成的市场预测报告。

能力技巧

一、市场预测报告的写作技巧

通常情况下，市场预测报告由标题、正文和落款几部分组成，实际操作中，可以根据需要有所取舍。

1. 标题

市场预测报告的标题一般有以下几种形式：

（1）文件式标题。这种标题由预测的时限、预测的范围、预测的对象和文种四个要素组成。如"20××年我国电子商务市场发展预测"。文种可写成预测报告、展望、动向、预测、走向、发展趋势等，如"20××年中国汽车市场展望"。

（2）结论式标题。这种标题由预测对象和预测结论构成，如"电子书市场需求将持续上升"等。

（3）提问式标题。这种标题就是以大家关注的预测结果作为提问的对象，用问句作标题，引起悬念，如"未来5年我国房地产市场将何去何从"。

（4）主副标题。这类标题一般主标题揭示预测结论，副标题交代预测对象，如"加速结构调整，实行战略转移——20××年××省经济形势和发展趋势分析"。

2. 正文

预测报告的正文部分一般包括前言、主体、结尾三个部分。

（1）前言。前言又称引言，即市场预测报告的开头。一般简要介绍预测的原因、对象、方法和意义等，或概括预测的重要内容以领起下文。要求概括且突出主要内容。前言部分也可省略。

（2）主体。一般包括现状分析和趋势分析两个部分。

1）现状分析主要是用确实、具体的资料和数据材料来说明市场的现状，它是预测的出发点和基础。必要时还可以对历史上的情形做简要回顾以探寻其来龙去脉，以便更好地了解其发展的趋势。这一部分的写作应该概括、简洁，只是给后面的预测和建议充当一个先决条件，它的内容可以包括产品的产销情况、购买情况、同行的经营情况、本企业的生产能力和技术设备情况等。

2）趋势分析是正文的重要部分，是在充分掌握各类调查数据的基础上，运用文字、统计图表、几何图形或者数学模型等方法加以分析研究，从中推导出对未来的判断，得出发展的趋势和规律，预见未来可能出现的情况。这部分内容主要分析市场对某产品的需求总量与各因素的依存关系；分析生产、供应、营销三者的关系；分析当前市场上消费需求结构的变化；分析其他因素，如方针政策的变化、季节性变化、运输条件的变化、消费者心理的变化等对市场的影响；分析本企业产品占有市场的比例。可以从产品销售总量、同行业的生产情况、影响产品销量的人口因素和新产品开发速度等方面进行预测，也可以从产品的技术发展趋势、资源、生产成本等方面进行预测。无论哪一种预测，都必须以翔实、准确的数据和材料为依据，注意从不同的角度来评价和论证，通过比较、分析、科学推断等方法准确预测市场的未来趋势，把专家、行家和群众的意见加以整理、归纳，透过现象看到本质。论证越充分、越深入、越科学，预测的准确性就越高。在分析预测的过程中，还必须清晰地体现市场预测的逻辑性和条理性。分析应有理有据，不能闭门造车、主观臆断。写法上可以分条或分节加以说明。

（3）结尾。通过预测，提出对策和建议，这是预测的目的和归宿。预测的目的就是为了准确地做出决策，建议是市场预测报告中必不可少的内容，它是针对未来发展情况提出的措施或对策。建议必须以针对现状的客观分析为基础，提出既具有前瞻性又切实可行的意见和措施，只有写得具体、有效，才能对决策发生作用。

3. 落款

写明预测报告的单位或个人和日期。

二、市场预测报告的写作要求

市场预测是一门多科学、综合性的边缘科学，要写出内容充分、有参考价值、客观的市场预测报告，要求写作人员必须具备良好的综合素质和专业知识，并要求有良好的写作表达水平。市场预测报告的写作需要注意以下几点：

1. 深入调查，实事求是

市场预测的唯一基础在于当时实际存在的事实，市场预测报告正是建立在对所有相关经济现象及其相关关系充分了解的基础上的。这种充分了解市场信息的首要条件就是要深入市场运作的实际环境，全面地了解经济活动的历史和现状，及时捕捉各种相关信息。资料不全面、不准确，就有可能做出错误的结论，从而给生产经营带来损失。

2. 结合资料，注重分析

市场调查这一工作完成以后，作者就积累了一定数量的材料和数据，如何对这些数据进行去粗取精、去伪存真的鉴别和分析，关系到下一个阶段的预测分析是否准确。这些既有的数据资料，需要进行一定的统计工作，或者运用数学模型、统计工具进行评估、对比，从这些结果中预测出市场未来变化发展的趋势。

3. 表达准确，建议可行

市场预测要回顾历史和现实存在的情况，描述未来的经济发展趋势，所以，要求语言的表达要措辞严谨、语气恰当，不可夸大或者缩小，也不可模棱两可。结尾提出的对策和建议，要具有现实的可行性，不可太抽象和太笼统。

> **案例评析**

2022年中国工业互联网十大趋势

2021年，在政策稳步推动、经济企稳复苏及企业数字转型需求增加等因素交织影响下，中国工业互联网市场继续保持稳定增长，双跨平台与试点示范工作加速推进，工业互联网与人工智能、5G、区块链、VR/AR等加速融合。2022年，中国经济发展面临需求收缩、供给冲击、预期转弱三重压力，国家将强化对实体经济的支撑，进一步提升制造业核心竞争力，我们预测，工业互联网将呈现以下趋势。

趋势一：政策推进试点与体系建设加速

《"十四五"信息化和工业化深度融合发展规划》（以下简称《规划》）明确提出，到2025年工业互联网平台普及率达到45%。依据《规划》，针对工业互联网的政策体系将不断完善。在应用创新方面，通过打造工业互联网产业示范基地和应用创新推广中心，加速工业互联网技术攻关和成果推广；在平台试点方面，建设一批跨行业跨领域的综合型平台、面向重点行业和区域的特色型平台以及面向特定技术和场景的专业型平台；在体系化建设方面，把完善工业互联网标识解析体系、构建工业互联网安全监测体系、建设国家工业互联网大数据中心体系作为重点。

趋势二：工业智能从产线走向产业链

随着人工智能技术在工业各领域、环节、产品中的深度融合，工业互联网智能化开始从企业内部的单点式应用走向产业链各环节之间的数据价值发现。与传统智能化中台更加关注生产系统的控制相比，未来工业智能将围绕更大尺度范围内的产业链数据，为企业提供供应链优化、物流调度优化、市场销售预测等方面的决策辅助支撑。同时实现纵向集成与横向集成的工业智能将增强工业生产中人与人、人与物、物与物的联系，加快形成知识沉淀，更好地发挥智能化的支撑作用。

趋势三：云原生与多云带来更多选择

与虚拟化云相比，基于容器和Kubernetes的云原生解决方案具有简化部署、多环境支持、快速启动、服务编排、易于迁移等优势。公有云平台通过集成数据库、消息、缓存、存储等技术服务能力，并提供微服务开发框架和DevOps持续集成交付过程支撑，帮助企业应用更加敏捷、高效、平滑地上云。值得注意的是，多数工业企业不希望与某一个云服务商绑定，或者希望采用混合部署的方式，多云和混合云便成为更适合的选择。通过Kubernetes集群向本地数据中心和不同云服务商提供一致接口，应用程序迁移将更加方便，用户可以按需在不同云之间进行动态资源调度。

趋势四：低代码将打通IT与OT壁垒

工业App的开发需要基于大量OT（Operational Technology，操作技术）知识，低代码技术以其低门槛、高效率、易集成的特性，让OT人员能够深度参与到软件开发工程中。借助低代码开发平台内置的基础计算模型、行业机理模型，开发者无须编码即可完成客户化开发项目中的大多数常见功能，再通过少量编码实现硬件API对接等复杂业务逻辑。低代码平台中的工业机理模型能够被快速开发、测试、部署、验证和迭代，从而实现工业应用的开发与运维一体化。

趋势五：MEC 加速 5G 在工业场景落地

伴随着 5G 核心网服务化架构（Service Based Architecture，SBA）的形成和云计算的快速发展，移动边缘计算（Mobile Edge Computing，MEC）的技术形态日益成熟。基于 MEC 可以将高密度计算、大流量和低时延需求的业务就近部署，满足客户对安全、速率及可靠性的多重要求。通过配置 MEC 服务器资源，对工业现场多源、异构数据归一化处理，能够兼顾计算和网络资源以及数据传输的有效性等，形成云端和边缘计算资源的合理和优化配置，既保留数据的原始属性，又避免无谓的网络与存储和计算资源开销。

趋势六：实时数据中台将进一步提升数据治理能力

针对工业数据多源异构、实时性强的特点，工业数据中台需要采用更加灵活的存储架构以便具备对实时数据快速分析的能力。采用流计算与交互式分析的双擎架构的实时数据中台通过实时存储和交互式分析来构建实时链路，将大数据实时数仓的体验和传统的单机 OLAP（On-line Analytical Processing，联机分析处理）数据库体验对齐。此外，实时数据中台通过大量的数据生态组件和模型来实现对海量数据的实时分析，通过存算分离、湖仓一体等架构来提升用户的数据治理能力。

趋势七：安全运营与监测能力持续增强

工业安全运营中心通过对工业控制系统进行安全监测和安全运营，帮助企业解决越来越多的安全产品部署在网络中形成的"安全防御孤岛"问题，并根据具体场景建立合适的安全策略管理和响应恢复机制。基于威胁情报和本地大数据技术对工控系统通信数据和安全日志进行快速、自动化的关联分析，工业企业能够构建威胁情报、威胁检测、深度包解析、工业大数据关联分析、可视化展现、闭环响应能力，进而实现以工业安全运营为中心的一体化防护体系。

趋势八：工业软件云化与开源化趋势更加凸显

基于云架构的工业软件呈现出平台化、组件化、服务化的趋势。对于一部分传统工业软件来说，在 PaaS（平台即服务）+SaaS（软件即服务）模式下，复杂的数据运算模型可以被拆解为灵活的轻量化前台以及功能聚合的数据分析后台，从而兼顾应用层的快速迭代以及平台层的知识沉淀。同时，在工业软件加速云化的过程中，大量云平台数据分析模型都是基于开源引擎构建，越来越多的企业开始以开源架构为基础打造商业软件。尽管公有云和开源的架构并非适用于所有工业软件的应用场景，但随着云计算与开源生态的不断完善，工业软件云化与开源的进程确已无法逆转。

趋势九：工业互联网支撑供应链安全的作用更加强化

2022 年，中国仍将面临复杂国际形势带来的供应链安全风险，工业互联网将继续发挥优化产业链供应链作用。一是运用数据工具，提升供应链管理能力。运用数据采集和分析技术帮助行业主管部门能够掌握产业供应链现状，应对外围变化和市场波动。二是加速技术赋能，促进科技成果转化。通过共性技术研发平台提升中小企业创新能力和专业化水平，通过高水平的流程再造和数据管控提升大型企业经营管理效率。三是构建数字基础设施，支撑产业链升级发展。通过助力数字化、网络化、智能化发展，推动制造业结构高端化和产业体系现代化。

趋势十：资本助力工业互联网要素生态加速构建

2022年工业互联网各细分领域的增长潜力将继续吸引大量资本的关注。从融资方来看，工业软件、工业互联网平台、工业互联网安全等领域都需要大量资本投入来支持技术创新和产品研发，工业智能设备等成熟市场的企业则需要通过投资并购来提升自身竞争力。从投资方来看，工业互联网作为数字经济的新风口，能够给投资机构带来巨大的回报。目前，地方国资、创投风投机构、商业银行、创新平台等主体都参与到工业互联网的投资中，在促进产业链、资金链、人才链、技术链"四链合一"的过程中，发挥了加快构建要素生态的作用。

（资料来源：赛迪顾问软件与信息服务业研究中心王云侯，2022年中国工业互联网十大趋势，澎湃新闻，https://www.thepaper.cn/newsDetail_forward_16624939，2022年2月9日）

【评析】这篇简易的市场预测报告通过对中国工业互联网的现状和影响未来趋势的诸多因素分析，从专业角度、政策文件等进行论证分析，从而提出了2022年中国工业互联网发展的十大趋势，为生产企业决策提供了参考。本报告主要通过经验判断等方式来进行市场预测，行文客观，论述到位。

单元六　招标书、投标书的写作

情景导入

经过调研和预测分析，海宁市××经编有限公司决定开设网上商城，为了提高网页设计的专业化水平，达到既销售产品又提高公司品牌知名度的目的，公司决定采取招标的形式，陈婷需要协助市场部撰写招标文书。

思考：招投标需要经过哪些程序？招标文书又有哪些规范要求呢？

必备知识

一、招标书、投标书的含义

招标书和投标书是政府、单位或者企业在招投标时所使用的文书。

招标人在兴建工程、合作经营某项业务、进行大宗商品交易、确定科研项目承担人时，以建设单位、商品购买人或定做人、项目出资人为招标人，或由他们委托专门的招标代理机构，公布标准和条件，公开招人承包或者承办，然后依照有关规定从中选择价格和条件最优者为中标人；招标书就是在这样的活动中形成的书面文件。

投标书是对招标书的回应，表明投标人同意按照招标书的要求和条件进行承包或者进行交易，同时向招标人提出合同建议，它是提供给招标人的备选方案的书面文书。

招标、投标是国际上广泛采用的一种贸易方式，是现代经济活动中一种引入竞争机制的经济活动方式，能够最大限度地保证社会的公平竞争，保证资金得到合理、有效的使用，保证项目质量，保护国家利益、社会利益和当事人的合法利益。我国的招投标是在改革开放后开始推广开来的。目前，面对经济全球化浪潮的兴起和我国对外经济活动的日益频繁，招标和投标工作成为各级政府、企业经济活动制度化和规范化的重要方面。

招标、投标需要采用一定的法律程序进行，具有很强的规范性。西方发达国家一般具有完善的招投标制度。我国采用这种交易方式时间不长，法制体系建立相对较晚。《中华人民共和国招标投标法》是规范招标投标的基本法规，以后又陆续制定了一些配套的规章。

二、招标书、投标书的特点

1．明确性

招标人对招标的项目或者工程基本情况要给予明确的说明，例如项目或者工程的主要目的、基本情况、产品要求、人员素质和具体规定等，必须在招标书中给予清晰的描述。投标书对所采取的方式、方法，实施措施，所要达到的目标和标准，采用的科学技术方法，可以获得的经济和社会效益等，都要明确清晰地进行说明。

2．竞争性

招标的目的是寻求经济活动中最理想的合作伙伴，必须使用各种手段造成最广泛的竞争局面，从而扩大选择的对象，增加比对性，获得更好的经济效益。

3．制约性

招标书是招标人向投标单位提出的约定性文字资料，一旦发出就不能随意改动，否则违背了条款就要承担法律责任。投标单位必须认真地对招标单位的条件和要求做出郑重承诺，同意招标书中的各项制约性条款，投标书寄出以后，投标人便不能更改，一旦签订了合同，就要认真履行，否则就要承担相应的法律责任。

三、招标书、投标书的种类

1．按时间划分

招投标书按时间划分，分为长期招投标书和短期招投标书。

2．按内容划分

招投标书按内容划分，分为企业承包招投标书、工程招投标书、大宗商品交易招投标书。

3．按招标的范围划分

招投标书按招标的范围划分，分为国际招投标书和国内招投标书。

在招标、投标的过程中，经常用到下列招投标文书：

（1）招标委托书。

（2）招标公告。

（3）资格预审公告。

（4）资格审查结果通知书。
（5）投标邀请书。
（6）投标企业须知或投标说明书。
（7）投标书。
（8）投标项目方案及说明（施工方案及说明，设备方案及说明）。
（9）投标保证金保函：经招标人认可的银行为投标人向招标人出具的保证投标人遵守规定，否则立即支付保证金额的文书。
（10）评标报告。
（11）中标通知书。
（12）落标通知书。
（13）招标、投标情况报告。

能力技巧

一、招标文书的写作技巧

招标文书包括招标公告、投标企业须知（招标说明书）、招标书、技术质量要求、标底书、中标通知书等招标公告招标书是最常用的招标文书。

1. 招标公告

招标公告又称招标广告、招标通告，是招标企业公开招标时发布的信息，目的是尽可能广地宣传自己的招标项目或者工程，并且欢迎有兴趣的企业前来投标。招标公告一般分为四个部分。

（1）标题。标题的形式一般为"招标单位+文种"，如"中国技术进出口总公司国际招标公司招标公告"，也可写成"招标单位+招标项目名称+文种"，如"浙江省杭嘉湖内河航道网改造项目办公室关于塘栖市河改线工程施工招标的公告"。

（2）招标号。招标号一般是招标人的英文缩写、编号。有些招标公告没有招标号。

（3）正文。正文分为开头和主体两部分。开头简要说明招标的缘由、依据或目的。主体包括以下几项：

1）招标项目情况：包括项目名称、主要内容、规模、数量等。

2）招标范围：投标人应具备的条件。

3）招标步骤：包括招标文件发售时间、价格，投标截止时间、地点，开标时间、地点，有的还说明签约时限，项目计划开工时间和完工时间等。

（4）落款。落款包括招标单位名称、通信地址、电话号码、电报挂号、电传号码、邮政编码，以及招标公告发布日期等。

2. 招标书

招标书一般由标题、编号、正文、结尾四部分组成。

（1）标题。常见的标题有三种类型。一是由招标单位名称、招标内容、文种三部分组成；二是由招标单位名称或招标内容和文种组成；三是广告性标题，如"谁来承包××大桥工程施工"。

（2）编号。标题下面往往还写明该招标书的编号，以利于日后存档或查阅。

（3）正文。正文由前言和主体部分构成。前言部分要求写清楚招标单位项目、招标依据、招标目的和招标范围。

主体部分是招标书的核心，主要包括：①招标方式：公开招标还是邀请招标；②招标范围：限定在国内、国际，还是省内、市内等；③招标内容和要求：尤其要清楚无误地写明要达到的各项指标；④招标程序：针对招标的实际情况，写清楚招标、议标、开标、定标的方法和步骤，标注时间和地点，双方签订合同的原则，明确双方的权利和义务等。

招标项目的表达方式有条款式和表格式，前者逐条写明招标的有关内容；后者是表格式结构，将招标项目编制成图表，使招标项目简明扼要，一目了然。

（4）结尾。这是招标书重要的组成部分，要详细而具体地写清楚招标单位名称、通信地址、邮政编码、电话号码、电传号码、电报挂号、联系人等，以便投标者参与。

3. 内部发售的其他招标文书

内部发售的招标文书用来出售给前来投标的企业，通常包括资格审查文书、招标章程、企业须知、技术质量要求和标准、购销合同等。一般写法如下：

（1）标题。相对来说，内部发售的招标文书的标题是固定的，因为招标企业在招标之前，就已经拟定了相关常用图表的格式，例如："××项目投标企业须知""××工程质量要求""投标企业资格审查表""××机械集团公司数控机床外购招标章程"等。

（2）正文。正文主要包括企业资格审查表、招标章程、企业须知、技术质量要求等。

企业资格审查表主要用于审查投标企业的基本情况，如营业执照是否有效、资质等级、企业规模、技术人员配备情况、资金运转情况、运营状况和社会信誉（包括合同履行情况）、已承担的项目或工程、企业经营业绩等。与以上情况相关的资料要根据情况，提供原件或者复印件。

招标章程主要说明招标的时间、过程、办法及相关要求等。

企业须知主要是对招标过程中某些具体要求和条件进行补充说明，有时会做出较为细致的规定，因为在涉及知识产权保护和企业商业机密的时候，只能提供给投标企业部分可以参考的资料，而不可能提供全部资料。

技术质量要求是对具体的招标项目或工程需要达到的各项指标的精确描述，一般以图表的形式表示，要注明是国家标准还是国际标准，或者行业标准，例如所提供的设备的具体材质、各种物理性质参数等。

（3）落款。注明招标单位的全称、地址、电话、传真、邮政编码、电子邮件地址、联系人等，招标单位需要加盖公章。一般在招标单位的右下角，另起一行署上制发的日期。

二、投标文书的写作技巧

投标文书包括投标申请书、资格审查材料、投标书、演讲词、答辩词等。一般情况下，投标申请书和投标书是最常用的投标文书。

1. 投标申请书

它是投标单位向招标单位或者上级主管部门报送的以备审查资格的书面文件，其构成相对简单。

（1）标题。一般为"投标申请书"。

（2）主送单位。正常情况下，要写明招标部门的全称，标题下顶格写。

（3）正文。需要写明投标单位的意愿，对相关的技术要求和条件做出保证。

（4）落款。写明单位和负责人，并盖公章。最后注明申请书发出的日期。

（5）附件。对本单位的投标资格进行详细说明，附上相关证书、文件等。

2. 投标书

目前常见的投标书主要有条款式和表格式两种，一般情况下，投标书由标题、正文、落款、附件等部分组成。

（1）标题。标题一般由发文单位、项目、文种构成，例如"浙江省第二建筑工程有限公司投标书"，这是单位和文种的组合；也有项目和文种的组合，例如"杭州市背街小巷工程（4号路段）投标书"；也有的投标书直接写"投标书"或者"标书""标函"。为了突出特色，也可以灵活拟写投标书的标题，例如"视质量为生命——××建筑工程公司投标书"。

（2）正文。正文由主送单位、前言和主体构成。

主送单位即招标单位，标题下顶格写。

前言部分要对投标企业情况进行说明，例如单位的性质、经营活动的范围、所拥有的行业资质证书等级等。

正文部分首先要对投标企业的现状进行分析，主要说明企业规模、资质、资产状况、技术力量和支持、设备情况、劳动力素质和服务意识、已有业绩等，突出自身优势。还要详细说明投标项目的具体指标，明确投标方式和投标期限，根据不同情况，注明经济指标、技术指标、投标企业的履行能力及责任义务等，在充分说明各类需要达到的指标的基础上，说明完成任务的具体措施、方法等。

（3）落款和附件。和招标书的写法基本一样，附件有时需要附上担保单位的担保书和图样、表格等。

三、招标、投标文书的写作要求

招标、投标文书的写作是一项严肃的工作，要求注意以下几点：

1. 周密严谨

招标、投标文书是有一定法律效力的文件。因此在写作时，内容要具备较强的逻辑性，要有条有理、有依有据。条款的罗列要明确、具体，用词要准确，特别是术语必须绝对准确。单位名称和地址不可简写。时间应具体写×年×月×日，不可写"今年""明年"之类。投标文书在加盖公章寄出以后，就对所在的单位起到了制约作用，一旦违反约定，需要承担一定的责任，所以措辞必须严密，不可含糊大意、模棱两可。

2. 重点突出

招标、投标文书一般内容比较丰富，但在写作时，必须简洁明了地说明问题，切忌长篇大论。

3. 注意礼节

招标、投标文书涉及的是交易贸易活动，要遵守平等、诚信的原则。要求措辞诚恳、语气平和，尽量避免带上个人主观色彩。

案例评析

【案例一】

××招标有限公司关于××市××中学多媒体、计算机室建设及服务招标公告

××招标有限公司受××市××中学的委托，以公开招标的方式对以下项目进行政府采购，欢迎合格供应商参加投标。

一、招标编号：CXQZ14×××。

二、项目名称：多媒体、计算机室建设及服务。

三、资金性质：国库统付。

四、技术规格及要求：详见本招标文件第三部分。

五、交付期：自合同签订之日起15日内全部设备到货并安装、调试交付使用。

六、交付地点：采购人指定地点。

七、投标供应商的资格要求：

（一）凡国内具有独立法人资格，具有较强经济实力、良好信誉和售后服务能力的供应商。

（二）具备省级以上（含省级）信息产业部门认定的叁级（含）以上计算机系统集成资质。

八、购买招标文件时间：20××年6月1日起至提交投标文件截止时间止（节假日除外），每天上午8:30～11:30，下午14:30～17:30（北京时间）；招标文件每套售价100元，招标文件一经出售，谢绝退还。招标文件若需邮寄，请加付邮寄费50元；对邮寄过程中可能发生的延误或丢失，采购代理机构概不负责。

九、提交投标文件截止时间：20××年6月21日上午9:30（北京时间）。届时请投标代表出席开标会，逾期送达或不符合招标文件规定的投标文件恕不接受。

十、开标时间：20××年6月21日上午9:30（北京时间）。

十一、招标文件发售、投标文件递交及开标地点：××招标有限公司（地址：××市安南路民利大厦11楼，邮编312×××）。

十二、凡对本次招标有疑义的，请以信函、电话、传真或来人与我公司招标部联系，联系人：郑先生、蒋小姐，联系电话：××××××××（总机），传真：××××××××。

十三、开户行：中国工商银行××市××支行，户名：××招标有限公司。

账号：140603×××××××7059。

××招标有限公司
20××年5月28日

【评析】 以上是较为规范的招标公告，开头交代采用公开招标方式，主体部分具体写明了招标项目、要求以及投标、开标等相关情况。全文以条款式拟写，条理清晰，语言简明扼要，很好地体现了招标文书的写作要求。

【案例二】

××大学2022年图书资料采购协议供应商招标书

第一章 投标须知

一、项目名称：××大学图书馆中文图书资料年度协议供应商招标。

二、招标方式：采取公开招标的方式，确定中标单位；标段按年度图书订购类别分为医药卫生专业性图书、综合性图书两个标段。

三、投标人资格和条件

（一）投标人应具有独立法人资格，在国内注册的经营国家正式出版物的中文图书经销商。

（二）投标人应承担投标及履约中应承担的全部责任与义务。

（三）综合图书供应商注册资金不少于100万元人民币。

（四）投标人应为企业法定代表人或有法人代表书面委托书的委托代理人，委托书应为原件，必须有法人代表的签名（或私章）并加盖公章，复印件无效。

（五）投标人必须提供投标资格文件。

（1）有效的营业执照副本复印件。

（2）投标人的身份证复印件。

（3）法定代表人的身份证复印件。

四、投标文件的封装

投标人须按投标文件组成的要求制作标书，投标文件（正副本各一份）以密封形式（封口加盖投标单位公章）递送。未按本要求密封和投递的投标文件，招标方有权拒收。

第二章 招标项目要求

一、供应商资质及技术要求

（一）图书供应商应为专门从事图书经销的法人单位，注册资金不少于100万元（医药卫生专业除外），所经销的图书和出版物均为国家正式出版物。

（二）供应商具有全国性的图书采购网络，经营图书品种丰富，综合图书供应商须与全国400家以上的图书出版单位有直接供货关系。

（三）供应商需要具有做大型图书馆团体供应的条件和经验；要有较大的后备仓库和团体选购的场所；现货供应品种在1万种以上。

（四）有从事书目数据加工业务的专业人员，能提供图书的标准MARC数据，数据中应该包括读者对象和图书内容介绍（数据要求参见《中国机读目录格式使用手册》《CALIS联机合作编目手册》），每月提供的书目数据不少于4 000条，提供的所有数据能在需方系统无障碍地使用。

（五）供应商应建有功能较完善、性能稳定的专业化图书电子商务网站，便于供需双方通过网络开展业务工作。

（六）供应商应提供符合国家财税法规要求的售书发票。

二、服务要求

（一）定期及时免费提供各地各类型出版社及其他专门的图书目录及报价。

（二）供应商应保证85%以上的预订图书到书率和95%以上的现采图书到书率，其中80%图书的到书周期应控制在45天之内。

（三）现场采购图书时，供应商应该提供人员、设备方面的便利。

（四）供应商不得更换图书馆的预订和现采的图书订单，不得搭配非需方订购的图书。

（五）供应商在收到图书订单后应及时进行订购处理，并按需方要求将加工好的图书及时发送到需方指定地点，为此所发生的费用全部由供应商承担。

（六）供应商必须按需方订购的图书品种、数量及时供货，除推迟出版或发生影响合同履行的不可抗力情况以外，若不能按时供货的图书种数或册数超过订单订购数的15%，即可以认定该供应商不具备供货条件，需方有权要求终止供货，因终止供货而造成的损失由供应商承担。需方有权采取相应的补救措施（如直接向出版商邮购图书或向其他供货商补订图书），由此给需方造成的各项损失或增加的各项费用（如折扣损失、邮费、数据费、加工费）等均由违约的供货商承担。

（七）送交到需方的图书与订单不符，可以予以退货。若发现有污损、图文不清、缺页、倒页、缺附件等质量不合格的图书，一律予以退换，不能以已加工为理由拒绝。由此造成的损失及费用由供应商承担。

（八）供应商在处理订单时，如实际书价超出订单书价15%，应及时与需方沟通；凡送交到需方的图书，以图书定价作为计算书款的依据，经验收发现书款与发货单不相符的，需方及时通知供应商核算，供应商接到通知之日起10个工作日内不予核算，则以需方验收的实际数额计算书款金额。

（九）供应商如在品种或数量上不能达到需方的要求，则应在收到订单45天之内向需方反馈未订到图书的信息。

（十）供应商应能提供诸如免费粘贴磁条、盖馆藏章等图书浅加工方面的配套服务。

（十一）供应商应根据需方实际工作运行过程中发生的情况，提供相应的服务保障。

第三章　投标文件要求

一、投标文件内容要求如下：

（一）投标函：项目名称、投标文件内容、投标声明与承诺。

（二）标书所要求投标人提供的所有资格证明材料。

（三）图书供应价格折扣率。

（四）服务承诺书。

（五）图书数据的格式及运行要求。

（六）投标人的资产经营状况及经营规模情况。

（七）投标人的主要图书采购网点分布情况。

（八）投标人的学科优势、行业优势、地域优势。

（九）投标人图书供应的网络环境（计算机网络或网站）。

（十）投标人图书供应的用户分布和业绩概况。

（十一）投标人开户名称、开户银行、账号及传真、电话、网站、E-mail等联系方式。

（十二）投标人认为有必要提供的声明及文件资料。

二、投标人应仔细阅读招标书的所有内容，按招标书的要求提供投标文件，并保证所提供的全部资料的真实性。

第四章 投标报价

一、报价指图书、随机附件（光盘、软件等）、运抵指定交货地点费用、有关服务和所有税费的总和。

二、投标应以人民币报价，按年度图书订购码洋分为20～80万元（医药卫生专业图书供应商）、80～100万元（综合图书供应商）、100～120万元（综合图书供应商）、120万元以上（综合图书供应商）分别报价。

在满足本标书要求的所有服务前提下，投标方承诺的购书折扣率：

购书码洋（万元）	折 扣 率	免费服务内容	备　注
20～80（含80）			
80～100（含100）			
100～120（含120）			
>120			

××大学集中采购管理中心
20××年1月2日

【评析】上述招标书分投标须知、招标项目要求、投标文件要求、投标报价四章，眉目清楚、内容具体，使投标人对招标项目、招标方式以及具体要求一目了然。

【案例三】

投 标 书

×××工程指挥部：

根据××市××局××建设工程招标管理处20××年×月×日发布的《××广播电视中心办公楼建设安装工程招标公告》，以及××省建筑设计院设计的图纸内容，我公司具备承包施工条件，决定对以上工程进行投标。

本公司经历了长期建筑安装工程实践，于20××年企业整顿验收合格，20××年经省建委审定为一级建筑安装施工企业。公司现有职工×××人，共设有建筑安装××个分公司，并配有全钢架现浇、大弯度钢架、预应力工艺等项目的施工能力和经验，具备大型土方石工程、建筑工程和水电安装工程总承包施工能力。

如对方接受我方投标，我们决心在此建筑工程中以全面质量管理为核心，严格编制施工组织设计程序，发挥企业固有的优势，保证缩短工期，力争在该项目上创优良、优质工程。

一、工程标价

预算总造价为五千五百万元，标价在预算总造价的基础上降低1%，即五万五千元（详见报价表）。

二、建设工期

如果我方中标，在接到"中标通知书"后十五天进场，做好开工前的一切准备工作。20××年×月×日正式破土动工，20××年×月×日竣工，总工期为××个日历工作天（详见进度计划）。

三、合理的施工措施

（一）计划控制：采取总进度计划控制与土石方工程平衡调配和主车间平行，主体交叉流水网络计划控制相结合。

（二）制定质量目标，坚持TQC管理方法，建立各单位工程中分部、分项工程质量预控网络体系。

（三）健全技术档案，做到技术资料"十二有"，提高施工管理科学性。

（四）安全生产，搞好安全教育，加强安全检查监督，防范事故于未然。

（五）加强职工队伍思想政治教育，增强劳动纪律，讲究职业道德。

（六）各工种工程，分部分项实行挂牌施工，落实岗位责任，推行栋号承包。

四、如果我方中标，我们将按合同价格的百分之十出具履约保函，以保证合同的正常执行。

五、在正式合同制定和签署前，本投标书连同您方的书面中标通知书应视为约束我们双方的合同。

六、建议

建设过程中如有设计变更、材料串换、代用等现象出现，相互间都应本着实事求是的原则处理。

我们理解您方有权不接受最低标价的投标，或者其他任何你们可能收到的投标。

与本投标书有关的一切正式联系地址、电话等如下：

地址：××××××××××

电话：×××××××××

传真：×××××××××

邮编：××××××

电子邮箱：×××××××××

联系人姓名、职务：××××××

投标人：（加盖公章）

签字人：（授权代表）×××

签字日期：×年×月×日

【评析】这是一份内容详细、完备的投标书。在正文的前言中，交代了投标依据并将投标单位的基本情况进行了详尽的说明，突出介绍了以往工作的主要成绩以及获得的荣誉称号，初步表明了自身的优势。在前言部分的最后，表明了对本项目投标的态度。在正文主体部分中，首先对该项目的基本情况做分析，包括工程预算及建设工期，具体提出了自己制订的施工措施以及所做的承诺。最后，对招标单位也提出了互谅要求。应该说，这是一份比较具有代表性的投标书文本。

相关能力拓展

招标、投标的程序

一、招标

根据《中华人民共和国招标投标法》的规定，招标项目按照国家有关规定需要审批手续的，

应先履行审批手续,取得批准;招标人应有进行项目的相应资金或资金来源已落实,并应在招标文书中如实载明。招标工作包括:

1. 确定招标方式

招标方式分为公开招标和邀请招标。

(1)公开招标。这是一种无限竞争的招标方式。招标单位通过各种渠道在一定范围发布招标的信息,吸引有资格的企业或者个人参加投标,在机会平等的条件下,将招标文件售卖给他们,并组织其参加投标活动。

(2)邀请招标。这是一种有限的招标方式。招标单位经过一定的考察,根据工程或者项目的具体要求,邀请行业内的若干单位前来投标。招标邀请书发出后,招标单位需要对投标单位的资格进行预审并召开标前会议,然后进行投标和开标的一系列活动,最后对标书进行评审,择优选择中标单位。对于邀请来的落标单位,或者退回押金,或者给予投标补偿金。

国务院发展计划部门确定的国家重点项目和省、自治区、直辖市人民政府确定的地方重点项目不适宜公开招标的,经国务院发展计划部门或者省、自治区、直辖市人民政府批准,可以进行邀请招标。

2. 确定是自行招标还是委托招标

委托招标需向有资格的招标代理机构办理委托手续,填写委托书,提供技术资料和有关文件;交纳保证金,与代理机构一起确定招标类型、定标程序。

3. 发布招标信息

如公开招标,在国家指定的报刊、信息网络或者其他媒介发布招标公告。

如邀请招标,应当向三个以上具备承担招标项目的能力、资信良好的特定法人或其他组织发出投标邀请书。

招标人不得以任何不合理的条件限制排斥潜在的投标人,不得对潜在的投标人实施歧视待遇。

4. 出售招标文件

在公告或邀请书规定的时间、地点发售招标文件。招标文件应当包括项目的技术要求、对投标人资格审查的标准、投标报价要求和评标标准等所有实质性要求和条件以及拟签订合同的主要条款。招标人应当确定投标人编制投标文件所需要的合理时间;但是,依法必须进行招标的项目,自招标文件开始发出之日起至投标人提交投标文件截止之日止,最短不得少于20日。

5. 勘察项目现场

如有必要,可组织潜在投标人勘察项目现场。但不得向他人透露已获取招标文件的潜在投标人的情况。

二、投标

投标人应当具备承担招标项目的能力,两个以上的法人或其他组织可以组成一个联合体,以一个投标人的身份共同投标,签订共同投标协议,约定各方承担的工作和责任,将协议与投标文件一并上交招标人，共同与招标人签合同。投标过程包括：

1. 编制投标文件

投标人应按照招标文件要求，对招标文件提出的实质性要求和条件做出响应。投标文件包括：

（1）投标书。

（2）投标人资格、资信证明文件。

（3）投标项目方案及说明。

（4）投标项目数量、价目表。投标人不得以低于成本价的报价竞标，不得相互串通投标报价。

（5）招标文件中规定应提交的其他资料或投标人认为需要加以说明的其他内容。

2. 提交投标文件

投标人应当在招标文件要求提交投标文件的截止时间前将投标文件正本、副本送到规定地点，同时交纳投标保证金。招标人应当签收保存，不得开启，投标人少于三个的，招标人应当重新招标。

三、开标

开标应当在招标文件确定的提交投标文件截止时间的同一时间公开进行，开标地点应当为招标文件中预先确定的地点。开标由招标人主持，邀请所有投标人参加。开标时，由投标人或其推选的代表检查投标文件的密封情况，也可以由招标人委托的公正机构检查并公证，经确认无误后，当众拆封，宣读投标人名称、投标价格和投标文件的其他主要内容，同时记录，存档备查。

四、评标

评标由招标人依法组建的评标委员会负责。评标委员会成员为5人以上的单数，其中技术、经济等方面专家不得少于总数的2/3，专家须从事相关领域工作满8年并具有高级职称或具有同等专业水平，由招标人从国务院有关部门或省、自治区、直辖市有关部门提供的专家名册或招标代理机构的专家库内的相关专业的专家名单中确定，一般招标项目可以随机抽取，特殊招标项目由招标人确定，与投标人有利害关系的人不得进入评标委员会。中标结果确定前评标委员会成员名单应保密。

评标委员会评标后应向招标人提出书面评标报告并推荐合格的中标候选人，也可直接确定中标人。中标人应能够最大限度地满足招标文件中规定的各项综合评价标准和实质性要求，经评审的投标价格最低，但低于成本价的除外。

评标委员会经评审，认为所有投标都不符合投标文件要求的，可以否决所有投标。

五、定标

招标人向中标人发出中标通知书，中标通知书具有法律效力。同时将中标结果通知未中标的投标人，向未中标的投标人退还保证金。

依法必须进行招标的项目，应在确定中标人之日起 15 日内，向有关行政监督部门提交招标投标情况的书面报告。

六、签约

招标人与投标人应在中标通知书发出之日起 30 日内，按照招标文件和中标人的投标文件签订书面合同。

模块小结

◎ 计划写作应切实可行，结合实际，内容具体、明确，尤其是措施、办法与步骤，要具体、明确、有序，条理清楚，具有可操作性和可检查性。

◎ 策划书没有固定不变的模式，重在创意，要结合实际，学会灵活运用。专题活动策划的基本要求是：主题明确，内容具体；时机恰当，规模适中；形式新颖，组织周密；符合公众心理，赢得社会支持。

◎ 广告重在创意，要把握市场趋势、抓住特点、把握消费者心理。完整的广告文案由四个部分组成：标题（直接标题、间接标题、复合标题）、广告语（广告口号）、正文（述介体、描写体、问答体、对话体、文艺体……）和广告随文。

◎ 商品说明书与商业广告不同，商品说明书采用平实的说明方法，介绍商品的性能、特征、功效、使用方法等，随商品一起到达消费者手中。

◎ 市场预测报告是对未来市场趋势的推断，与计划、调查报告均不同。常用预测方法有定性预测和定量预测。预测报告的一般结构为现状分析—分析预测—结论、建议。

◎ 无论是招标文书还是投标文书均具有法律效力，因此写作必须规范、慎重。

应知、应会目标鉴定

一、应知目标鉴定

1. 正确说出策划书的特点和写作要求。
2. 正确说出计划主体的三要素和常用的几种结构模式。
3. 利用互联网或其他途径查找企业计划，营销策划书，专题活动策划书，广告文案，商品说明书，市场预测报告，招标、投标文书等文书写作案例，并做出相应评析。
4. 正确说出广告文案的组成要素以及相应的含义。
5. 正确说出常用预测方法和预测报告的写作结构。
6. 运用广告文案写作知识分析下面的广告文案。

黑松天霖水电视广告文案

游戏的水（画面为游泳池中的水）

补充的水（画面为输液的药水）
冒险的水（画面为托起小船的海水）
享乐的水（画面为酒）
成长的水（画面为奶瓶中的乳汁）
发现一瓶好水——黑松天霖水。

××H8018手机平面广告文案
第一则

所以我忘了女友的生日
所以我忘了接老板
所以我忘了存折密码
所以我忘了到底还忘记了什么
因为我忘了带手机
绝对难忘的××H8018新上市

第二则

第一只手机丢在新装上市
第二只手机丢在圣诞疯狂打折季
第三只手机丢在试衣间
第四只手机……
我发誓再也不去买衣服了
爱不释手的××H8018新上市

7. 阅读以下说明书的要点，并根据说明书写作知识进行点评。
（1）吹风机："睡眠时请勿使用。"
（2）点心（印在盒子底部）："请勿倒置。"
（3）儿童止咳药（2～4岁儿童专用）："服用后请勿开车。"
（4）罐装花生："警告——内含花生。"

二、应会目标鉴定

1. 联系实际写一份规范、具体的大学学习、生活计划。
2. 2～3位同学合作写作一份专题活动策划书，内容可以是校园文化节、红五月活动、毕业生离校活动、学生自主创新成果展示活动、校庆活动或其他有意义的活动。要求原创，具体可行，结构完整，语言通顺，表意明确。
3. 根据下列要求设计一份原创性的广告文案：
（1）为一个产品（可以是自己创设的新产品）设计一份平面广告文案。要求结构完整、内容创新，可配合图案。
（2）为所在的学院设计一份广告文案。要求抓住学院特色，内容创新，吸引人。
（3）为自己创意的专题活动设计一份广告文案。要求围绕活动主题，增加活动的感染力、号召力。
4. 为自己创设的新产品写一份说明书。
5. 市场营销和管理类专业学生根据具体情景写作简单的预测报告，其他专业的学生能通过互联网或其他途径搜集预测报告的案例并做出正确评析。

6. 对自己感兴趣的当地某专业市场做调查，在此基础上写一份该市场发展前景的预测报告。

7. 分析下面这段市场预测报告（节选），指出它的特点和各部分构成，以及所用的预测方法。

20××年LED产业八大趋势预测（节选）

未来一年LED的发展，将面对更多的机遇与挑战，这期间LED企业的经营策略尤为重要。结合环境优势，做专品牌，实现规模效应是未来LED企业应对市场风险的有效途径。对于20××年，LED产业有六大预言。

一、20××年LED开始动真格洗牌

国内LED行业经过前几年的发展，在技术、规模、产品等方面都取得了长足的进步，但是也面临着很多问题，LED产能过剩、企业数量众多、产品性能不同、价格战愈演愈烈，很多企业没有一个清晰明确的企业和产品定位。

据九正建材网了解，未来五年LED产业将会大洗牌，不管是上市公司，还是国企、民企，未来五年，都将面临非常严峻的形势。尤其是在未来三年，LED行业大鱼吃小鱼，快鱼吃慢鱼，将是产业的常态，因为市场的空间就那么大，这也是市场规律的必然结果。非上市公司可能基本上被淘汰或整合。

二、全球LED光源替换潮将正式启动

在快速发展的LED照明市场中，照明厂商纷纷通过收购通路与技术来整合资源、提升竞争力。目前照明厂商多半搭配各种无线传输技术以及整体智慧控制技术，甚至是搭配各种再生能源的绿色建筑解决方案，因此未来商机相当庞大。此外，品牌形象提升可扩大照明厂商议价空间，也可以摆脱持续杀价竞争的窘境。

三、20××年LED照明产品出货年增七成，产值达178亿美元

全球市场LED照明渗透率正在快速提升，20××年LED照明产值将达178亿美元，整体LED照明产品出货数量达13.2亿只。LED行业机构表示，全球LED照明产品替换由价格快速下降所致，其中以替代型光源产品最为明显，球泡灯和灯管是最受市场欢迎的替换光源类型，分别占20××年LED照明产品的38%和25%。

此外，一体式的LED照明产品类型未来需求将逐渐崛起，特别是结合智能照明应用的产品，因此预期20××年LED照明产品比重将可望逐年提升。

四、20××年FlashLED市场走势将呈现M型化

FlashLED在智慧型手机的渗透率已达100%，看准Flash商机，LED业者积极投入Flash市场。20××年以前，FlashLED的规格以驱动电流1 000mA、500mA与350mA为主流，而20××年FlashLED的规格将走向M型化发展，驱动电流1 000mA、亮度在240～250lm的FlashLED将持续扮演中高阶的主流，客户若有降低成本考量，加上导入机款为中低阶机种，FlashLED的采用将会落在驱动电流350mA、亮度在75lm以下的规格。

五、20××年直下式电视渗透率逾六成，冲击LED背光产值

20××年LEDTV渗透率在我国电视厂的带动下达到95%水平，20××年预计将全面取代CCFL，全年电视出货量估计达2.09亿台，年成长率为3%。然而20××年电视LED背光产值预估为24.1亿美元，年成长率反而衰退17%，主要原因为直下式电视使用LED颗数较侧光式机种少五成左右，而20××年直下式机种渗透率将高达六成，是导致整体LED电视出货

成长，LED产值却下降的主要原因。

六、价格持续下降，照明需求将大增

近两年，全球照明市场开始显现"禁白"效应，同时受到上游芯片技术提升和价格快速下降影响，LED照明与传统照明产品之间的差距逐渐缩小，下游LED照明产品价格下降已成为不争的事实。当前，LED照明产品的价格正以每年20%左右的速度下降，许多区域无论是取代40W或是60W的LED球泡灯最低售价甚至都已经低于10美元，渐渐逼近传统节能灯的价格。

据全球研究机构统计，20××年10月份全球取代40W的LED产品部分价格下降较为明显，各区域品牌灯具最低价格都已跌破10美元，且不同区域间产品均价差距正在逐渐缩小。尤其在英国地区，呈现11%的大幅下跌。部分原有高价品项价格下调，低价品项则继续走低。

8．两位同学合作，一位写一份招标文书，内容可选你就读的学校一座建筑大楼装修或购置某大宗实训设备等，必须符合招标文书的写作规范；另一位按照第一位同学所写的招标文书，写一份投标文书，内容必须与招标文书相对应，并且符合投标文书的写作规范。

module 6
模块六
总结调研文书写作技巧

应知目标

- 认识总结、调研文书在日常工作、学习中的作用，了解常用总结、调研文书写作的格式和要求。
- 能够区分总结、述职报告，懂得它们的写作要领。
- 熟悉经济活动分析报告、简报的写作要领。
- 熟悉专业论文的特点与写作要领。
- 熟悉常用调查方法、懂得调查报告的写作要领。

应会目标

- 能根据实际需要写作总结、述职报告。
- 能结合专业领域写作简单的经济活动分析报告。
- 能编写规范的简报。
- 能写作有一定价值的调查报告。
- 能结合专业实际写作规范的专业论文。

素养目标

- 学会在总结经验的过程中发现成功的规律，在不断修正自身短板的过程中实现德技兼修的和谐职业人发展目标。
- 通过学习述职报告等，树立德勤绩廉和谐发展的人生追求，培养爱岗敬业精神。
- 通过编写简报、撰写调查报告等，培养深入基层掌握实情的良好习惯，养成严谨务实的做事风格。

- 通过学习经济活动分析报告、专业论文等，养成关注国内外经济形势的良好习惯，学会严谨务实、尊重规律、顺势而为。
- 通过学习专业论文，培养对自己所学专业的热爱之情，善于从专家学者的研究成果中提升专业知识和能力水平。

单元一　总结的写作

情景导入

海宁市××经编有限公司成立20周年庆典系列活动取得了圆满成功。公司决定召开一次总结会，每个部门做10分钟汇报交流，总结经验，彰显亮点，畅谈体会。总经办主任让陈婷起草本部门的工作总结。陈婷因参与了庆典活动的全过程，感觉有很多东西可以写，但只有短短的10分钟时间，如何将本部门工作亮点凸显出来呢？陈婷陷入了沉思。

思考： 你认为总结过去对今后的工作有什么作用？陈婷的这份总结应该突出哪些工作内容？

必备知识

一、总结的含义

总结是单位或个人对以往的实践活动进行全面、系统的回顾、分析、研究和评价，从中找出成绩、问题、经验和教训，揭示出规律性的认识，进而指导今后工作的一种事务文书。

计划和总结是管理活动中一对前瞻后顾的链接，计划是事前做设想和安排，解决"做什么""怎么做"的问题，总结则是做事后的分析，回答"做了什么""做得怎样"和"为什么这样"等问题。总结和计划既互相依赖又互相作用，没有对以前工作系统、深刻的总结，就很难制订出切实可行的计划。

总结与报告也有一定的联系，它们都需要客观、全面地反映实际情况。但总结是为"自我"（本单位、本部门）而写，通常在内部流通，除了介绍、推广经验外，一般不需向外公布。报告则是写给上级或有关部门人员看的，如果向上级汇报工作、反映情况，要用"报告"而不是"总结"。从表达上看，总结采用夹叙夹议的方法，通过分析评议，得出经验教训；而报告则以叙述为主，力求客观反映情况。

二、总结的特点

1. 客观性

总结是对本组织或个人有关情况的回顾，应该以客观事实为依据，真实、客观地分析情况、解决问题、总结经验，不允许虚构和编造。

2. 概括性

总结是将感性认识上升为理性认识的过程，在分析事实材料的基础上，比较、归纳、提炼出规律性的认识，即对纷繁复杂的现象进行分析、综合，概括出事物的存在和变化规律，从而提高认识、推广经验、吸取教训，更好地指导今后的实践活动。因此，总结不是记流水账，而是从复杂的现象中探求事物发展变化的必然性，是对实践活动认识的提高与飞跃。

3. 指导性

总结的目的是在客观回顾过往的基础上，扬长避短，着眼于对未来实践的深化与优化。

三、总结的种类

（1）按照性质分，有综合性总结和专题性总结。综合性总结又称全面总结，是对本组织一定时期内工作的全方位总结。专题性总结也称单项总结，是对某一专项工作的总结。

（2）按照内容分，有工作总结、思想总结、学习总结、生产总结等。

（3）按范围分，有地区总结、部门总结、班组总结和个人总结等。

（4）按时间分，有年度总结、季度总结、月份总结等。

（5）按写作目的分，有常规工作总结和经验总结。

能力技巧

一、总结的写作技巧

1. 标题

总结的标题有公文式标题、论文式标题、双行标题和提问式标题四种形式。

（1）公文式标题。公文式标题一般由单位名称、时间、内容摘要、文种构成。如"浙江××职业技术学院2022年教学工作总结"。有的标题省略单位名称或时间，如"企业改制工作总结"，其中省略的"时间""单位"等要素，往往在总结的落款中标明。

（2）论文式标题。此类标题一般要求概括总结的基本内容、范围或提示观点，表明经验。如"数字化改革是提升现代企业核心竞争力的必由之路"。

（3）双行标题。双行标题由正题和副题构成，正题点明主旨，副题具体说明总结的单位名称、时限、内容和文种，或只说明内容和文种，如"沙漠中的绿色长廊——塔克拉玛干沙漠公路绿化工程总结"。

（4）提问式标题。这种标题一般用于经验总结，如"浙江如何探索共同富裕路径？"。

2. 正文

和其他应用文体一样，总结的正文也由前言、主体、结尾三部分构成。

（1）前言。前言主要概述基本情况，对过去的工作予以概括交代，包括工作的时间、地点、背景、总体收获，对以往工作的基本评价等，给读者一个总体印象。这一部分内容是对基本成绩的总评价，所以写作时应简明扼要。

企业的总结开头往往用数字来说明取得的总体成绩和收获，如《××集团公司20××年工作总结》开头：

　　20××年，对于集团来说，是重大改革突破之年，是狠抓落实之年，是强化制度执行、风险管控之年，是服务基层之年，更是丰收之年。一年以来，集团上下积极适应经济发展新常态，围绕年初董事会确定的"一体两翼"发展战略、工作方针和目标任务，向市场要潜力，向管理要效益，利润总额、净资产收益率等核心指标实现了较好增幅。据快报显示，20××年实现营业收入2 143.64亿元，同比增长11%；利润总额24.32亿元，同比增长48.43%；进出口总额（含转口）48.91亿美元，其中出口9.98亿美元，同比增长28.19%，营业收入、利润总额和进出口总额均创历史新高；净资产收益率11.45%，同比提高2.45个百分点；资产负债率同比下降9个百分点以上。总体运行稳中有进、快中提质，主要指标创造了历史同期最好水平，许多工作有了新的亮点和突破。

　　（2）主体。这是总结最核心的内容，主要包括成绩、经验和体会。这部分内容主要介绍工作取得了哪些成绩，这些成绩是如何取得的，采取了哪些方法和措施，收到了什么效果。一般要用具体事实和数据表述出来，从中归纳出带有规律性的经验。

　　这部分内容要求观点明确、突出，材料典型、充实，观点、材料相统一。同时注意点面结合，不能就事论事，应把那些感性的材料提升到理性高度，总结出鲜明的观点，做到叙述、说明、议论相结合。

　　这部分内容比较多，所以应做到结构清楚、层次分明。常见的结构形式有以下三种：

　　1）按照工作的模块划分层次。如学生总结往往分德育、智育、体育、美育、劳动教育等几个模块写；企业的总结分生产情况、销售情况、经营管理情况、党建和企业文化建设等几个模块写。

　　2）按照概括的几条经验划分层次。经验总结往往采用这样的结构，如《抓好"三个一"工程　推进企业可持续发展》一文主体结构就是由三条经验来贯穿：

　　一、探索建立一套灵活、有效的机制，是推进企业可持续发展的关键。

　　二、形成一个不断变革创新的思路，是推进企业可持续发展的保证。

　　三、培育一支优秀的管理团队，是推进企业可持续发展的基础。

　　3）按照做法、成绩、经验或体会的先后顺序划分层次。内容较为复杂的总结往往采用这种结构，如《中国××联合总公司十年工作总结》的主体结构：

　　十年来，总公司及成员公司的职工发扬团结奋斗、艰苦创业、开拓进取的精神，公司发挥联合优势，不断发展壮大，成为我国广告界一家有影响的全国性广告公司，为向现代化广告公司发展奠定了良好的基础。我们的主要工作是：

　　一、统一思想认识，明确公司性质。（具体内容略，下同）

　　二、重视人员培训，提高职工素质。

　　三、注重创意策划，提供优质服务。

　　四、发挥联合优势，共同发展提高。

　　五、重视国际交流，拓宽发展视野。

　　六、注重理论研究，引领发展前沿。

　　通过上述工作，总公司发生了可喜的变化：

　　第一，成员公司不断增加。

第二，人员素质不断提高。
第三，经营业绩持续增长。
第四，策划能力不断提升。
第五，优质服务赢取客户。

总结十年实践经验，我们有以下几点体会：

一、目标一致、认识统一是我公司巩固、发展的前提。
二、明确方针、真诚团结是我公司巩固、发展的根本。
三、提升素质、优质服务是我公司巩固、发展的基础。
四、措施得当、行之有效是我公司巩固、发展的保证。

（3）结尾。总结的结尾一般写存在的问题、教训与今后的打算。经验总结一般省略结尾。

问题和教训一般也是总结中不可缺少的内容。问题，是在实践中感到应该解决而没有办法解决或没解决好的事情；教训，是指观念或做法不对而导致错误、损失，从而得出的反面经验。好的总结，既要摆成绩，又要找问题，既要推广经验，又要披露教训，使人有所启迪又有所警戒。今后的打算往往针对存在的问题和教训，对开展今后工作提出改进意见。这一部分要写得简略、中肯、有针对性。如《××燃料集团有限公司××年工作总结》的结尾：

在总结成绩的同时，我们也应看到存在的问题和不足：一是流动资金不足，已成为公司规模更上一个台阶的瓶颈。二是人才储备不足。无论在管理还是在业务上，长期以来的"重使用，轻培养"造成人才短缺，制约了公司业务的拓展和网点建设的突破，影响了公司的健康发展。三是管理粗放，体现在有章不循，监督乏力，缺乏责任感。有些分公司无视财务制度和公司规定，私设小金库，被查处；有些业务部门在拉煤过程中缺乏责任意识，煤炭被调包等。四是两端进销比例低。在进货总量中，直接向煤炭生产企业进货比例不足50%，尤其是国家重点订货合同的兑现率仅44.1%；销售总量中，直接销售给终端用户的比例不到60%。

今年我们跨出了快速增长的第一步，但是一时的增长可以做到，持续的增长才至关重要。新的一年，我们将进一步坚定信心，同心协力，开拓进取，争取在以下几个方面有所突破：一是进一步提高内贸直供比例和进出口自营比例；二是进一步落实公司内部资源互补、销售网络完善、客户资信评价体系；三是进一步引进充实经营管理后续人才、新板块专业型人才；四是进一步优化公司治理，引进优质资源，强化风险管控和廉洁风险排查，落实"一岗双责"，激发各部门、子公司勤奋干事、激情创业的责任意识，营造安全稳定的发展环境。

3. 落款

写明单位或个人，总结日期，如标题中写明单位，落款处可以省略。

二、总结的写作要求

（1）要点面结合，详略得当，抓住重点。
（2）要就事论理，概括出规律性的东西。总结并不是简单罗列现象，记录数据，介绍实例，而要以个别来揭示一般。
（3）要实事求是，切忌虚假，不能报喜不报忧，只谈成绩、经验，不谈问题、教训。
（4）语言要质朴、简练、准确，避免散文化语言或空洞的套话。

> **案例评析**

浙江省人民政府2021年工作总结

一、2021年主要工作和成效

一年来，我们坚持以习近平新时代中国特色社会主义思想为指导，全面贯彻党的十九大和十九届历次全会精神，深入贯彻习近平总书记重要指示批示精神，认真落实省委工作要求和省十三届人大五次会议确定的目标任务，坚持稳中求进工作总基调，完整准确全面贯彻新发展理念，忠实践行"八八战略"、奋力打造"重要窗口"，争创社会主义现代化先行省，高质量发展建设共同富裕示范区，经济社会发展取得新成绩。全省生产总值7.35万亿元、增长8.5%，一般公共预算收入增长14%，城乡居民收入分别增长9.2%、10.4%，十方面民生实事圆满完成。

（一）共同富裕示范区建设扎实开局

高质量发展建设共同富裕示范区是以习近平同志为核心的党中央赋予浙江的光荣使命和重大政治任务。党中央、国务院专门出台支持意见，为浙江发展带来前所未有的历史机遇。我们认真落实中央重大战略部署，制定出台实施方案，编制重点任务、突破性抓手、重大改革、最佳实践等"四张清单"，谋划实施扩中提低等重大改革，启动28个首批共同富裕试点，承接财政部、民政部等15个国家部委的专项支持政策，40余家省级部门出台配套落实政策，重点突破、合力推进的良好态势全面形成。

（二）高质量发展水平有效提升

科技创新和产业提升联动推进。深入实施人才强省、创新强省首位战略，之江实验室纳入国家实验室体系，新增甬江、瓯江两家省实验室，研发投入强度达2.9%，"冰光纤"被列入2021年中国科技十项重大突破，新增两院院士5名、省领军型创新创业团队40个，成功举办2021年世界青年科学家峰会并取得丰硕成果。启动实施新一轮制造业"腾笼换鸟、凤凰涅槃"攻坚行动，规上工业增加值增长12.9%，高技术产业、战略性新兴产业增加值分别增长17.1%、17%，规上工业亩均税收增长16.3%。加快推进"5G+工业互联网"工程，启动实施36个产业集群新智造和33家"未来工厂"试点，数字经济核心产业增加值增长20%。深入开展质量提升行动，成功举办中国质量（杭州）大会，宁波舟山港集团获中国质量奖，实现我省中国质量奖"零"的突破。

市场主体活力持续激发。全面落实各项惠企政策，实施减税降费直达快享，全年为企业减负超过2 500亿元。加大金融支持实体经济力度，民营经济、普惠型小微企业、制造业中长期贷款分别增长18.2%、30.1%、47.1%。着力打造市场化、法治化、国际化营商环境，全年净增市场主体65.2万户，其中企业31.8万户，连续两年在"万家民营企业评营商环境"中位居全国第1。积极培育壮大市场主体，新增上市公司110家、单项冠军企业35家。

投资消费较快增长。积极扩大有效投资，深入推进"六个千亿"产业投资工程，全社会固定资产投资增长10.8%，其中制造业投资、技改投资分别增长19.8%、13.9%。努力提振居民消费，深入实施数字生活新服务行动，大力推进"浙货行天下"工程，实现快递进村全覆盖，社会消费品零售总额增长9.7%。

对外开放持续扩大。积极参与共建"一带一路"，深化自贸试验区创新发展，跨境电商、数字服务贸易等外贸新业态蓬勃发展，外贸进出口总额跃居全国第3，实际使用外资增长

16.2%,"义新欧"中欧班列增长36%。宁波舟山港货物吞吐量连续13年全球第1,成为全球第3个3000万级集装箱大港和第六大加油港。

生态环境质量持续改善。实施治水治气治土治废治塑组合拳,省控断面Ⅰ~Ⅲ类水质占比提高1.3个百分点,设区城市空气质量优良天数比率提高0.8个百分点。八大水系及近岸海域生态修复深入开展,休渔禁渔和长江禁捕制度全面落实。启动建设首批11个低碳试点县、10个绿色低碳园区,全面开展"两高"项目清理整治。

(三)数字化改革引领体制机制重塑

数字化改革取得硬核成果。坚定不移把数字化改革作为全面深化改革的总抓手,有力推动省域治理质量变革、效率变革、动力变革。省市县三级一体化智能化公共数据平台全面上线,"浙江外卖在线""浙江e行在线""车辆检测一件事""民生关键小事智能速办"等一大批标志性应用上线运行,"浙里办"日活跃用户260万,全省依申请政务服务事项"一网通办"率达85%。

重点领域改革多点突破。推进完善陆海区域协调体制机制、知识产权保护全链条集成改革、深化国有企业混合所有制改革、"大综合一体化"行政执法改革等13项重大改革,涌现了一批具有浙江辨识度的重大改革成果。实施加强监管促进平台经济规范健康发展的意见,创新推出"浙江公平在线",垄断和不正当竞争违法行为得到有效遏制。

(四)区域城乡协调发展成效明显

长三角一体化扎实推进。强化全省域全方位融入长三角,24项一体化协同事项加快落地。共同组建长三角自贸试验区联盟,积极建设长三角期现一体化油气交易市场。加速数字长三角建设,105项政务服务事项实现跨省通办,30类高频电子证照实现互认。

"四大"建设呈现新亮点。积极提升大湾区平台能级,推动特色小镇规范健康发展,20个"万亩千亿"新产业平台加快建设,开发区(园区)数量从1059个整合至134个。加快打造诗画浙江大花园,发布首批8个大花园示范县和16个"耀眼明珠"。加快大通道建设,建成杭台高铁、金台铁路、杭海城际、杭绍城际、宁波舟山港主通道等一批重大项目。增强四大都市区集聚辐射功能,唱好杭州、宁波"双城记"五年行动计划落地实施。

山区和海洋加快成为新增长点。实施山区26县跨越式高质量发展支持政策,26县全体居民人均可支配收入增幅高于全省平均水平。实施加快海洋经济发展建设海洋强省政策意见,海洋生产总值增速高于经济增速1个百分点。打造山海协作工程升级版,实施山海协作项目369个、完成投资460亿元。

乡村振兴和新型城镇化协同推进。持续深化"千万工程",农村人居环境显著改善。启动科技强农、机械强农行动,坚决整治耕地"非农化""非粮化",粮食总产量增长2.5%。推进新时代美丽城镇建设,启动建设城乡风貌样板区212个,新增未来社区创建221个,改造老旧小区814个。加快城市公共服务向农村延伸,县域医共体建设成熟定型、能力提升,教共体结对学校覆盖全部乡村和60%镇区学校。

(五)民生保障和社会治理持续加强

民生福祉不断增进。坚持就业优先,城镇新增就业122.4万人,帮扶困难人员就业12.9万人。企业职工基本养老保险省级统筹制度进一步规范,城乡居民最低生活保障年标准达到1万元以上。建设筹集保障性租赁住房17.4万套,建成棚改安置住房10.8万套。新改扩建农村普惠性幼儿园113所、新增学位3.75万个,新改扩建中小学116所、新增学位15万个；落地实施"双减"政策，义务教育学校全部开展课后服务。国家传染病医学中心正式落地，国家儿童区域医疗中心挂牌运行；率先实施全省域医学检查检验结果互认共享改革，有效减轻了群众就医负担。"一老一小"服务稳步提升，新增乡镇（街道）居家养老服务中心365家、3岁以下婴幼儿普惠托位1.66万个。

文化体育建设扎实推进。全域打响"浙江有礼"品牌，全国道德模范评选表彰人数居各省（区、市）首位。深刻吸取教训，强力实施文物安全大排查大整治大提升攻坚行动。加快建设国家版本馆杭州分馆等文化地标，启动实施宋韵文化传世工程，成功举办仙都黄帝祭祀大典。新增中国重要农业文化遗产2项，累计数量居全国第1。之江文化产业带加快建设，旅游业"微改造、精提升"全面推进。扎实推进杭州亚运会、亚残运会筹备工作，场馆建设基本完成。我省体育健儿在东京奥运会、全运会等重大赛事中再创佳绩，东京奥运会金牌数位列全国第1。

平安建设持续深化。加强常态化疫情防控，累计接种新冠疫苗1.42亿剂次，打好疫情防控遭遇战攻坚战。有效防控重点领域金融风险，不良贷款率处于全国较低水平。强力推进重点领域"遏重大"攻坚战，生产安全事故起数和死亡人数分别下降12.9%、11.2%。加强防汛抗台工作，有效防御"烟花""灿都"台风。高质量完成建党100周年安保维稳任务。深入开展社会矛盾纠纷清源专项行动，全省诉求类信访量下降27.5%。常态化推进扫黑除恶斗争，持续打击电信网络诈骗犯罪、立案数下降31.3%。

支持国防和军队现代化建设，双拥共建扎实推进。民族宗教、审计、统计、广电、外事侨务、人防海防、史志档案、气象地震、援藏援疆援青和东西部协作等工作取得新成效，工会、妇女儿童、青少年、老龄、慈善、残疾人等事业取得新进步。

一年来，我们坚决贯彻全面从严治党要求，扎实开展党史学习教育，狠抓政府自身建设，努力打造整体智治、唯实唯先的现代政府。依法接受人大监督，自觉接受政协民主监督，认真办理人大代表建议和政协委员提案。持续加强作风建设，严格落实中央八项规定精神，坚决整治形式主义、官僚主义，基层负担有效减轻。

我们也清醒地看到，前进道路上还有不少困难和挑战。需求收缩、供给冲击、预期转弱三重压力在我省不同程度显现，经济发展面临很多不确定性，产业链供应链面临重构重塑，企业面临"缺芯""缺柜""缺工"和原材料价格上涨等问题；产业结构、经济结构与绿色低碳发展的要求还有差距；经济、金融、安全生产等领域仍有不少风险隐患，疫情防控形势严峻复杂；民生领域还有不少短板；一些政府工作人员的服务意识和工作能力还需要进一步增强。我们一定高度重视这些问题，采取更加有力措施认真加以解决。

二、2022年目标任务和重点工作

2022年工作的总体要求是：坚持以习近平新时代中国特色社会主义思想为指导，认真贯彻党的十九大和十九届历次全会、中央经济工作会议精神，忠诚拥护"两个确立"、坚决做到"两个维护"，坚持稳中求进工作总基调，完整准确全面贯彻新发展理念，加快构建新发展格局，忠实践行"八八战略"、奋力打造"重要窗口"，坚持以供给侧结构性改革为主线，统筹疫情防控和经济社会发展，统筹发展和安全，扎实做好"六稳""六保"工作，稳进提质、除险保安、塑造变革，确保经济运行在合理区间，确保社会大局稳定，推动高质量发展建设共同富裕示范区取得突破性进展、标志性成果，努力在新的赶考之路上为全国大局做出新的更大贡献，以优异成绩迎接党的二十大胜利召开。

（资料来源：2022年浙江省政府工作报告）

【评析】 这是 2022 年 1 月 17 日浙江省省长在浙江省第十三届人民代表大会第六次会议上做的政府工作报告（节选）。每年各级政府和企事业单位都要召开人民代表大会或职工代表大会，主要负责人都要向大会做工作报告，内容是过去一年主要工作成效的总结和本年度目标任务和重点工作。本文节选部分就是 2021 年浙江省人民政府主要工作成效的总结，开头概括介绍了工作的背景、取得的成绩，然后按工作的重点概括了五个方面的成绩，同时也提出了存在的问题和下一年的工作目标。全文逻辑关系清晰，有点有面，事实、数据材料充分，叙议结合。

单元二　述职报告的写作

情景导入

转眼到了年底，海宁市××经编有限公司收到了海宁市发改局年度考核通知。根据通知要求，各公司要上交班子述职报告，党政班子成员个人要围绕德、能、勤、绩，撰写年度书面述职报告，重点汇报一年来履行岗位责任的工作情况和实绩，并向公司全体员工进行口头述职，发改局将派人参加并主持述职会议，会后进行民主评议和考核测评。

思考： 读了上述材料，你对述职报告应该有了初步认识，那么述职报告与总结有什么联系与区别呢？学了本单元后，相信你能很好地加以区分。

必备知识

一、述职报告的含义

述职报告是指某一单位的领导或某一岗位工作人员，就任职期间的思想政治、业务能力与岗位职责执行情况，向上级、有关部门及下属陈述的自我述评性的书面报告。

这里所说的述职报告主要是指我国随着人事制度改革和国企体制改革而产生的由一定级别领导人员、高级管理人员所用的全新文体。1988 年中央组织部制定的《关于试行地方党政领导干部年度工作考核制度的通知》中，规定了各级领导干部需要做个人述职；2013 年中组部又发布了《关于改进地方党政领导班子和领导干部政绩考核工作的通知》，进一步完善了考核评价制度。目前，述职报告已成为党政机关、各企事业单位管理、考核和民主监督干部或高级管理人员的一种重要方式。撰写述职报告，可以对自己的任职情况加以回顾和反思，有助于监督领导干部和高级管理人员，提高其政治思想水平和业务能力，并为有关部门选拔任用、考核干部和高级管理员工提供依据，也有助于沟通干群关系，增强选用干部和工作人员的透明度。

此外，还有一类职称评定中的述职报告，是指每一位在职人员对自己工作履行的情况，即业务能力、学术水平，尤其是工作实绩的回顾与评价，作为评定职称的重要依据。

二、述职报告的种类

述职报告按性质可分为领导干部述职报告和职称评定述职报告。

领导干部的述职报告按不同的分类标准可划分为以下几类。

（1）按述职报告的用途划分，有晋职述职报告和例行述职报告。晋职述职报告即有关领导者或工作人员晋升更高一级职务时，必须向主管部门和领导报告履行岗位工作的情况；例行述职报告即担任一定岗位职务的人员，定期向有关组织和群众汇报工作情况，接受组织的考核与监督。

（2）按时间划分，有任期述职报告（即一届任职期间的总体工作情况）、年度述职报告（本年度任职期间的工作情况）和临时述职报告（根据需要或上级要求写任职期间某阶段工作情况）。

（3）按内容划分，有综合性述职报告（就任职期间工作的全面情况而做汇报）、专题性述职报告（就任职期间某方面的工作汇报）。

（4）按述职成员划分，有集体述职报告（即领导班子述职报告）和个人述职报告。

能力技巧

一、述职报告的写作技巧

述职报告一般由标题、正文和落款组成。

1. 标题

述职报告标题写法有两种：

（1）直接用文种名称作标题。即"述职报告"，这是最常用的一种标题形式。

（2）用全称标题或者省略某些要素。全称标题包括单位名称、职务、姓名、任职时间和文种，如"××财政厅×××任职期间的述职报告""浙江××职业技术学院党委班子2021年述职报告"等。

2. 正文

（1）称谓。即听取述职报告的对象，或是某个部门，或是负责人。

（2）正文。正文由开头（前言）、主体、结尾三部分组成。

1）前言。前言部分交代述职者的身份和职责：担任的职务、分管的工作、岗位职责等。例如，××公司总经理述职报告开头：

本人担任集团公司总经理，这是党组织的信任和集团公司广大干部员工的重托。按照总经理工作职责的要求，协助配合董事长，负责集团公司日常生产经营、企业管理、改革改制，具体分管财务资产管理部、流通部，负责联系××公司、××公司和××分公司等成员企业。现根据省纪委、省委组织部、省国资委党委的统一部署和要求，对照本人所担任的职务和领导班子的工作分工，做如下述职，请同志们评议。

2）主体。主体部分一般围绕自己岗位履行过程中"德、能、勤、绩、廉"等方面的表现，重点陈述自己的工作实绩。近年来，组织部门要求党政机关和企事业单位领导班子和个人在年度工作述职中体现述德述责述廉述法内容。

述德，是指政治、思想和道德品质的表现。

述责，主要体现在能、勤、绩方面的履职情况。能，是指业务知识和工作能力；勤，是指工作态度和勤奋敬业的表现；绩，是指工作的数量、质量、效益和贡献。

述廉，是指履行党风廉政建设"一岗双责"情况、遵守中央"八项规定"精神和廉洁自律情况。

述法，是指依法依规履行职责和尊法学法守法用法情况。

这部分要紧扣岗位职责，重在陈述自己忠于职守、履行职责的情况，包括做了哪些工作，效益如何，自己在集体中发挥的作用：是组织协调还是亲自指挥带头干，是决策还是提合理化建议。切忌总结整体工作，看不出自己的作用，或者把成绩只记在个人的账上。要选择具有较大影响的事件和突出政绩，不要事无巨细，写成流水账，也不要写自己的认识和思想活动。

3）结尾。述职报告的结尾一般写存在的问题和今后的改进措施或建议。这部分简明扼要地概括即可。

最后还可加上"专此述职""特此报告，请同志们评议""以上是我履行职责的情况，请领导、同志们批评指正"等结束语。

3．落款

述职结束应该署上述职人的姓名。署名可以写在标题之下，标明述职人本人的姓名和所在单位的全称，以示郑重；也可以署在文尾，同时写上述职日期或成文日期。

二、述职报告的写作要求

1．陈述工作实绩要"一分为二"

不要把述职报告写成经验总结，或者以偏概全，对缺点轻描淡写，而是要真实、客观地反映工作情况，肯定成绩的同时，也应指出不足。

2．要把集体的成绩与个人贡献区分清楚

在写作时，不要把个人的述职报告写成组织的工作报告。有些人写述职报告，容易把集体领导的成果都归功于个人工作的开展。应该明白，述职人只是领导班子的一员或工作集体的一员，述职时只需讲清个人的实际作用，而不应将集体功绩占为己有。对集体领导相互协作取得的成绩和出现的失误，要讲清自己所起的作用。

案例评析

××"公述民评"个人述职报告

各位领导、各位同事：

　　我是××，共产党员，大学学历，现任杭州市残疾人康复职业培训中心副主任。我的职责是协助中心主任开展工作，目前分管残疾人的职业技能和素质培训工作。根据市残联的要求，我将就依法办事、优质服务、工作效能、廉洁自律和工作绩效等情况做汇报，并借此机会，对我个人的工作和所分管的工作进行梳理，接受检查、监督和评议，恳请同志们指正和帮助，以促使自己严格自律、勤勉工作、取得更好的成绩。

　　一、依法办事

　　平时，我比较注意政策法规的学习，紧紧围绕残疾人保障法开展工作。在我分管的业务工作里，主要涉及培训资金的依法使用和把关，我始终警醒地认识到，培训经费作为保障金，必须合法规范地使用，不能逾越高压线，这是对组织、个人和残疾人事业负责。因此，

我对培训经费的审核开支都严格把关，合理支配和使用。在其他工作中，我也注意把握尺度，依法办事，做到不越矩，不缺失。

二、优质服务

我牢固树立为残疾人服务的思想，注重提高为残疾人服务的能力和水平。首先，在同残疾人打交道时，我坚持做到态度和蔼、语言文明、耐心交流、细致问答，遇事不推诿、不敷衍，诚心和残疾人交朋友。其次，我认为优质的服务不仅在于和打残疾人打交道时的言辞诚恳、态度和蔼，更在于服务的内涵。因此，我努力在培训服务上动脑筋，一是着力于拓展培训项目，拿出更多更好适合残疾人就业的培训内容；二是在培训的过程中做好服务保障工作，让残疾人能安心学习，体会到残联和社会的关怀。

三、工作效能

效能建设的核心是加强作风、提高工作效率。在日常管理上，我严格执行效能建设"八项制度"和"四条禁令"，以作风带动效能，认真执行岗位责任制、首问责任制、一次性告知等制度，形成良性的工作作风。在日常工作中，注重培养团队精神，发挥同志们的主动性和工作积极性，并且以自己干带动大家一起干，引导大家推进工作，提高效能。

四、廉洁自律

作为一名党员干部，我时刻注意在思想上、政治上与党中央保持高度一致，认真贯彻执行上级部门制定的各项政策，严格遵守中央"八项规定"及其实施细则精神，珍惜党员干部的身份，做到令行禁止。作为一名为残疾人服务的工作者，我严守做人底线，清清白白做人，干干净净做事，珍惜这个能为残疾人服务的机会，不以权谋私、不损公利己，做到清廉自律。作为一名管理者，我也时常提醒科室的同志处理好公与私、利与害的关系，珍惜工作岗位，能克己奉公，做到廉洁自守。

五、工作绩效

一年以来，我认真遵循"残疾人适能，社会适需"的培训工作特点，把握"以创新求发展，以拓深求巩固，以亮点带重点"的指导思想，寻找热点，突破难点，不断深化残疾人职业技能培训的内涵，在培训和分管的工作中也做出了一些亮点和特色。

（一）创新培训项目，开展订单式培训

我们积极寻找有意向招聘残疾人上岗的单位，对残疾人学员进行针对性的技能培训，在琥珀设计培训中，有6名学员分别被杭州××公司录用，成为琥珀设计师，得到了分管副市长的充分肯定。在网店客服培训班中，有4名残疾人客服被电子商务公司录用。今年8月份我们和杭州××汽车租赁公司合作进行汽车租赁客服培训，又有7名学员和公司签订就业协议。

（二）深拓文创产业，提升就业层次

紫砂壶制作培训成效显著，残疾人的作品曾被选作全国第八届残疾人运动会的礼品。去年又举办了一期培训，解决了3位学员的就业问题。今年1月，针对聋人心静手巧的特点举办了一期软陶工艺品制作培训班，帮助6名聋人实现了就业。本月，我们开办了一期陶瓷釉上彩绘画培训班。这些文创业培训打造了我市残疾人就业的特色，拓展了残疾人就业方式，提升了就业层次。

（三）突出亮点培训，做强电子商务

残疾人"云客服"这种新兴的居家就业模式是我市培训亮点，残疾人只需要在家点点电脑打打字，为淘宝网做客服就能赚到钱，截至目前，在全市培养了一支112人的残疾人"云客服"队伍。今年又和阿里巴巴合作开办可以居家就业的"图片审核员"培训，又有18名残疾人得以解决就业难题。

（四）巩固传统项目，开展岗中培训

盲人按摩培训是传统优势项目，市场需求大，就业率几近百分之百。今年我们已经开办了两个初级班，能解决20多名盲人的就业，为了给已经从业的盲人提升技能、稳固就业岗位，今年已经开办一期中级岗中班，下半年计划再推出一期高级岗中班。在农村，组织省市农技专家下乡，对有需求的种养殖残疾人开展了3期农村种养殖业培训。

（五）承办技能竞赛，培养技能人才

技能竞赛既是对残疾人培训工作成果的展示和检阅，也是发掘和储备技能人才的过程。去年10月杭州市举办了第五届职业技能竞赛，我带领职教科一班人，统筹规划，精心组织，圆满完成各项赛事。今年应省残联要求，又培训和选拔了两位选手代表浙江省参加9月底举行的全国职业技能竞赛。

（六）推广中国手语，经营手语微博

在继续做好残疾人工作者、窗口单位和大学生手语培训的同时，去年下半年，结合社会志愿者专门成立了"随手织梦"手语组织，开辟手语角，每周日下午定期在中心开展手语教学及和残疾人互动。"手语姐姐"微博是我市残联工作的一个首创，开办以来得到来自各界的关注和好评，今年，我们加大了推广力度，展开线上线下粉丝的互动，拍摄了一部微电影《无声翻译》，制作手语歌和教学视频，向粉丝赠送手语书、光盘等，提升了微博的人气，截至目前已经有粉丝14万人，吸引了更多的人来学习中国手语，也更好地推进了社会对聋人群体、残疾人事业的关注。

（七）开展工会工作，凝聚中心合力

我还担任中心工会主席的职务，在中心支部和行政的支持下，通过开展各种活动丰富职工生活，增进单位的凝聚力。对有困难有变故的家庭进行走访送温暖活动，维护好职工的利益。去年中心工会被市直工会评为"职工之家"建设先进单位和经审工作先进单位、妇女职工组织规范化单位，今年，又推荐了一位同志荣获浙江省"五一劳动奖章"的荣誉。

六、不足及努力方向

作为中心的副职，需要学习的东西很多，我也深感存在着很多的不足和缺失，这里面既有个人的能力问题，也有现实客观因素的原因。主要有两点：一是培训工作要进一步适应市场变化的需求。一些培训项目热点转移快，曾经深受欢迎，但时间不长就面临淘汰，有的项目当时不及时切入，机遇稍纵即逝，如我们举办过的手机维修培训、电动车维修培训、修配锁培训都曾大受欢迎，但变化也快。在这方面一定要不断加强调研，在残疾人前面发现就业新热点，手中要有好项目，眼里要有新动向，心还要有长远打算。二是培训工作要满足残疾人更深层次的需求。在残疾人培训的金字塔结构中，我们目前保障了结构中间有共性化需求的残疾人培训，对高、尖、精及个性化需求（如一些新技术、计算机软件开发、中高级职业资格、盲人钢琴调音、心理咨询等），由于学员人数少、投入成本高以及软硬

件设施不足等原因而无力开办。对此,一方面,作为个人要提升自己的能力,要用发展的眼光开拓工作;另一方面,要积极谋求推进培训软硬件设施建设,以不断满足残疾人事业发展的需求。

对于为残疾人服务的工作,我有一份特殊的情感,人都有向善之心,与人为善、乐善好施,总能给人的心灵带来慰藉和满足,而我的工作时刻能与善为伍,日常的工作就是做向善之事,有一批与我同存善念的残疾人工作者,身边有善良的残疾人朋友,也接触很多与善结缘、愿意帮助残疾人的爱心人士,这些都是我今后进一步做好工作的动力源泉。

以上是我对履职情况和今后拟努力方向的简要汇报,敬请领导和同事们多提宝贵意见,帮助我进步与成长。

(资料来源:杭州市人民政府网,http://www.hangzhou.gov.cn/art/2013/9/24/art_1229063419_2017785.html,2013年9月24日,略有删改)

【评析】这是一位职业培训中心副主任任期述职报告。开头总括工作职责,主体部分阐述了依法办事、优质服务、工作效能、廉洁自律和工作绩效等,结尾指出了存在的问题和努力方向,基本符合述职报告的写作要求。

相关能力拓展

总结与述职报告的区别

述职报告类似于总结,但不同于总结。主要有以下几点区别。

一、述职的自我性

述职的自我性即自我评述,是述职报告不同于一般的工作总结、工作报告的显著特点。述职报告首要的是述职,就是述说自己在任职的一定期限内履行职责的情况,既要述(检查、总结自己的工作情况),又要评(解剖、评价自己的工作),总是用单数第一人称的口吻。因此,写述职报告要首先把握好述职的自我性特点,不能写成回顾整个单位或他人工作情况的总结、报告。

二、论述的确定性

述职报告是对自己在任职一定时期内所做工作的评述。这里有一个客观标准,就是岗位职责在一定时期的目标任务。写述职报告要依据这个标准去评价自己的工作,而一般的工作总结、工作报告的评价标准是不固定的,往往是以上级部门的工作部署和基本要求为依据的。

三、内容的规定性

述职报告不像一般总结和报告那样,内容涉及面较广,而是根据当前组织人事部门考核领导干部的有关规定,针对任职的一定时期的德、能、勤、绩四个方面来述职,尤其是绩(即政绩),是评价干部的主要标志,应实事求是地写出来,不能夸大,也不能过于谦虚而缩小。

单元三 调查报告的写作

情景导入

　　海宁市××经编有限公司的产品越来越丰富，客户群越做越大，但市场竞争也越来越激烈了。为进一步站稳市场，赢取客户，满足消费者需求，公司决定抽调一部分人员组成调查组，开展市场需求情况、产品情况和消费者情况专题调研，形成调查报告，为下一步决策提供充分依据。
　　思考：你认为做社会调查或市场调查有何意义？上述调查组该如何开展调查才能形成有价值的调查报告？

必备知识

一、调查报告的含义

调查报告就是对客观事物进行深入、细致的调查研究后所写出的真实地反映情况的书面报告，有时也称为"考察报告"。反映情况、揭露问题、总结经验、揭示规律，是调查报告的主要功用。

二、调查报告的特点

1. 目的性

调查报告服务于具体工作需要，有明确的目的，或为了制定新的方针政策提供依据；或为了总结经验，推广先进典型经验；或为了弄清某一事件，查清重大问题或事故；或为了回答和解决现实中的"热点"问题；或为了了解某一产品市场情况。调查报告目的性越强，其作用便越大。

2. 纪实性

调查报告以事实为基础，以真实材料为依据。无论历史材料还是现实材料，正面材料还是侧面材料，统计数字还是典型事例，都应该翔实可靠、确凿无误，否则便失去调查报告的价值。

3. 科学性

调查报告不是为调查而调查。调查的目的是弄清事实，分析与研究事物的性质及其发展规律，得出正确的结论。因此要采取科学的调查方法，提供具有科学价值的信息。撰写调查报告要尊重事实，由事实本身来认识规律，不能以作者的主观好恶来评判是非，以个人的感情色彩来改变事实的存在。

4. 时效性

绝大多数调查报告要回答现实生活中人们迫切要求回答和解决的问题。时代在急速发展，环境日新月异，各种新事物层出不穷，社会调查必须迅速、及时，才能适应时代要求。尤其是市场调查，时间就是企业的金钱和效益，任何过时的信息都没有使用价值。

三、调查报告的种类

调查报告所涉及的内容很广泛，表现的形式也是多种多样，主要有社会调查报告和市场调查报告两大类。

1. 社会调查报告

社会调查报告主要包括经验调查报告、情况调查报告、问题调查报告和事件调查报告四种。

（1）经验调查报告。经验调查报告也称典型调查报告，主要反映社会实践中具有一定典型性的经验，报告某一经验创造的过程、具体做法及所取得的成绩、效果等。经验调查能够起到以点带面、推广经验、指导全局工作的作用。

（2）情况调查报告。这是反映某地区、单位、行业或某一方面的基本情况、发展状态的调查报告。这类调查报告基于当前情况，反映出社会发展中有利或不利的因素，剖析情况产生的原因，提出建设性意见、建议或设想；或者针对新情况、新事物，说明基本面貌及发展趋势。

（3）问题调查报告。问题调查报告针对现实中存在的问题或矛盾，做出敏锐的反应，通过调查，找出根源，引起社会的关注和有关部门的重视，探求解决的途径和方法。

（4）事件调查报告。事件调查报告反映历史或现实的重大事件的来龙去脉，澄清是非，公布真相。

2. 市场调查报告

市场调查报告包括市场需求情况调查报告、产品情况调查报告、消费者情况调查报告、销售情况调查报告、市场竞争情况调查报告等。

（1）市场需求情况调查报告。此类调查报告主要调查某种产品、旅游、文化娱乐等市场的现实需求量和潜在需求量。

（2）产品情况调查报告。此类调查报告通过对消费者进行广泛调查，反映消费者对某一种产品的质量、价格、包装、商标、使用状况与技术服务、售后服务等方面的评价、建议和要求；或产品在市场上的情况，如市场占有率、覆盖率及其走向等。

（3）消费者情况调查报告。这类调查报告通过对消费者进行广泛调查，反映某一商品或某一类商品的消费者数量及地区分布状况，消费者性别、年龄、职业、民族、文化程度、个人收入、家庭平均收入水平、购买力大小、购买商品数量，消费者购买欲望和动机、购买习惯，影响消费者购买的决策因素等。

（4）销售情况调查报告。这类调查报告主要调查商品在市场上的供求比例、销售能力和影响销售的因素；调查销售渠道，中间商的销售额、潜在销售量、利润、经营能力，消费者对经销商的印象，消费者对销售服务方式的满意度，商品储存和运输情况，广告媒体的宣传效果等。

（5）市场竞争情况调查报告。这类调查报告的调查对象为竞争对手，主要调查竞争对手的数量、人力、财力和经营管理水平，竞争对手产品的质量、品种、花色式样及其特色，竞争对手所采取的价格策略、销售渠道策略、广告宣传策略，竞争对手产品的市场占有率、覆盖率，竞争对手的企业发展战略及目标等。

此外，还有市场环境调查报告、技术发展调查报告、产品生命周期调查报告等。

四、调查报告的形成

调查报告不同于一般应用文的写作,形成过程比较复杂,必须在进行系统、周密调查的基础上,经过充分分析研究,通过去粗取精,去伪存真,由此及彼,由表及里,才能提炼出报告的中心主旨,最后进入写作报告的阶段。因此,"调查—研究—报告"三个环节缺一不可。

调查是形成调查报告的重要基础。做好调查必须注意以下几点要求。

1. 精心设计、掌握方法

在调查前,根据调查研究的目的和调查对象的性质,对调查工作总任务的各个方面和各个阶段进行通盘考虑和安排,提出相应的调查实施方案,制订合理的工作程序。主要环节如下:

(1)确定调查目的和内容。明确通过调查解决哪些问题、取得什么样的资料等。调查目的不宜过大、过空,要从实际需要出发,目标要具体。

(2)确定调查范围和对象。明确需要调查哪些单位、哪些具体的个体等。

(3)确定调查项目。将进行调查的主要内容罗列出来。

(4)确定调查方式和方法。常用调查方式有普查、抽样调查(随机调查)和典型调查(选择有代表性的对象调查)三种。常用调查方法有:

1)开调查座谈会:有针对性地设计问题,启发引导参加人员全面、客观地反映情况。

2)深层访谈:对当事人或知情者进行个别采访。

3)德尔菲法:这是20世纪60年代美国兰德公司首创的一种方法,采用函询方式,依靠调查机构反复征询每个专家的意见。

4)电话调查:分为传统电话调查和计算机辅助电话调查。传统电话调查:随机拨号,提问,记录;计算机辅助电话调查:自动随机拨号系统根据设计好的抽样方案,自动拨号保存记录,访问员按照屏幕显示的问题进行访问,随即录入。

5)面访调查:分为入户调查、拦截式面访。

6)邮寄和电子信箱调查。

7)在线调查:让被调查对象填写网上问卷,数据直接被录入网站服务器。

8)直接观察:深入现场或参加实践活动,直接获得第一手的材料。

9)实验法:通过现场实验,找出一些规律性的材料。

10)问卷调查:设计调查表格让受访者填写,这是最普遍、调查面最广、调查成本最低的调查方法。

2. 深入调查,掌握材料

通过以上调查方法获取第一手的材料,即直接材料。直接材料主要包括具有普遍性的综合材料,有代表性的典型材料,有对比性的材料以及数据材料等。

同时,通过查阅有关文字记载获得第二手的材料,即间接材料。间接材料包括企业内部资料,如业务资料、统计资料、财务资料、其他积累的资料;也包括企业外部资料,如统计部门和政府主管部门公布的资料,各种信息机构提供的市场信息和行业情报,国内外有关书籍、报纸、杂志上的文献资料,广告资料,商品目录、说明书、价目表,专利资料,各类媒体、网络提供的市场信息,各种博览会、展销会、交易会、订货会、学术经验交流会发放的资料等。

当然,调查报告的写作以直接材料为主,间接材料为辅。

3. 分析研究，把握本质

原始的调查材料固然可贵，但不是所有原始调查材料都准确无误，值得采用。在写调查报告之前必须对大量的原始调查材料进行分析和整理。一是检查、核实，进行必要的订正、追记、补充，使材料可靠、完整。二是归纳、统计，归纳相同的材料，并对某些事实、数据进行必要的科学统计，使零散的材料系统化。

能力技巧

一、调查报告的写作技巧

调查报告的格式与一般文章相同，包括标题、正文、署名。

1. 标题

调查报告的标题主要有如下四种：

（1）公文式标题。直接标明调查对象或调查事由、文种等，如"关于大学生心理健康问题的调查报告""20××年城市居民生活幸福指数调查与分析"。

（2）结论式标题。表明观点，概括情况，如"大学校园语言：让人欢喜让人忧""市场定位准确是取得经营成果的关键"。

（3）提问式标题。如"网络直播是否都能赚钱？""'人情债'何时了"。

（4）复合式标题。一般采用主、副标题。主标题揭示调查报告中心思想，副标题标明调查对象和事项，如"新技术和高景气的双人舞——20××年光伏行业投资策略调查报告"。还有用三行标题的，如：

一则报道引起央视关注
网络诈骗祸害多
——实地调查大学生网络受骗情况

2. 正文

正文包括前言（或导语）、主体、结尾三部分。

（1）前言。前言一般用来简要叙述情况，包括说明调查的背景和出发点，如调查的对象、地点、时间、范围、目的以及采用的方法和主要调查结果等。前言应根据需要来写，不一定面面俱到。常用开头方法有以下几种：

1）综合式：概括基本情况。如经验调查的开头一般概括被调查对象所取得的成绩、经验等，突出主旨。

2）议论式：说明调查意义，揭示结论。

3）提问式：抓住中心问题发问。提出一个或多个大家所关心的问题，吸引人们的视线。如《测谎仪真的能测谎吗》一文开头：

测谎仪真的能测出谎言吗？它到底利用什么原理来测谎的？在当今破案过程中到底发挥了什么作用？笔者进行了调查。

4）交代调查的一些要素：如调查目的、缘由、时间、地点、对象、经过、范围、方法等。

一篇调查报告可以综合运用多种开头方法。不管用哪种方法，开头部分要求开门见山，简明扼要，提纲挈领，紧扣主题，给人一个总的印象。

（2）主体。主体是调查报告的关键部分，较为详细地介绍调查的主要内容，并分析、说明这些内容反映什么，具有什么意义。为了层次清楚，通常可以用小标题分成几个层次来写；也有的一气呵成，不用小标题。但不管用什么结构方式，都要做到观点和材料的统一，要选用最典型的材料说明观点，要恰当地运用事实说明观点，善于运用不同的材料，从对比中说明问题，阐述观点。

从逻辑上讲，主体部分一般包括基本情况、对情况进行分析两方面。基本情况包括数据资料、背景资料的介绍说明；分析包括原因分析、利弊分析、预测分析等。主体通常采用如下几种结构形式：

1）纵式结构：按调查顺序或事物发展变化过程组织材料，通常以时间为主线。例如，先介绍事件的起因、发展，后介绍事件的结局；或先介绍调查起因，再介绍调查经过和结果。

2）横式结构：不以时间为主线，而是按问题性质、事物特征组织材料。例如：

①情况调查，包括市场调查一般采用的结构：情况具体表现——分析情况产生的原因或利弊分析——预测情况发展趋势或针对情况提出建议。

②经验调查一般采用的结构：成绩、经验、做法、效果（分点概括）——启示。

③问题调查一般采用的结构：问题的具体表现——分析问题产生的几大原因——提出改进意见、措施。

④事件调查一般采用的结构：事件概况——事件产生的背景、深层次原因——启示。

3）综合式结构：这种结构兼有纵式和横式两种特点。在组织安排材料时，多用纵式结构；在发表议论、分析材料时，多用横式结构，纵横交叉配合。

（3）结尾。结尾部分要总结全文，得出结论，以便深化主题，给人以明确认识。通常有如下几种写法：

1）归纳全文，提出结论性意见或总结主要观点。

2）对事物的发展做出展望，提出处理问题的建议。

3）提出尚存在的问题，启发人们进一步去思索。

4）展现前景，鼓舞人们。

总之，结尾要根据实际需要，简洁、有力，给人留下启示或较深刻的印象，不可矫揉造作，画蛇添足。如果该说明的观点在报告中已全部说清楚了，可以不另写结尾。

3. 署名

署名时要注意，如果是单位署名，可将单位名称放在标题中或下一行中间位置；如果是个人署名，可署在文尾右下方；如若要在报刊上发表，就应该放在标题下面。日期一般写在正文末尾的右下方。

二、调查报告的写作要求

1. 凭事实说话

调查报告最显著的特色是凭事实说话，不空发议论，不做文学描写，不夸张、渲染事实，要对事实做客观、真实的介绍。作者要冷静、科学地分析问题，写作风格应该严肃、朴实。

2. 用典型材料说明观点

调查报告需要从丰富的材料中引出观点，因而在调查报告的写作中容易出现大量罗列材料的毛病，文章写得冗长，很容易令人生厌。所以，在安排材料时要有所选择，要善于选取典型材料，揭示事情的本质，使内容精练、有说服力。重要的观点，可多用些生动的典型材料，以加强文章的力度。

3. 叙述、议论、说明相结合

调查报告要凭事实说话，这决定了表达方式应以叙述为主。同时，还要对事实加以分析综合，并从中得出结论，所以还必须有议论部分。叙述和议论相结合，夹叙夹议，应是调查报告采用的基本表达方式。但是，叙述与议论要有机结合，融为一体，而不是简单地相加，必要时运用说明来调节，包括调查情况的说明、调查表格的说明及其调查方法的说明等。

4. 求实而生动的语言风格

调查报告语言总体要求是简明、准确、务实。同时可以吸收生动活泼的群众语言，增强调查报告的可读性。如《谁把你网在网中央》一文开头写道："如果你爱他，那就把他送到网吧去，因为那里是天堂；如果你恨他，那就把他送到网吧去，因为那里是地狱"，生动形象地说明了网吧对青少年产生的双刃剑作用。

案例评析

关于高职院校劳动教育的调查报告

（武汉软件工程职业学院　陈爱武）

一、前言

高等职业院校的工作目标是：以社会经济发展人才需求为导向，根据特定职业岗位或技术领域实际业务活动要求，培养具有综合职业能力，在生产、建设、管理、服务第一线工作的高素质技术技能人才。

高等职业院校所培养出的学生，应该在德智体美劳各方面全面发展。作为培养高素质劳动者的重要阵地，高等职业院校需要通过对学生开展系统性的劳动教育，实现"以劳树德、以劳增智、以劳强体、以劳育美、以劳创新"的整体目标，让学生成为劳动教育的受教者、受益者，劳动精神的弘扬者、引领者，成长为全面发展的社会主义事业建设者和接班人。

在全面发展理念下，如何将德智体美劳五育教育落到实处，如何提高人才培养质量，形成高职院校育人特色，已经成为各高职院校必须面对的重大课题。教育部在2019年工作要点中明确提出"大力加强劳动教育"。而实践中，虽然劳动教育已经受到教育界广泛重视，但目前劳动教育仍然是一个不容忽视的短板，需要高等职业院校积极探索和构建完善的大学生劳动教育体系，丰富劳动教育的内容和形式，培养德智体美劳全面发展的社会主义事业建设者和接班人。

2020年3月17日至24日，根据湖北省教育科学规划2019年度课题"新时代高职院校劳动教育体系构建研究"的需要，课题组在"高职人文素质教师论坛"QQ群、全国"职业素养和创新创业"QQ群、全国"公共基础科研课题"微信群、武汉软件工程职业学院工作微信群里开展了"高职院校劳动教育问卷调查"。截至3月24日，共有贵州职业技术学院、济宁职业技术学院、武汉职业技术学院等38所高职院校的384位教职工提交答卷。

其中女性248人，占比64.6%；男性136人，占比35.4%；教师118人，占比49%；管理人员125人，占比32.6%；"双肩挑"人员71人，占比18.4%。通过调查问卷分析，了解到目前高职院校劳动教育的现状，对如何开展劳动教育提出了一些思考。

本调查报告根据高等职业院校的人才培养目标、开展劳动教育的重要意义、劳动教育的现状及存在的问题、构建劳动教育体系的途径等四个方面的问卷调查数据，分析了构建新时代高职院校劳动教育体系的重要性和紧迫性。

二、数据分析

（一）当下高职生的劳动素养普遍不高

对于当下高职生的劳动素养，有71.38%的教师认为不尽人意。这表明，高职生的劳动素养较差是一个普遍现象。以学生宿舍的整洁程度为例，受访教师中认为本校学生宿舍的"整洁程度令人满意"的只有15.72%，大部分教师对本校学生宿舍的评价是"较为脏乱"。在学生的劳动观念方面，有51.57%的教师认为，当前高职生的劳动观念是"对体力劳动不排斥也不喜欢"。也就是说，相当一部分高职生并不以劳动为荣，也缺少积极参与劳动的意识。

（二）教师群体对于学生参与劳动活动广泛认同

调查显示，有98.74%的受访教师赞成学生参加勤工俭学。这表明，老师们对于增强学生的劳动意识和习惯广泛认同。有90.88%的受访教师赞成学生参与清扫教室、图书馆、食堂等校园场所的义务劳动，通过劳动过程增强学生的劳动意识，培养学生的劳动习惯。但是，各个高职院校对于学生参与劳动锻炼的工作并不重视，在接受调查的38所高职院校中，组织学生参加校内外劳动的只有56.6%。

（三）教师对于学校开展劳动教育普遍认同

有接近2/3的教师认为劳动教育对高职生的德智体美发展是很有用的。认为学校应该将劳动教育纳入人才培养方案的教师占了40.25%。有80.82%的教师认为，有必要在高职院校开设劳动教育专门课程。对于高职生劳动教育课程的开设方式，赞成开设必修课的教师占40.57%，赞同开设选修课的教师占44.97%。

（四）高职院校的劳动教育现状堪忧

对自己所在学校的劳动教育现状满意的教师只占21.07%，表示不满意和不清楚的教师数量大致相同，各占40%左右。而对当下高职院校的劳动教育总体情况感到满意的教师只有10.38%，表示不满意和不清楚的教师各占45%左右。确认自己所在学校已经开设了劳动教育专门课程的教师只有16.98%。这说明，当前各个高职院校在开展劳动教育方面做得远远不够，存在很大的改进空间。

（五）教师希望劳动教育理论与实践课并举

赞成在高职院校开设手工制作、工艺品制作、电脑技能等兴趣类公选课的教师占94.65%。赞成在高职院校开设营养健康、食品烹饪等家政公选课的教师占94.97%。赞成在高职院校选择性开设与劳动教育相关的知识、文化、伦理等理论性课程的教师占82.39%，也有9.75%的教师不赞成。

三、目前高职院校劳动教育存在的误区和问题

41%～65%的教师都认为当前高职院校中普遍存在不重视劳动教育、劳动教育课程太

少、劳动教育内容单薄、劳动教育形式单一、劳动教育师资不足、劳动教育没有形成体系与合力、学生劳动积极性不高、学生劳动评价制度和劳动教育质量保障机制匮乏等问题。通过走访调研，笔者还发现存在以下普遍问题。

（一）劳动教育被误用

劳动教育的目的在于为大学生提供劳动体验和锻炼的机会，使其劳动技能得到提升，劳动精神得到培养。然而在现实中，有的学校却把劳动教育当作了一种作惩罚手段。有的教师通过让犯错的学生打扫教室、清理垃圾以示惩戒，这不仅让劳动变成了苦活、累活、脏活的代名词，而且使学生对劳动教育产生抵触甚至厌恶。这显然有违劳动教育的初衷。劳动教育不仅被误用为惩戒工具，还被误用为利益工具。有一些高职院校只有在迎接上级领导检查的时候，才会发动学生突击做大扫除。而且很多学校里面，许多普通简单的劳动，比如校园的清扫、碗筷的清理都由学校花钱请人来负责，这容易给学生带来负面影响——劳动并不是每个人应尽的义务，可以花钱雇人替自己做力所能及的事情。劳动教育的经济化倾向，不仅有损大学生劳动习惯的养成，更不利于培养和塑造他们的劳动人格。

（二）忽视培养劳动意识

调查结果显示，高职生的宿舍卫生状况堪忧，不仅个人的床铺、桌面、柜子的东西摆放凌乱，公共区域更成为卫生死角。教室里的情况也好不到哪里去，各种餐饮的外包装、饮料瓶随地丢弃，即便垃圾桶近在咫尺，有些学生还是怕麻烦放在课桌上或塞到抽屉里。以上种种现象都说明高职院校学生的劳动意识比较淡薄，没有养成良好的卫生习惯。究其原因，这和中学劳动教育的缺失关系极大。在家里，家长们处处代劳，事事包办，生怕挤占孩子的学习时间；在学校，劳动实践也往往因为不纳入升学考核体系而放任自流、走马观花。再加上社会分工越来越细，生活越来越智能化，导致很多劳动不需要学生亲力亲为，长此以往，学生最基本的动手能力、自理能力不断下降，劳动观念、劳动意识也越来越淡薄。

（三）劳动教育资源缺乏

由于高职院校针对劳动教育的资金投入缺乏，劳动教育开展举步维艰。一方面，缺乏健全的劳动教育考核机制。有些高职院校对劳动教育的考核流于形式，提交一份志愿服务证明或者写一份实践报告，就可以轻松过关，这导致很多学生应付了事，从而形成一种"有劳无范"的现象。另一方面，缺乏一支专门的劳动教育的师资队伍。许多高职院校还没有建立起一支思想政治素质高、业务工作能力强、充分掌握劳动教育特点和方法的教师队伍，如在教学过程中既能传授劳动技能、又能进行劳动思想教育，既能开展劳动教育有关讲座、演讲等活动，又能在第二课堂中进行劳动教育的专业教师队伍。一些高职院校将劳动教育简单化、片面化，只注重劳动技能的传授，而忽略了劳动教育对增强学生社会责任担当的指引作用。

四、加强劳动教育是高职院校大势所趋

（一）政策优势——党和国家对劳动教育高度重视

党的十八大以来，习近平总书记立足新时代历史方位，对劳动和劳动教育做出重要的论述。2018年9月习近平总书记在全国教育大会上强调，"坚持中国特色社会主义教育发展道路，培养德智体美劳全面发展的社会主义建设者和接班人"。教育部2019年工作要点中明确提出大力加强劳动教育，要全面构建实施劳动教育的政策保障体系，开展劳动教育情况考核、评估及督导。2020年3月20日，中共中央、国务院发布了《关于全面加强新时代大中小学劳动教育的意见》，对新时代劳动教育做了顶层设计和全面部署，把劳动教育作为中国特色社会主义教育制度的重要内容。在教育方针中体现并强调劳动教育，充分体现了党和国家对于劳动教育的高度重视。在这种政策背景下，高职院校开展劳动教育，促进学生全面发展正当时。因此，高职院校必须增强全面贯彻党的教育方针、抓好新时代劳动教育的紧迫感、责任感。

（二）现实趋势——提升高职人才培养质量的需要

高职教育以培养应用技术人才为目的，实践能力和动手能力在高职教育中占据着重要的地位，这就决定了高职教育与劳动教育密不可分。在高职院校学生中开展劳动教育既能解决学生职业价值观的问题，又能提高学生的实际动手操作能力，使学生在劳动观念、劳动知识和劳动能力上得到提升，从而解决高职教育中的知行合一和全面发展问题。目前，在我国的高职院校中，"德、智、体、美"都已经具有了成熟的教育体系，形成了完善的教育方式方法。但就劳动教育而言，存在教育实施主体单一、主体责任不够明确、评价和监督机制匮乏等问题，尤其是在高等职业教育的实践中，劳动教育存在着被弱化、软化、淡化、虚化的倾向。为此，高职院校务必把切实抓好劳动教育，作为当前和今后一个时期教育工作的重要任务。各院校一定要按照中央劳动教育新要求，调整和优化专业人才培养方案，把劳动育人和学校教育、社会实践、校园日常管理、资助工作及校园文化建设相结合，把劳动教育任务落到实处。在抓好职业技术教育的同时，高职院校要大力弘扬劳模精神、劳动精神、工匠精神，教育引导高职学生树立以辛勤劳动为荣、以好逸恶劳为耻的劳动观，培养更多热爱劳动、勤于劳动、善于劳动的高素质劳动者。

（资料来源：《青春岁月》，2021，（5），编者稍作修改）

【评析】这篇调查报告前言部分交代调查背景、方法和概况。主体部分采用小标题的方式依据调查数据分析统计，从高职院校教师视角对开展劳动教育的现状进行了分析说明，指出了存在的问题，最后提出了强化劳动教育的政策导向和现实需要。因采用问卷调查方式，因此，依靠大量的数据材料说明问题。全文材料翔实，叙议结合，观点明确。

相关能力拓展

大学生实习报告

一、实习报告的含义

为提高大学生实践能力，每年寒暑假，学生均要参与社会实践或毕业实践活动，在实习结束后将实习情况、体会和认识形成报告，即实习报告。

高职学生在学业的最后一个学期还需参加毕业实习并撰写毕业实习报告。毕业实习报告是对该阶段进行说明与总结的书面材料，是反映学生毕业实习完成情况的一个主要内容，也是对毕业生写作能力的又一次锻炼和培养。

二、实习报告的内容要求

实习报告的基本内容主要包括实习期间在企业所观察到的业务活动的基本情况、基本流程描述，发现企业经营活动过程中存在的问题，分析产生这些问题的原因，并针对原因提出相应的改进对策和措施。

通过毕业实习报告可以大致反映学生是否具备运用三年所学得的基础知识来分析和解决本专业领域内某一基本问题的技术水平和能力。其选题一般不宜过大，内容不宜太复杂，要求能够较好地结合企业实际情况，分析或解决专业领域中的某一具体问题。在报告写作的过程中，可以结合实习课题将所学专业知识和技能运用于实际，在理论和实际结合过程中进一步消化、加深和巩固所学的专业知识，并将其转化为分析问题和解决问题的能力。在搜集材料、调查研究、接触实际的过程中，既可以印证学过的书本知识，又可以学到许多课堂上和书本里学不到的活生生的新知识。

三、实习报告的格式要求

实习报告一般包括：实习单位介绍与实习岗位，工作的内容、过程，实习的体会（包括专业体会、做人的体会）三个方面内容。

案例评析

毕业实习报告

我从3月17日开始到青岛××计算机有限公司郑州办事处技术服务部毕业实习，到5月10日毕业实习结束。在部门领导和同事的指导帮助下，我慢慢了解了公司的组织机构、经营状况及管理体制以及技术服务部的基本业务，并学到了许多计算机维护知识。

××集团是以××集团公司为投资母体组建的国内大型专业电子信息产业集团。创业三十多年，从最初的青岛无线电二厂，到青岛电视机厂、××电器公司，发展成为国内著名的大型高新技术企业集团。多年以来，××坚持高科技、高质量、高水平服务、创国际名牌的发展战略，以优化产业结构为基础、技术创新为动力、资本运营为杠杆，快速成长，迅猛发展，率先在国内构架并专注于家电、通信、信息为主导的3C产业结构，主导产品为电视机、空调、计算机、移动电话、冰箱、软件开发、网络设备。××拥有国家级的企业技术中心，建有国家一流的博士后科研工作站，每年承担十多项国家级项目。2002年，××对信息、人才、设备等技术力量进行了整合，扩建为××集团研究发展中心，中心设有11个专业技术研究所，拥有1 500多名优秀的专业技术人才。××坚持将销售收入的5%以上投入到技术创新，力求在集成电路设计、网络设备与服务、新型电子显示等核心技术上有所突破。

目前，××在全国有20多个营销中心，200多个集销售、服务于一体的分公司和办事处，10 000多个维修服务网点。其产品远销到欧洲、非洲、东南亚、南美、北美等近百个国家和地区，并在日本、巴西、美国、印尼、中东、澳大利亚、意大利等国家和地区设立了贸易分公司或办事处，在南非建立了生产基地，实行本土化经营。

以"创新就是生活"为宗旨的××计算机公司是在××公司强大的技术支持下和雄厚的科研支持下于1996年成立的。它以科技和人才为依托，坚持"知识就是财富，人才就是利润，向管理要效益"的宗旨，充分发挥公司员工年轻化、知识化的优势，内抓管理，外争市场，发挥团队优势，在短短几年内取得了令人瞩目的成绩，成为行业中的一支生力军。其产品通过国家电工产品认证（CCEE），通过全国28个省市区协作城市产品质量认证，享有销售免检权、向消费者优先推荐的资格。产品可靠性指标MTBF（平均无故障时间）达到12 000小时以上。1995年，××技术中心被国家经贸委、海关总署和国家税务总局联合认定为国家级技术中心，雄厚的技术实力和人才队伍，为××的计算机技术研究提供了坚实的保障；技术中心不仅是××的研发基地，而且是××的新产业孵化器和人才培育中心。1998年6月，在中国电子质量体系认证中心ISO 9001质量体系认证审评中，××计算机公司成为中国同行中在最短时间内通过认证的公司。

近年来，××计算机公司始终致力于为社会、为人民提供更好、更新的科技产品，先后推出了商用、家用计算机与高端的图形工作站、服务器和网络产品。××计算机曾荣获1999年首选购买品牌和1998年计算机实际购买第三名，其金箭99H荣获高档组四项测试第一名，金箭99V荣获中档组四项测试第一名，蓝箭获得经济组八项测试第一名。其代表作——海景回归海飞箭系列计算机和闪电系列图形工作站，在国家权威机构的多项评测和用户调查中名列前茅。

××公司的服务承诺是：

（1）全国联保。计算机出现故障时，用户可凭《品质保证书》在最近的各级××维修部以及各个授权维修中心获得维护服务。

（2）在设有××计算机维修服务站的地区实行三日内修复服务。

（3）免费维修。在计算机部件保修期内且在正常使用下的故障，免收部件的成本费用和维修费用，超过保修期，免收服务费，只收成本费。

（4）保修期的第一年内，正常使用过程中的计算机出现故障时，只需拨打××计算机公司设在该区的服务热线，即可预约时间，并且在预约时间享受免费上门服务。

（5）终身维护。为彻底解决顾客的后顾之忧，对于超过保修期的××计算机，由用户和任何一家维修中心（站）签订协议，则可享受终生维护。

我实习所在的部门是技术服务部，主要从事郑州地区的计算机销售及售后服务工作。虽然我学的是电子商务专业，但在计算机维护方面的知识少之又少，而且从没给人做过计算机维修工作，所以一切都要从零学起。刚开始实习时，办公室的同事给了我一些有关部门运营和计算机维护的公司规章制度，让我对公司运营情况和计算机维护，特别是系统维护有了一定的认识，真正体会到了单位对人事管理工作的重视，理解了我所在的技术服务部的计算机维护工作虽然是企业部门运营的一个小侧面，但关系到企业在广大市民心目中的形象，关系到企业参与全国范围的计算机销售竞争的能力及品牌亲和力。我们中有经验的大哥哥、大姐姐还给我仔细讲解了计算机维护的每一个注意事项，经常领着我去进行顾客回访、产品市场调查、计算机系统维护；后来，又让我参与了一些具体的工作，比如约定顾客、维修单开立、对外宣传以及具体维护工作。在部门领导及全体同事的帮助指导下，经过这么多天的学习、工作，我已熟悉整个计算机维护的流程，可以独立、熟练地维护计算机，比较准确地报出各种计算机故障问题。

在实习期间，我深切地感受到，技术服务部是一个团结、上进、充满活力的集体。每天大家都是笑脸相迎，即使面临很大的工作压力，办公室里仍然会听到笑声；面对客户，大家总是热情、真诚；面对工作上的困难，大家总是互相帮助，直至解决难题。整个部门和睦相处，就像一个温馨的大家庭。而部门领导就是这个家庭中的家长，给每个人很大的空间自由发挥。从他们身上，我真正体会到了青岛××敬人、敬业、高效、高水平服务的真实意义，体会到了服务部服务、奉献的意义，体会到了创造完美、服务社会的服务理念，体会到了青岛××计算机公司的企业文化，知道了"创新就是生活"的真正含义。特别令我感动的是，每当我遇到困难向大家求助时，所有人都会无私地告诉我；有一次，有个顾客说他的计算机经常出现无故的黑屏、死机故障，当我们到那儿的时候，谁都没能查出来到底哪儿有毛病，我建议说看看是不是顾客对计算机进行了CPU超频了，大家并没有因为我没经验而忽视我的意见，结果查明确实是这么回事，然后我们调回了CPU的主频，并向顾客说明不要随便超频计算机的原因；在当天下班总结时，大家当场对我进行了表扬。我真是太高兴了。我对能到这样的公司实习感到骄傲，为青岛××人的事业感到自豪。我很庆幸自己能在这样有限的时间里，在这么和谐的气氛中工作、学习，和同事们一起分享快乐，分担工作。所以我努力向同事学习，不懂就问，认真完成领导和同事交给我的每一项工作。部门领导和同事也都尽力帮助我，给我讲授和业务有关的知识，耐心解答我的疑难困惑，并给我制订了一系列的实习计划，帮我达到实习的目的。

在这一段时间里，我不仅很好地运用了所学的专业知识，而且还学到了很多在学校学不到的实用的待人处世之道，扩大了知识面，也丰富了社会实践经历，为我即将踏入社会奠定了很好的基础。

十分感谢青岛××计算机公司，感谢技术服务部给我这样一个宝贵的实习机会，让我对社会、对工作、对学习都有了更深一步的理解和认识，为我即将走上工作岗位增添了信心，让我在大学生活中留下了美好的一页。我还要感谢技术服务部的各位师傅，感谢他们给我的指导！我也要对陈经理及各位主管说一声谢谢，感谢他们对我的栽培！

（资料来源：快淘范文网，https://www.kt250.com/fanwen/shixibaogao/1018572.html，2020年7月26日）

【评析】 这篇实习报告首先概括了实习时间、单位、内容等基本情况，接着阐述实习单位的经营概况，在此基础上写了自己的实习岗位和实习内容，最后写出自己的实习收获与体会，并对实习的单位表达真诚的感谢之情，基本符合实习报告的写作要求。如果能以小标题的方式加以概括，文章层次感会更强。

单元四　简报的写作

情景导入

海宁市××经编有限公司20周年公司庆祝活动取得了圆满成功。公司决定让总经办出一期20周年公司庆祝活动专题简报，将公司庆祝系列活动成果及各级领导、兄弟单位、公司员工的祝词等展示出来，留作纪念。陈婷等负责编写这份简报。

思考：在具体工作中，简报能起到什么作用？

必备知识

一、简报的含义

简报即情况的简要报道，是国家机关、社会团体及企事业单位内部用于反映情况、交流经验、沟通信息的一种简短的、具有一定新闻特征的文字材料。

简报是个统称，日常工作中常见的"简讯""动态""内部参考""快讯""情况交流""信息通讯"等，都属于简报。

简报通常定期或不定期编发，每一期刊发若干篇文章，少则一篇，多则一二十篇。简报属于内部刊物，既可以上报上级机关，也可以抄送平级单位，还可以分发下属部门。由于它可以比较为快速地反映和沟通情况、交流经验、传递信息，加之篇幅简短、内容灵活、编写制作方便，因此受到党政机关、社会团体和企事业单位的欢迎，使用非常普遍。

二、简报的作用

在一个部门或一个单位里，工作方面的各种信息能否通畅地传递和交流，对于能否做好工作起着十分重要的作用。简报在这方面所起的作用归纳起来主要有以下几点：

1. 下情上传的作用

通过简报，可以把各单位、各部门的实际工作近况、经验教训以及工作中存在的问题和困难及时向上级机关和领导反映，便于上级主管部门了解下情、掌握动态，从而有针对性地指导工作。

2. 上情下达的作用

上级部门通过简报可以将领导的指示、意图和带指导性、倾向性的意见传达给下属单位，或者通报有关情况，或者在所刊发的稿件前加上"编者按"，表明上级机关的观点和看法，用以引导下属单位的工作思路沿正确的方向发展，指导其做好各项工作。

3. 联系沟通的作用

记载着大量工作信息的简报可以报送上级机关，可以发送给兄弟单位，也可以发放到单位内部的各个部门，使得工作中的新经验，出现的新情况、新问题以及重要的动态、事件等，都可以及时得到交流和传播，人们或从中汲取经验教训，或增进沟通了解，或获得某种启示，从而更好地开展工作。一些大、中型的会议，借助简报，可以使会议研究的议题不偏离方向，并将讨论的情况和会议的进展及时反映出来，有助于会议的顺利开展。另外，简报所刊登的内容，还常常为新闻单位或宣传部门提供报道的线索。

三、简报的特点

简报具有简、准、快、活、新等基本特点。

1. 简

简报的内容往往简明扼要。文字短，内容精，开门见山，直接叙事，一语中的，尽可能一事一议，少做综合报道。简报字数一般为几百字，至多不过千字。

2. 准

简报要求材料真实、准确,语言表达准确恰当。

3. 快

简报具有新闻性,追求时效性,要求发现、汇集情况快,撰写成文快,编印制发快。

4. 新

简报要求内容有新意,要善于捕捉工作、社会生活中的"新",提出新情况、新问题和新经验,这样才能使简报具有更强的指导性和交流性。

5. 活

简报的形式较为灵活,单篇编写或多篇合编均可。

此外,有些简报用于单位内部交流,还有一定的机密性。

四、简报的种类

简报的种类,按不同的标准有不同的分类。

(1) 按性质分,有综合情况类简报和专项工作类简报。

(2) 按内容分,有工作简报、会议简报、动态简报等。工作简报一般报道业务工作或中心工作的工作情况、过程、问题、经验教训等;会议简报一般报道会议概况、进程、议题、决议、发言要点等;动态简报,也称信息简报,报道某一单位或行业的动态信息。

(3) 按编写方式分,有专题式简报、综合式简报、信息报送式简报、经验总结式简报、转发式简报。

能力技巧

一、简报的写作技巧

简报式样像小报,由报头、报核、报尾三部分组成。

1. 报头

报头部分,又称版头,一般占首页三分之一的上方版面,用间隔红线与正文部分分隔开。报头的内容包括:

(1) 简报名称。如"商业工作简报",在居中位置,用套红大号字体,要求醒目、大方。

(2) 期数。排在简报名称的正下方,按期序编号,有的还注明总期数。

(3) 编发单位。在横隔线的左上方位置。

(4) 印发日期。在横隔线的右上方位置。

(5) 密级。有的简报需要标明密级,在报头左侧上方位置,标志密级并加标志★,如"机密★""秘密★"或"内部刊物"等。

(6) 份号。印在报头右侧上方位置。

无须保密的简报不标密级和份号。

2．报核

刊登简报文稿的部分称为"报核"（也称"报体"），是简报的核心部分，一般由按语、标题、正文、作者四项组成。

内容重要的简报在报头下、正文标题前标明按语。按语主要有以下几种：一是说明性按语，标明材料来源、转发目的、转发范围等；二是提示性按语，简括正文主要内容；三是评论性按语，对主体内容加以评论，表明态度等。按语可以省略。

3．报尾

报尾在简报最后一页的末尾，用横线将报尾隔开，写上上报及发送单位名称和印制份数。报，指上报上级单位；送，指送至不相隶属的一些兄弟单位；发，指下发给下级单位或部门，这是简报主要的发送单位。

简报样式如图6-1所示。

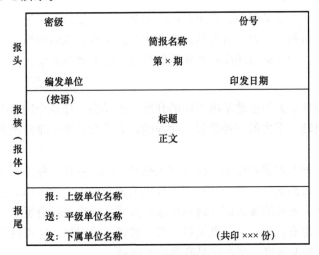

图6-1　简报样式

二、简报的写作要求

1．专题式简报

专题式简报要求抓住工作、生活中的某个典型，做突出的介绍。这种方式主要适用于反映"点"的情况，即一人一事或某个问题。编写时应注意以下两点：一是对象应具有典型性。二是表达应简明扼要。

2．综合式简报

综合式简报是在一个明确的主题下，综合反映若干情况或问题的一种简报。它类似新闻报道中的综合消息，具有明显的综合性。这种方式适用于反映"面"上的情况，使人对某一类事物或问题有比较全面的了解和认识。编写时应注意以下三点：

（1）注意提炼出一个能够准确、鲜明、生动地表达基本精神的醒目标题和贯穿简报始终的主题。

（2）简报开头应有概括性说明文字，类似新闻写作中的导语。概括要简明扼要。

（3）注意点面结合，使综合反映的内容既有广度，又有深度。不但要注意运用概括性的材料,尤其要注意运用典型事例,给人活生生的感性认识。

3. 信息报送式简报

信息报送式简报要求用最简洁、精练的语言表达出准确、完整的信息内容,一般不加评论。编写时应注意以下三点:

(1)编写者应像新闻记者那样,善于从一般中见特殊,从细微处发现值得注意的动向。

(2)要求据实直书,注重用事实和数据说话。

(3)强调简明扼要,同时注重信息内容的完整。

4. 经验总结式简报

经验总结式简报主要介绍某项工作的成功经验。简报的内容常常就是某一典型的经验总结。它的写法常采用"先果后因"的逻辑顺序,即开端先概括工作的成绩,然后再分述取得成绩的做法、经验。编写应注意以下三点:

(1)侧重于从做法上总结经验,突出对经验的介绍,一般的工作过程从略。

(2)注意观点和材料的结合,努力从理论与实践的结合上说清问题,引出事物的规律性。

(3)力求系统化,把经验归纳成相互联系的几条,逐条加以介绍。

5. 转发式简报

转发式简报是领导机关为推动某项工作的开展,或是为了让某个问题引起有关单位注意,把有参考价值的材料转发下去的一种简报。简报的内容常常是基层单位的典型材料。编写时应注意以下三点:

(1)转发材料前面要加编者按语。按语应根据简报的内容和实际需要发表见解。按语的写作一定要提纲挈领,言简意赅。要巧妙地把领导机关或领导人的批示原文安插进去,尽可能保持领导人指示的风格。重要的按语最好请领导亲自撰写,或编写后请领导过目。

(2)反映的问题应有代表性。一期简报一般只转发一份材料,也可转发一组围绕同一中心的短小材料。它们反映某地区、某系统具有共性的问题。

(3)编者可以根据需要对转发材料做必要的技术处理。重要的一般全文转发;内容较多、篇幅较长的可以摘要转发,或做适当的删节,但要注意保持原材料主题的完整性。

实际工作中的简报还有各种各样的写法。总的说来,简报的编写不像其他公务文书那样程式化,无论文字、语言、标题制作都要求清新活泼,具有较强的可读性。因此,简报的编写者完全可以根据内容和行文的需要,在编写上不断创新。

> **案例评析**
>
>
>
> **党史学习教育工作简报**
>
> 第三期
>
>
>
> 内蒙古工业大学党史学习教育领导小组编　　　　　　　　　　2021年4月26日
>
> [编者按]今年是中国共产党成立一百周年,一百年来无数共产党人抛头颅洒热血换来了今天的幸福生活,无论走多远我们都不应忘记来时路。这些英雄如星空北斗,是抚念过往、展望未来最醒目的精神坐标。清明节来临之际,学校各级党组织纷纷举办"清明祭英烈,永远跟党走"主题活动。他们纷纷走进革命烈士陵园、英雄公墓等地举行庄重的祭扫仪式,

通过观看史料、聆听讲解，重温了入党誓词等活动，在对革命先烈的无限崇敬和深切缅怀中上了一堂生动的革命传统和党史教育课，进一步坚定了传承革命精神，赓续红色血脉的历史自觉和责任担当。

我校举行"清明祭英烈，永远跟党走"主题活动

英雄精神永不朽，革命薪火世代传。4月3日上午，我校在乌兰夫纪念馆举行"清明祭英烈，永远跟党走"主题活动。校领导刘××、姚×、韩××，学校党史学习教育领导小组办公室成员及教师代表、学生代表100余人参加活动。校党委宣传部部长王×主持活动。

参加活动的师生在乌兰夫纪念馆广场举行了庄重的祭扫仪式。干部师生齐唱国歌后肃立默哀；国旗班托起花篮正步缓缓走向乌兰夫塑像敬献花篮，校党委书记刘××、校长姚×代表我校党员师生上前整理了花篮缎带；学生代表韩××发言，表达了对党的无限崇敬和对革命先烈的深切缅怀；大家怀着敬仰之心将一朵朵菊花摆放在塑像前，表达自己的缅怀之情。仪式结束后，师生参观了乌兰夫同志纪念馆，回顾了乌兰夫同志和内蒙古老一代领导群体为中国革命和建设事业，特别是民族工作做出的光辉业绩。

缅怀乌兰夫同志的不朽功勋，就是要促进和推动一切有利于民族团结、国家统一、社会进步的事业，就是要继承和弘扬一切有利于社会主义现代化建设的崇高思想和精神。本次祭扫活动是我校党史学习教育的重要内容，为我校师生上了一堂生动的革命传统和党史教育课。

《内蒙古新闻联播》报道我校党史学习教育——"清明祭英烈，永远跟党走"主题活动

4月4日，《内蒙古新闻联播》报道我校4月3日在乌兰夫纪念馆举行的"清明祭英烈，永远跟党走"主题活动。

缅怀乌兰夫同志的不朽功勋，就是要促进和推动一切有利于民族团结、国家统一、社会进步的事业，就是要继承和弘扬一切有利于社会主义现代化建设的崇高思想和精神。本次祭扫活动是我校党史学习教育的重要内容，为我校师生上了一堂生动的革命传统和党史教育课，引导广大师生锤炼党性修养，传承奋斗精神。

学校将牢记为党育人、为国育才的使命，坚定不忘历史、继续前行的决心与信心，做好党史学习教育。

我校党委宣传部部长王×接受采访时表示，从乌兰夫同志主动扎根群众的工作作风中认识到，只有根植于群众之中，同广大群众紧密结合在一起，就有力量、就有办法。要把这种作风带到工作中，真正解决师生急、难、愁、盼的问题，让学生安心学习，健康成长。

内蒙古工业大学开展"网上祭英烈"活动

为缅怀革命先烈、传承红色基因，倡导移风易俗、树立文明新风，清明节期间，学校动员广大师生员工开展"网上祭英烈"活动。

活动中，老师和同学们纷纷登录中华英烈网，以网上祭扫的形式瞻仰烈士陵园，学习革命英烈的英勇事迹，了解党的革命历史，为英烈献花留言、寄语缅怀，向戍边英烈和在革命、建设、改革的伟大历史进程中英勇献身的英雄烈士、先锋楷模们致敬，勉励广大师生追寻英烈足迹，传承红色基因，弘扬英烈精神。

> **生如鲜花之绚烂——化工学院组织学生纪念我校舍己救人英雄池明明**
>
> 　　为缅怀英烈，弘扬英烈精神，铭记光辉历史，发扬红色传统，传承红色基因，化工学院组织开展"清明祭英烈，永远跟党走"系列活动。4月2日上午6点50分，学院组织制药工程专业2020级学生及学生党员代表，来到我校舍己救人英雄、化工学院制药工程04级学生池明明的塑像前开展纪念活动。
>
> 　　活动伊始，主持人向同学们介绍了池明明同学的事迹。同学们全体肃立默哀，依次向池明明的塑像鞠躬，献上表达哀思的鲜花，并在留言板上写下自己的哀思。制药工程专业的同学们还以诗朗诵、演讲的形式表达了对池明明学长的钦佩。纪念活动在全体学生《假如爱有天意》的歌声中结束。池明明见义勇为的行为，展现了奉献自我、服务他人的赤子之心，展现了舍己救人、不怕牺牲的英雄气概，展现了勇于奉献、甘于奉献的高尚情操。同学们表示，此次在校内举行的纪念池明明学长的活动，汲取到了来自身边的强大精神力量。
>
> 报：省教育厅党史学习教育指导组
> 发：学校各党总支
>
> 内蒙古工业大学党史学习教育领导小组办公室　　　　　　　　共印 20 份
> 　　（资料来源：内蒙古工业大学党史学习教育专题网站，http://djgz.imut.edu.cn/info/1022/1793.htm，略有删改）
>
> 　　**【评析】** 这是一份综合式的工作简报。简报的报头标明简报名称、简报期数、编写单位和日期。编者按语交代编发本期简报的缘由和主要内容。主体部分围绕"清明祭英烈，永远跟党走"主题活动从不同角度选取了四篇简讯。报尾注明发送单位、编印单位和份数。

单元五　经济活动分析报告的写作

情景导入

　　海宁市××经编有限公司是一个管理相当规范的公司。每个季度末，公司都要求各个部门上报本季度经营情况，最后由总经办汇总成公司季度经营情况分析报告，在此基础上，公司再召开季度经营工作形势分析会，总结过去一个季度的经营情况和成败得失，规划部署下一阶段工作。

　　思考：哪些单位和部门需要做经济活动分析？对企业而言，经济活动分析报告有何作用？

必备知识

一、经济活动分析报告的含义

　　经济活动分析报告是以计划指标、会计核算数据、统计资料和调查研究中掌握的有关实际情况为依据所写成的书面报告，旨在对某个经济实体的全部或部分活动情况进行分析、研究后，评判该实体经济活动情况的成败得失，从而提出改进措施和意见，以求获得更好的经济效益。

经济活动分析报告也可简称为"经济活动分析",又称"经济活动总评""经济状况分析"等。

二、经济活动分析报告的作用

经济活动分析报告的具体作用有:

1. 及时总结经验,做出正确决策

经济活动分析报告提供的信息,有助于企业的各级领导和广大员工及时、真实地知晓本单位当前面临的形势和任务,特别是对于存在的问题引起注意和重视,做到及时调整和处理。

2. 提高管理水平,实现经济效益

经济活动分析材料不像会计、统计材料那么机密,它是通报性的,就是要让有关单位和人员知晓并重视它所反映的情况和意见,提高管理水平,实现更好的经济效益。

3. 认识经济规律,发挥宏观指导作用

经济活动分析不仅企业做,有关政府部门、银行等也做。政府出于宏观调控的目的需要对行业、企业的经济活动加以分析,而企业的经济活动分析则为政府了解社会经济发展状况提供了依据。

三、经济活动分析报告的种类

经济活动分析报告运用的范围很广,内容丰富繁杂,从不同的角度可分成不同的类型,各自有着不同的特点。

(1)按范围分,有宏观经济活动分析报告和微观经济活动分析报告。

(2)按时间分,有年度分析报告、季度分析报告和月份分析报告等。

(3)按内容分,有工业、农业、商业、服务业等行业经济活动分析报告;有生产、销售、成本、财务等方面的经济活动分析报告。

(4)按性质分,有综合分析报告和专题分析报告。

1)综合分析报告又称系统分析报告或全面分析报告,是对某一部门或某一单位在一个时期内的经济活动,根据各项经济指标,进行系统而全面的考察、分析后写成的报告,主要用于年度或季度的分析。

2)专题分析报告也称专项分析报告、单项分析报告,是对某一经济措施或经济活动中某个薄弱环节、关键问题进行深入、具体的专门分析后写成的报告。专题分析报告大多内容较专一。例如,对某类产品成本增高、库存过大、占压资金过多等原因的分析;对经营不善造成企业亏损原因的分析等。

——————— 能力技巧 ———————

一、经济活动分析报告的写作技巧

1. 标题

经济活动分析报告的标题一般有以下三种:

(1)文件式标题。这种标题一般由分析单位名称、分析时限、分析对象及范围和文种四个部分构成，比如，"××××集团股份有限公司20××年上半年经营情况分析报告""20××年10月汽车用品品牌销售分析"等。文种有时也可称为"分析""情况汇报""情况说明""评估与建议"等。

（2）论文式标题。即直接使用分析报告里提出的意见、建议或结论作为标题，这类标题比较醒目，直接切入主题，让人一看就大致了解了报告要达到的目的。比如，"关于加强回笼资金管理的建议""二季度销售平稳、物价继续上涨"等。

（3）主副标题。主标题揭示观点或论题，副标题交代分析的对象等，如"大市待兴商为先——××年深圳市商业物业市场分析"。

2．正文

由于经济活动分析报告是一种数据与文字有机结合的文书，它既要以指标数据、图表为表述的依据或说明，也要用文字表达分析情况，因此，正文写作的形式是多样的。但不管采用什么形式，正文基本上应该包括基本情况概述、评估分析、建议和措施三部分。

（1）基本情况概述。这是正文的开头，又称导语、前言或引言，是关于分析期内经济活动的基本情况。写情况介绍主要是为下文的分析做铺垫，它是解决问题的基础，也使人们对报告有一个总印象，因此，必须做到准确、真实、可靠。

如《2021年的旅游经济运行分析与2022年展望》开头部分就对整个旅游市场的基本情况做了概括：

在过去两年的时间里，无论是旅游、投资还是就业；无论是旅行社、线上旅行代理商、星级酒店、民宿，还是旅游景区、主题公园、旅游车船；无论是一线城市、区域中心城市，还是中西部和东北地区、边境地区，旅游业经历了过去四十年以来最严峻的挑战。

（2）评估分析。评估分析是经济活动分析报告的主体、核心。评估分析一般通过对指标完成情况或经济效益等情况的分析、比较、说明、总结等，反映企业在经济活动中的成绩、经验、问题，并进行基本评价。这部分内容或是对各项主要经济技术指标逐项加以分析，或是重点分析与专题相关的主要因素，或是着重分析主要经济指标和重点问题。通过对比分析等手法，揭示问题的实质和存在原因，然后根据分析结果，做出中肯的、合乎实际的评价，得出结论。为了保证问题的解决，这一过程必须实事求是，从具体情况的实际出发，同时需要掌握科学的分析方法。

常用的分析方法有比较分析法、因素分析法、平衡法、动态分析法等。

1）比较分析法，也称对比分析法、指标分析法，就是将两个以上具有可比性的数字加以对比，根据对比结果做出分析，以揭示各项经济活动之间的联系和差距，从而了解本部门现阶段经济活动状况，所处环境与地位，存在的问题与差距。一般有"比计划、比历史、比先进"三个方面的比较内容。

2）因素分析法，又叫连锁替代法，就是将综合指标分解成若干因素进行研究的方法。企业的各项经济活动都是既相互关联又相互制约的，如利润的多少，要受商品销售数量、价格、成本、税金、费用等因素的影响、制约。采用因素分析法可清楚地探求出各因素之间的相互关系，了解它们对产值、效益变化影响的程度，找出影响经济指标的原因，调动积极因素，克服消极因素，有效改进工作，提高经营管理水平。

3）平衡法，即通过分析对应关系指标是否平衡来评价管理工作、方法。如根据资金来源总额与资金占用总额关系的会计原理，分析在资金使用和管理方面的问题；根据收支平衡的规则，分析经济管理工作的好坏等。

4）动态分析法，即分析各项经济活动在时间上的变动。如对产品历年销售额的分析，找出事物发展规律，预测未来销售趋势。

除上述四种方法，经济活动分析还有其他多种分析方法，这些方法各有长短，在具体分析研究中，可以其中一种为主，其他为辅，互为补充，扬长避短地运用。只有掌握多种科学的分析方法，才可收到良好效果，获得正确结论。

（3）建议和措施。建议应具体可行、切实有效、针对性强，也可穿插在主体分析过程中。有的经济活动分析报告以说明成绩、总结和推广经验为主，这一部分就着重写明推广经验、提高经济效益的途径；有的经济活动分析报告以揭露问题、总结教训为主，这一部分就着重写明解决问题、改进工作的措施。总之，分析问题是为了解决问题，分析是建议的前提，建议是分析的结果，两者在经济活动分析报告中都有重要的作用。

如《2021年旅游经济运行分析与2022年展望》结尾就疫情常态化形势下稳步推进旅游经济复苏进程，加快建设现代旅游业体系提出七条具体可行的建议：

一是坚持稳字当头、稳中求进的经济工作主基调，统筹疫情防控和复工复业，把旅游企业的纾困解难放在更重要的位置上来。（具体内容略，下同）

二是实施更加精准的疫情防控措施和更加积极的复工复业政策，避免因零散的疫情反复而加剧游客的恐惧和业界的恐慌。

三是为市场主体营造旅游复苏和创新发展所必需的制度环境、市场环境和项目支撑。

四是加强科技创新，加快建设现代旅游业体系，培育一批先进的旅游企业。

五是加强宏观调控和微观监管，特别是微观监管体系的建设，推进旅游领域治理体系和治理能力的现代化。

六是加强世界旅游形势的研判，及时回应涉旅游议题的国际关切。

七是建设当代旅游发展理论，完善旅游统计体系，培育旅游领域中战略科学家和产业领军人才。

（资料来源：中国旅游研究院，文化和旅游部数据中心，戴斌）

总而言之，基本情况概述、评估分析、建议和措施三部分是相互关联的有机统一体，基本上是围绕提出问题、分析问题、解决问题的思路来安排结构的，以便清楚地阐明经济活动"怎么样""为什么这样""应该怎么办"的问题。这样的结构既反映了事物的内在联系，又符合人们认识事物的规律。

3. 落款

正文结束后应在右下方加落款，写明报告单位的名称或作者姓名以及写作完成的日期。如果标题中已经注明单位名称，或在标题下写明单位名称，可以只写撰文日期。

二、经济活动分析报告的写作要求

1. 注意微观分析和宏观分析的统一

在现代化生产和市场经济条件下，任何一个企业和其他经济组织的经济活动都不可能是孤立的，它既受内部各种因素的制约，又受外部环境的影响，反过来又对外部环境产生作用。不能以局部得失作为成败的唯一标准。

2. 注意现象和实质的统一

经济活动分析固然是以会计核算、统计核算等账面数据为依据进行分析的，但是又不能简单、机械地断章取义，应当注意死材料与活情况的结合，账面上与账面外情况的互补。

3. 注意反映全貌与突出重点的关系

不论是综合分析或专题分析都应与事物的本来面目相一致。这就需要客观、全面地反映情况和分析问题。要防止先定调子、投其（领导或有关主管部门）所好，因而报喜不报忧、只讲客观因素不讲主观因素等主观、片面的倾向。同时，又要注意突出重点，抓主要矛盾和矛盾的主要方面。因为面面俱到是不可能也不必要的，不分主次使人莫衷一是，甚至导致错误结论。

4. 注意数据和文字的有机结合

经济活动分析主要是定量分析，应当靠数据说话。不仅反映情况是用数据表述的，分析原因也要有具体的数据。同时，也应当注意经济活动分析又不同于各种分析表，它不是纯客观地记录和反映生产经营活动的原始过程，它是用以检查、总结、指导工作的，单用数据也是不能达到目的的，所以它是数据与文字说明的有机整体。

案例评析

2019年杭州市交通经济运行分析报告

2019年是新中国成立70周年，也是杭州交通发展的重要一年。全市交通运输系统始终高举习近平新时代中国特色社会主义思想伟大旗帜，深入学习贯彻党的十九届四中全会、省委十四届六次全会、市委十二届八次全会和全国、全省交通运输工作会议精神，牢记习近平总书记的嘱托，坚决贯彻党中央和省委、市委的决策部署，砥砺奋进、克难攻坚，各方面工作都取得显著成效。

一、交通建设

1. 投资完成情况

2019年，杭州市累计完成交通建设投资387.8亿元，相较2018年的263.1亿元，同比增长47.4%。其中，公路项目完成投资306.7亿元，同比增长45.8%；水运项目完成投资40.9亿元；机场项目完成投资40.3亿元。

2. 重点项目建设情况

高速公路方面，当年投资完成当年计划的104.2%。G25长深高速公路德清至富阳段扩容段今年来累计完成投资47.7亿元，完成年度计划103.8%。千黄高速公路淳安段累计完成投资37.3亿元，完成年度计划124.4%。临金高速公路临安至建德段累计完成投资30.0亿元，完成年度计划119.7%。

普通国省道方面，当年投资完成当年计划的138.5%。杭州至富阳城际铁路附属配套工程今年累计完成投资16.0亿元，完成年度计划319.0%。长兴至泰顺公路富阳灵桥至渔山段累计完成投资5.1亿元，完成年度计划169.3%。03省道萧山义桥至楼塔段改建工程累计完成投资4.1亿元，完成年度计划135.0%。杭州市大江东产业集聚区江东大桥至钱江通道接线工程累计完成投资3.9亿元，完成年度计划130.2%。

二、旅客运输

1. 运输总量

2019年，杭州全社会公路、水路、铁路、航空共完成客运量20 348万人次，同比增长2.1%。全市公路客运量9 360万人次，同比降低6.7%；水路运输完成客运量610万人次，同比增长1.1%；铁路运输共完成客运发送量8 334万人次，同比增加11.6%；航空运输完成旅客出港量2 044万人次，同比增加11.6%。铁路、航空运输在综合运输体系中增幅最大。

2. 运输结构

2019年完成公路客运量9 360万人次，在年度运输结构中占比46.0%；水路客运量610万人次，在年度运输结构中占比3%；铁路客运发送量8 334万人次，在年度运输结构中占比41.0%；航空旅客出港量2 044万人次，在年度运输结构中占比10%。近年来，随着高铁的发展，更多的客运量由公路转移到铁路，导致公路客运量下降明显，但是公路运输在综合运输体系中仍占据主导地位。

3. 各种方式发展特点

（1）公路运输主导地位稳固（具体内容略，下同）

（2）水路客运量竞争力不足（具体内容略，下同）

（3）高铁出行快速增加（具体内容略，下同）

（4）航空运输客运量平稳增长（具体内容略，下同）

三、货物运输

1. 运输总量

2019年，杭州全社会公路、水路、铁路、航空共完成货运量36 223万吨，同比增长2.9%。全市公路货运量31 732万吨，同比增长3.7%，是货运量占比最大的运输方式；水路运输完成货运量4 073万吨，同比下降4.0%，较上年降幅有所减少；铁路运输共完成货运量377万吨，同比增长10.2%，在综合运输体系中增幅最大；航空运输完成货邮出港量41万吨，同比增长7.5%。

2. 运输结构

总体来看，全市货运的运输结构并无太大变化。全市完成公路货运量31 732万吨，在年度运输结构中占比87.6%；完成水路货运量4 073万吨，在年度运输结构中占比11.2%；铁路货运量377万吨，在年度运输结构中占比1.0%；航空货邮吞吐量41万吨，在年度运输结构中占比0.1%。

3. 各种方式发展特点

（1）公路运输主导地位稳固，货运量增长稳固。（具体内容略，下同）

（2）水路货运量下降明显。（具体内容略，下同）

（3）铁路货运有明显上涨趋势。（具体内容略，下同）

（4）航空运输量逐年增长。（具体内容略，下同）

四、公路通行

1. 高速公路车流量情况（具体内容略，下同）

2. 国省道情况（具体内容略，下同）

五、内河水运

1. 水运客、货运输量（具体内容略，下同）

2. 水运货物进出口量（具体内容略，下同）

3. 过闸量（具体内容略，下同）

六、趋势预测

目前，我国仍处于新旧动能接续转换和转型升级的关键阶段，我市经济结构调整压力较大，但在稳增长、促改革、调结构、惠民生、防风险政策作用下，国民经济运行总体平稳、稳中有进的总态势没有改变。

1. 交通建设投资

2019年我市完成交通建设投资387.8亿元，相较2018年的263.1亿元增长47.4%。随着杭州"5433"交通重点项目的持续推进，绕城高速公路西复线、临金高速公路、千黄高速公路等重点项目将加快建设，预计2020年交通建设投资仍将保持较高水平的增长。

2. 交通运输量

杭州全社会公路、水路、铁路、航空共完成客运量20 348万人次，同比增长2.1%，杭州全社会公路、水路、铁路、航空共完成货运量36 223万吨，同比增加2.9%。随着杭州与周边城市的联系日益明确，国民经济社会发展形势持续稳定，预计2020年全市综合客货运量将保持稳定的增长水平。

3. 各运输方式结构

从旅客运输结构看，公路、水路、铁路、航空的旅客出行比例由2018年的50.3%、3.0%、37.5%、9.2%，调整为2019年的46.0%、3.0%、41.0%、10.0%。随着运输结构进一步优化，公路运输结构将会有所降低，而铁路和航空发展势头依旧良好。旅客出行由公路转向铁路、航空的趋势会更加明显。

从货物运输结构看，公路、水路、铁路、航空的货物运输比例由2018年的86.9%、12.1%、1.0%、0.1%，调整为2019年的87.6%、11.2%、1.0%、0.1%。公路货运占比结构上升，货物运输方式由公路调整为铁路的比例仍需加强。

七、工作建议

总的来看，2020年形势更加严峻、任务更加艰巨，但机遇大于挑战。抓好新一年和下一步杭州交通发展，重点要聚焦行业治理体系和治理能力现代化、聚焦交通强国示范城市建设两个方面来研究谋划和部署推进各项工作。行业治理现代化是交通强国示范城市的必然要求和内在特征，交通强国示范城市是行业治理现代化的承载形式和具体表现。

1. 基础设施补强行动

深化规划研究。贯彻落实国家战略和省、市重大部署，抓好相关规划研究。完成《杭州市交通强国示范城市创建实施意见》和《行动计划》的编制，推动落地实施。深化《长三角交通一体化研究》，完成《杭州都市圈综合交通发展规划（2019—2035年）》编制。全面启动杭州综合交通运输"十四五"发展规划编制。狠抓重大项目。抓好"四好农村路"。高质量完成"四好农村路"三年行动计划，实施102公里等外公路清零行动，推进"放心路、放心桥、放心车保安全工程"，深化农村公路管理养护体制改革，加快提升运营服务水平，推进"美丽农村路"等创建。

2. 运输服务增效行动

深化公交优先发展。出台新一轮公交优先发展政策，深化"四位一体"公交体系建设，不断提升公共交通出行的体验感与满意度，引导出行结构调整。建成地铁1号线三期、6号线一期以及杭富线，实现市辖十区"区区通地铁"。推进公交站点及线网优化，全年新增和优化地面公交线路不少于45条，新增公交站点50对。年公交分担率（不含步行）提升0.5个百分点以上。提升综合运输效能。加快构建安全、便捷、高效、绿色、经济的综合交通运输体系，以地铁站为基点，推进城市公交、轨道、慢行"三网"深度融合；以客运枢纽为联结，促进城市内外各种交通方式顺畅衔接，空铁、公铁等联程客运便捷高效，综合运输效能整体提升。更好发挥综合运输新业态在服务出行方面的积极作用，引导行业规范健康发展。与此同时，配合做好亚运会交通运输保障有关前期工作。深化运输结构调整。推动船闸联动调度一体化，实现京杭运河、杭甬运河和钱塘江有关船闸统一纳入过闸App"浙闸通"，三堡船闸普通货船年平均过闸等待时间缩短至5天以内。大力发展多式联运、江海河联运，引导运输结构更加绿色、节能、高效。加快港口资源整合，推进老码头规范化管理，分类打造示范性码头。引导要素加速向现代港口物流业集聚，培育一批服务功能完善的港口企业，加快港城融合发展。

3. 治理效能提升行动

深化法治交通建设。做好行业立法、执法、普法各项工作。做好综合执法改革后续工作，整合执法队伍、优化执法职能、明确执法责任，统一业务系统及业务标准。加强执法队伍能力素质建设和日常监管。深化信用交通建设，依托"互联网+监管"，建立完善守信联合激励和失信联合惩戒机制。深化交通治堵。推进源头治堵、公交治堵、工程治堵、依法治堵、智慧治堵，力争年度拥堵指数不高于2019年。继续牵头对重大堵点开展专项治理，对常发堵点开展滚动治理，对施工堵点开展及时治理，全年治理堵点不少于20处。深化公路治超。巩固治超工作阶段性成果，确保高速公路超限超载率降至0.5%以下，普通公路超限超载率明显下降。以落实政府主体责任为主方向，形成全市治超工作"一盘棋"；以数字治超、源头治超为主抓手，实现全市治超"两轮驱动"；以普通公路治超为主战场，明确"三个阶段"加强推进；以强化分类管理为总方针，厘清"四种形态"严格落实。深化出租车行业治理。完善"四种形态全面从严治理出租车模式"，推行"现场采集、数据筛选、重点比对、锁定执法、一案双查"非现场执法工作机制，加强重点区域、特殊时段出租车运力供给保障，加大对违规经营行为的打击整治力度，持续提升出租车服务质量水平。深化危险货物运输治理。贯彻《危险货物道路运输安全管理办法》，加强托运、承运、装卸环节管理，加强危险货物运输装备的安全管理，规范危险货物运输车辆运行管控措施，加强对大型特殊装备、构件的运输安全管理。深化平安交通建设。全面实施风险分级管控、隐患排查治理双重预防工作机制，构建完善高效有序的应急管理体系，提升安全监管水平和应急保障能力。加强客运、危化品运输、大型货车、工程运输车、城市轨道交通、公共交通、重点桥梁隧道等的安全监管，确保城市运行安全。深化驾培行业改革。落实企业主体责任和行业监管责任，推动行业监管重点从以学时为中心转变为对培训质量、安全管理、学员权益、市场秩序等的综合治理。做好信访工作。建立民生诉求分析预警机制，注重预警研判和苗头管控，针对性抓好群众热点化解，牢牢守住不发生群体性事件的底线。

4. 绿色交通示范行动

全力打赢蓝天保卫战。加大新能源汽车推广力度，加快建成区公交车更换为新能源车，力争亚运会前全面实现巡游出租车清洁化改造。强化交通工地扬尘治理，推进扬尘在线监测系统安装,加强监督检查,提升数字治理效能。抓好非道路移动机械污染控制、船用燃料油使用监管、汽修行业挥发性有机物(VOCs)污染治理、I/M制度建设、岸电建设等工作。全力打好碧水保卫战。扎实推进长江经济带船舶污染防治专项治理和船舶水污染防治专项整治行动,全面完成杭州籍100—400总吨货船生活污水防污染改造扫尾工作,实现船舶生活污水"零排放"。深化政府购买船舶污染物治理服务模式,推进船舶生活污水收集存储装置安装和岸上接收转运处置设施建设,有效运行运输船舶与港口水污染防治联合监管机制,基本实现船舶水污染物上岸处置。做好淳安特别生态功能区水环境保护涉及交通的有关工作。推进绿色示范项目建设。将生态环保理念贯穿交通基础设施规划、建设、运营和养护全过程,推进绿色公路、绿色港口、绿色枢纽等建设。大力引导绿色出行。践行"出行即服务"的理念,牵头城市大脑全域公共交通服务系统的建设,深化与阿里巴巴、蚂蚁金服、高德等互联网企业的合作,实现全市各类公共交通出行信息的充分衔接,为市民群众提供更加全面、准确、个性的交通出行信息服务。加强绿色出行宣传,结合世界环境日、全国节能宣传周和低碳日、无车日等,宣传绿色出行理念,引导绿色出行。

5. 数字交通赋能行动

营造国际一流营商环境。围绕贯彻实施《优化营商环境条例》,以政府职能转变为核心,以数字化转型为支撑,深化"最多跑一次"改革,进一步减环节、简流程、压时限、提效率、优服务。扎实做好世界银行营商环境考评指标体系涉及交通的相关工作。以"证照分离"改革为抓手,以企业获得感为落脚点,建设高标准交通运输市场体系,激发各类市场活力。重塑系统信息化架构。全面对接机构改革后的新职能、新需求,以深化局指挥中心平台建设和机制建设为基础,突出实用、管用,对现有信息系统进行整合、完善、提升。深化与公安、市场监督等部门的数据融合,加强部门合作、资源共享,加快行业治理数字化转型。争创全省水上交通非现场执法示范区。深化实施《杭州市水上交通非现场执法示范区建设实施方案(2019—2021)》,完善执法标准,规范非现场执法流程,提高非现场执法案件比例,实现杭州航区非现场执法案件占全部处罚案件的50%。

6. 创新驱动引领行动

加强交通科技创新。瞄准新一代信息技术、人工智能、区块链等科技前沿,加强对可能引发交通行业变革的前瞻性科技研究。推进《软土地区航道开挖与高铁桥梁的相互作用机制及控制措施研究》《基于驾驶人安全文明意识和驾驶技能培养的智能实车驾驶教学系统技术开发及示范应用》等项目的研究,加强过程管理,推动成果转化应用。推进《高铁站枢纽区域管理和服务规范》等标准的制定,加强各类标准在交通行业的应用,提高交通标准化水平。推动综合交通产业发展。完成《杭州市综合交通产业发展规划》编制并推动实施。配合有关部门和属地政府推进航空航天、新能源汽车等综合交通产业项目落地。做好我市综合交通产业相关数据的统计分析,完善产业地图相关信息,进一步夯实综合交通产业基础信息收集研判等工作。

杭州市交通运输局
2020年5月

(资料来源:杭州市人民政府网,http://www.hangzhou.gov.cn/art/2020/6/15/art_1229063408_2006154.html,2020年6月15日,内容有删改)

【评析】这是一篇对杭州市 2019 年交通经济运行情况的分析报告。文章开头点明了经济的时代背景。主体从交通建设、旅客运输、货物运输、公路通行、内河水运五个方面概括了 2019 年交通经济运行基本情况。同时对下一步交通经济趋势进行了预测。最后根据上述分析，提出六条具体工作建议。整篇文章运用了大量的数据材料，采用比较分析法和因素分析法等。

相关能力拓展

一、经济活动分析报告与总结的关系

经济活动分析报告与一般工作总结的性质和功能在本质上是一致的，即以党和国家的方针、政策为依据，掌握丰富的材料，进行深入的分析，探索事物的规律，通过认识的提高，指导今后的实践。但是它们在认识事物的角度和方法上，又各有其特点。

经济活动分析报告以指标数据为核心展开分析，评价得失成败，以数量的增减为出发点，分析原因，也要对具体的数量变化做出具体的剖析，要落到实处。

工作总结则要求把实践上升到理论，它回顾分析做过的工作，是为了寻找事物的发展规律，注重对现象进行概括和抽象，忌讳就事论事。一般工作总结常常也要涉及一些数字，但却是作为论据来用的。

如果说一般工作总结侧重于定性分析的话，那么经济活动分析报告则侧重于定量分析。

二、经济活动分析报告与调查报告的关系

管理机关对企业做的经济活动分析报告，从表面看，与调查报告一样，都是写他人，两者都用第三人称，但是这两种材料的功能作用不同。

调查报告属于新闻体裁之一，与消息、通讯、评论等同属新闻范畴，它的内容注重新闻性，即为社会普遍关注的、有兴趣的、接近受众生活的事件，调查报告总是公开发表，见诸报刊。

经济活动分析原本是一种管理方法，它是针对某一特定对象进行的，反映的情况和提出的意见都有鲜明的针对性，所以经济活动分析报告通常都以内部文书形式在内部流传。

三、经济活动分析报告与经济预测报告的关系

经济活动分析报告也可以对未来发展趋势做预测，但对已经实现的情况进行分析是它的基本任务。经济预测报告也要对历史和现状加以分析，但那不是目的，而是为预测未来提供论据。两种报告的结构表面相同，大体都分为递进式的三大部分，但具体内容各不相同。

在开头的概况部分，经济活动分析报告往往仅限于概括本单位基本情况。主体即分析部分，经济活动分析仅分析已出现的情况。在结尾意见和建议的部分，经济活动分析都紧扣计划目标，具体切实。

经济预测报告在开头的概况部分要广泛得多，如果是产品预测，反映的是该产品整个市场、行业的情况，不仅限于本企业。主体即分析部分，经济预测则在已知情况的基础上，运用科学的预测方法，对未来的发展趋势做出推测。在结尾意见和建议的部分，经济预测是供决策参考的，提出的意见和建议是具有针对性和意向性的。

单元六　专业论文的写作

情景导入

转眼陈婷在海宁市××经编有限公司工作2年了,公司领导对她踏实勤奋的工作作风、虚心好学的工作态度和良好的文字表达能力予以了充分肯定,总经办主任对她更是关爱有加。一天,主任告诉陈婷,让她在工作之余好好研究办公室工作的特点和规律,写写研究论文,一方面可以提升自身的理论水平,将工作经验上升到理性认识,进一步提高工作的科学化水平。另一方面可以为将来评经济师发表论文奠定基础。陈婷觉得这是领导对自己的关心和帮助,她决定好好努力,找出与自身工作相关的研究方向,尝试写几篇应用型的研究论文,提升自己的综合素质。

思考： 你觉得专业论文会对工作产生怎样的促进作用?

必备知识

一、专业论文的含义

专业论文又叫学术论文,是专门探讨和研究某一专业领域中有学术价值或亟待解决的问题,并就此发表自己创造性的见解,表达科研成果的议论文。

专业论文具有储存、传播专业研究信息的功能,是交流科研成果的重要工具,也是考核评定专业人员业务水平和学术水平的重要依据。

二、专业论文的特点

1. 科学性

科学性是专业论文的基本特征。它意味着专业论文的写作须在科学世界观与方法论的指导下,直接运用科学的专业知识、原理,准确地剖析客体各种错综复杂的现象,揭示其发展运行的客观规律,并把这种规律以具有普遍意义的科学结论或理论形态表现出来。

2. 创造性

创造性是衡量专业论文价值的根本标准。专业论文的写作应努力探索前人所未曾发现的规律与事实,提出自己独到的见解,破旧立新,推陈出新。这就要求专业论文的作者要在对现象进行周密的观察、调查、分析、研究的基础上,从中发现别人没有发现过的新问题,或者是在综合前人认识的基础上大胆创新。

3. 指导性

专业论文的写作目的就是要运用客观规律来指导实践,推动现实工作的开展。它或者从宏观上为党和国家制定方针政策提供理论依据,为国民经济发展勾画目标前景;或者从微观上对某个部门、某个行业、某个项目进行论证和指导，解决运行中存在的各种问题。这就要求写作专业论文要注重实效，讲求实际，一切从工作的实际出发，有的放矢，对症下药，具有实用价值。

4. 平易性

这是指专业论文在表达上的通俗易懂和内容上接近现实生活。专业论文的内容虽是专业性很强的理论问题，但它毕竟是对生活中事物的反映，并且是为了交流的需要，所以，不可过多地搞抽象的纯理论思辨，在保有较强的理论色彩和一定理论深度的前提下，更多地注意其可读性、可懂性，深入浅出、平易通俗，力求使文化层次不同的众多读者能够理解和接受。

三、专业论文的种类

专业论文的种类大致如下：

1. 按研究对象的范围分

按研究对象的范围分，专业论文分为宏观专业论文和微观专业论文。

宏观专业论文指宏观的、普遍性、整体性的专业问题研究论文；微观专业论文指以局部性专业问题为研究对象的论文。

2. 按研究对象的性质分

按研究对象的性质分，专业论文分为有理论性专业论文和应用性专业论文。

理论性专业论文是指以研究理论问题为主的专业论文；应用性专业论文指根据基础理论，以分析各种具体现象、解决实际问题为主的专业论文。

3. 按写作目的分

按写作目的分，专业论文分为学术论文和学位论文。

学术论文是指科研工作者向科技部门提交或供各专业杂志发表用以交流的专业论文；学位论文是学位申请者为申请学位而提交给考核部门的论文。依据学位的高低，学位论文又可分为学士论文、硕士论文和博士论文三种。

4. 按论证的方式分

按论证的方式分，专业论文分为立论文和驳论文。

立论文是在论文中直接树立自己的观点，并以大量论据证明自己论点正确的专业论文；驳论文是运用大量证据反驳对方论点，以证明对方论点是错误的，从而驳倒对方，树立起自己论点的专业论文。

——————— 能力技巧 ———————

一、专业论文的写作步骤

1. 选题

选题，即确立研究课题。选题一般遵循以下原则：

（1）客观上，选择有科学价值、现实意义的论题。从论文的价值来看，选题的理论意义和现实意义是首要的。一是从实践中发现的问题中进行选题。现实工作或生产实践总会有些应当解决但尚未解决的问题，这种选题具有较强的现实意义。二是从有必要进行补充或纠正的课题中进行选题。学术问题总是在错误修正中，或扩大应用领域中，或与其他知识相结合中发展的。

（2）主观上，选择个人条件好的论题。术业有专攻，人或有偏好。对某一问题感兴趣，就易于钻研下去并取得成绩。因此，选择自己在专业中的强项问题，或自己最感兴趣的专业问题作为自己的课题方向，有利于提高论文撰写质量。

选题应注意以下几点：一是选题大小要适中。尤其是初学者尽可能从一个较小的角度切入，以便谈深谈透。二是注意研究角度新。从新的角度切入，才能谈出自己的见解，论文才有价值。三是要知己知彼。无论怎样选题，都必须了解前人已有的相关研究成果，以及自身的学术水平和研究条件，切不可脱离实际去选题，即不能选择方向虽好但无法完成的课题，也不要重复前人早已研究的成果。

写作毕业论文或学位论文一般还要填写开题报告来论证选题的科学性和可行性。开题报告一般包括选题的意义、目的、国内外研究现状、研究思路、研究重点、难点以及完成步骤等。

2. 准备

（1）搜集资料。选题和资料搜集紧密相关。只有确定了选题才能按照选题方向去搜集更多的资料；有时也会因新资料的影响，产生新的看法，再次修订选题。搜集资料是具体研究问题的开始，没有资料就无从分析问题。

资料可以用直接调查的形式获得，也可以通过图书馆、档案馆或互联网查阅获得。通过图书馆、档案馆或互联网查阅资料，可以获得多方面的有用信息。首先，可以提供课题的研究状况。查阅资料，可了解自己的选题究竟新在何处，有什么意义，迫使自己思考研究本课题的方法和途径。其次，能够获得二手基础资料。已发表的论文或历史文献中具有大量的有用资料。某些基础性资料可帮助我们重新认识问题，因为同样的资料，站在不同的角度可以得到不同的认识。

直接调查也是获得资料的重要途径。其调查形式是多样的，如通过直接观察、个别访谈、查阅有关档案、抽样发放问卷等方式进行。调查材料是第一手资料，反映的是现实实际情况，对认识课题的现实意义具有重要作用。

（2）分析、提炼材料。面对一大堆材料，如何取舍和安排呢？首先，要做好资料的分析工作。一是将资料分类。资料分类是资料分析的重要步骤，分类标准要以资料反映的主要思想为依据。二是给每类资料拟写标题。根据对资料的分析，撰写资料标题。标题是资料中心思想的概括和结论的提示，将为我们取舍资料和安排资料在论文中的位置做准备。三是分析资料能够证明的结论。要分析每类资料能够导出的结论并把这些结论写出来，形成自己的见解。其次，要根据论文目的，考虑材料选择的必要性、真实性、新颖性和充分性。

（3）写作技巧准备。广泛阅读典范论文，学习研究方法及论文的撰写章法和技巧，通过分析这些论文，学习专家们的思路、角度、方法和方式以及谋篇布局技巧，从而达到拓展自己思路、合理安排结构的目的。

3. 撰写

（1）拟提纲。根据初步研究结果，确定主体结构，确定标题、小标题、结构层次、中心论点、分论点等。特别要注意将各个分论点按照内在的逻辑关系组合起来。

（2）执笔写作。先写出初稿，然后反复修改，最后修改定稿。

二、专业论文的写作技巧

专业论文的写作格式与一般文章的写作格式相比,要规范得多、复杂得多。尤其是随着科学技术的发展和国际交流活动的频繁,为使科学技术达到最佳的经济、技术效益和社会效果,需要论文写作得更为规范。

一般说来,一篇论文通常包括下列部分:标题、署名、摘要、关键词、正文、注释、参考文献、致谢、附录等。

1. 标题

标题,是专业论文的题目。标题的拟定,一是要准确。即要求标题能准确地表达出论文的中心论点和研究的范围。二是要简洁。这既指标题的内容要精练、具体,又指标题字数不宜过多,一般以不超过20字为宜,如果语意未尽而需要进一步引申主题,补充说明,则可以适当地加上一个副标题。如果论文篇幅较长,还可以根据内容需要和分量的轻重,安排适当的分标题。三是要醒目,即要求标题要突出、新颖、能引起读者的注意。四是要凸显文种,即应选择诸如"论""试论"等能够显示文种类别的字眼来拟定标题。

常见的专业论文的标题,大致有三种基本类型。

(1)揭示论点的标题,即以简洁的语言,直接揭示论文的中心论点,如"'中国之治'时代下人口研究的定位、支撑及其使命"。

(2)揭示课题的标题,即以简洁的语言,揭示出论文研究的范围,如"'十三五'时期的中国社会保障建设成效与基本经验"。

(3)主副标题。一般主标题揭示观点,副标题揭示研究范围,如"民族文化情怀与现代观念的诗意整合——张晓风散文古典意蕴与现代美感探析"。

2. 署名

论文作者的署名,不仅是作者创造性劳动的体现和作者应享有的权利,而且也是表示对所写文章的负责。为了便于识别,作者应当用全名,必要时可加上职务、单位名称、城市、邮编等,署名应放在标题之下。如:

标　　题

姓　名

(浙江××职业技术学院,浙江杭州,310018)

3. 摘要

摘要,又叫内容提要,是对论文的内容不加诠释和评论的概括性陈述。摘要的内容是对全文内容的高度浓缩。一般包括:介绍研究工作的对象、范围和缘由,简介研究的内容和过程,介绍成果、结论及其价值、意义等。一般说来,摘要的写作要求准确、精练、具体、完整,既要能准确地概括论文的主要内容,还要能简明扼要独立成文,其字数不宜过多,一般在150~300字为宜。

摘要是专业论文结构中重要的组成部分。其作用在于能帮助读者尽快地了解论文的主要内容和结果,帮助读者判断是否有必要阅读全文。另外,随着科技情报事业的发展,它还可以满足二次文献工作的需要,供编制文摘刊物时引用。

4. 关键词

关键词是为了检索的需要,从论文中选出来最能代表论文中心内容特征的有实质意义的名词和术语。关键词一般来源于论文标题，也可以从论文内容中抽出。一篇论文可选 3～7 个。关键词另起一行排在摘要之下。选取关键词可以不考虑语法上的结构，也不一定要表达一个完整的意思。

用于国际交流的专业论文还要写外文摘要，通常多为英文摘要。外文摘要一般写在中文摘要的后面，也有附在正文后面的。它要包括文题、作者和工作单位、内容摘要、关键词等项。

5. 正文

论文正文的结构形式即最基本的结构形式——"三段论"结构形式。从总体上来说，论文正文由绪论、本论、结论三个部分组成，即提出问题、分析问题、解决问题。

（1）绪论。绪论也称引论、引言、导论、导言等，它是论文的开端部分。其作用在于提出问题，引出论文主体，以便展开论证。一般简要说明研究课题的目的、意义、范围；或对研究的课题，前人研究的情况、现状及发展趋势做客观的阐述或表明自己研究的依据及方法等；或指出问题，引起读者思考或吸引读者阅读下文。常用的开头方法有：

1）开门见山提出中心论点。

2）介绍国内外有关问题的研究动向，引出自己的观点。

3）从当前公众关注的热点问题，引出论点，表明自己的看法。

4）从研究课题相关概念的定义写起，导出本课题的研究目的、方向及自己的观点。

（2）本论。本论也称主体，它是专业论文的主要部分。如果说引论只是提出了问题的话，本论部分就是分析问题、运用论据证明论点的部分。

论文的本论部分，在写作中应注意如下几点：

1）围绕中心论点从各个方面或不同角度建立分论点。

可用序号、小标题等形式。中心论点是全文居于统帅地位的观点。分论点是从不同角度、不同层次支持、证明中心论点的观点。两者的关系是：中心论点统帅分论点，分论点紧紧围绕中心论点。

2）论文的分论点要按照一定的结构形式排列起来，使主体部分形成一个完整统一的整体，具有内在逻辑力量。

主体的结构方式有三种：一是并列式结构形式，即运用并列的几个分论点展开论述；二是递进式结构形式，即采用纵式结构，步步深入、层层展开；三是纵横穿插，并列与递进结合式的结构形式。

3）中心明确，重点突出。中心明确，既指应提炼出明确的中心论点，又指在写作过程中始终要围绕中心论点展开论证，以中心论点为轴心。重点突出，是指在中心观点上，在作者新发现的地方，要全面展开，详尽阐述，而在一般的地方则要简明扼要。

4）论证充分，逻辑严密。论文撰写，不仅要论点明确，还要根据论点的需要来筛选材料，以材料来说明观点，形成材料和观点的统一。论证要有严密的逻辑性，在阐述自己的学术见解的时候，应表现一种逻辑力量，证明自己的见解是合理、毋庸置疑的。

5）客观公正，态度诚挚。正文中运用的材料要反复核实；观点的表述要中肯，要正视自己研究中存在的问题，并给予实事求是的说明，做到以科学态度对待科学问题。

（3）结论。结论是专业论文的收束部分，是全文的归纳、总结和提高、深化。一般写论证得到的结果，即研究成果的结论，也可对自己或他人在这一领域的研究提出要求及预测发展趋势。这部分要求结论明确，文字简练。

6. 注释

论文写作中，有些问题需要在正文之外加以解释，这就是注释。注释的功用有两类，一类是补充论文的内容，一类是注明资料的出处。尤其是后者要交代引文作者、篇名、出版者、页码等。

7. 参考文献

论文后注明参考文献，既是表明对前人研究成果的尊重，也是说明自己工作的依据，还便于读者查阅原文资料，更全面和更深入地了解有关内容。参考文献应包含作者、篇名和出版地、出版社、出版时间等。

注释与参考文献中一般采用通行的标志符号，如期刊[J]、普通图书[M]、会议录[C]、档案[A]、报纸[N]等。如：

[1] 王洪才.中国大学模式探索[M].北京：科学出版社，2013：178.
[2] 程卫凯.加快形成具有国际竞争力人才制度优势的思考[J].中国人才，2013（07）.
[3] 罗迅.大数据时代[N].光明日报，2014-05-17（3）.
[4] 中共中央关于坚持和完善中国特色社会主义制度 推进国家治理体系和治理能力现代化若干重大问题的决定[EB/OL].（2019-11-05）.环球网，https://china.huanqiu.com/article/9CaKrnKnC4J.

8. 致谢

致谢是对为本文研究提供过帮助和指导的单位、组织或个人表示谢意，以表示尊重他们的劳动，感谢他们的帮助。

9. 附录

附录也是论文内容的一个组成部分，它可以对专门问题做比较系统的介绍，也可以介绍参考性资料或推荐性的方法。

以上所述是专业论文写作的一般格式。虽然现在学术论文的写作格式都要求规范化，但作为形式来说，它始终是为表现内容服务的。因此，也并非所有的论文写作都要求每部分完全具备，这就要根据写作中的具体情况，看是否必要，以决定取舍。

三、专业论文的写作要求

1. 合理选题是关键

选题是专业论文写作的第一步。题目选得好坏，从一定意义上可以说是论文写作成败的关键。如何选题，这是每一个论文写作者都面临的问题。选题要有针对性，针对其作用，针对其创造性，针对其理论性；选题要考虑可行性，即应结合自己的实际情况来选题。选题必须掌握学术信息，所谓掌握学术信息，是指对自己研究领域的历史和现状有一个大体的了解，要从"宏观"的角度摸清本学科的基本情况。掌握学术信息的途径有两个：一是向本学科的专家或内行请教；二是检索有关资料。

2. 占有资料是基础

撰写专业论文应围绕课题占有详细的资料。科学研究，从本质上讲，就是要发现事物的内在规律，揭示其蕴含的真理，而"规律""真理"总是存在于大量的现象中，蕴含在丰富的材料之内。因而占有详尽的材料，从这些材料中"引出"其固有的而不是臆造的结论——这就是一切科学研究的根本宗旨。

3. 掌握方法是前提

写专业论文，在研究过程中最常使用的方法就是分析和综合。分析就是把整体分散为局部，把复杂的事物分解为简单的要素，把完整的过程分解为组成它的阶段或环节来分别研究的一种思维方法。综合就是在思维中把分析的结果联结起来，把分析中得到的关于研究对象各个部分、单元、要素、环节的认识复原为对于对象整体的认识。分析是结论的基础，结论就是在分析的基础上所做出的科学综合。所谓论文的"逻辑性"就来自分析的周密、条理、精辟。综合也很重要，没有科学的综合，就没有判断，就没有认识的"飞跃"，也就没有任何观点、结论可言。所以，撰写专业论文，要特别注意掌握分析和综合的方法。

4. 拟定提纲是要领

拟提纲对专业论文的写作十分重要。有一个提纲，可以帮助我们树立全局观念，从整体出发，去检验每一个部分所占的地位，所起的作用，相互间是否有逻辑联系，每部分所占的篇幅与其在全局中的地位和作用是否相称，各个部分之间的比例是否恰当和谐，每部分之间是否能相互配合，都能为主题服务。提纲对论文的写作影响极大，所以，一定要在这上面多花点时间和精力。

【案例评析】

高职教育深化产教融合的经验、问题与对策

马树超　郭文富

（上海市教育科学研究院，上海，200032）

【摘　要】党的十九大对职业教育深化产教融合提出明确要求。《国务院办公厅关于深化产教融合的若干意见》（国办发〔2017〕95号）进一步做出全面部署，产教融合成为国家教育改革和人才资源开发的基本制度安排。从中国高职教育20年的大发展来看，坚持产教融合是其发展壮大的关键，也是其实践探索取得的重要经验。深化产教融合要求高职教育必须克服现存问题，进一步将产业先进技术、优秀文化和发展需求融入专业教学，深入推进产业界、教育界的有机衔接，以保证高职教育事业的可持续发展。

【关键词】产教融合；高职教育；可持续发展；对策

习近平总书记在党的十九大报告中强调要"完善职业教育和培训体系，深化产教融合、校企合作"，这是对中国特色职业教育深化改革的要求，也是中国特色职业教育为世界舞台提供智慧和方案的重要支撑。在全面建成小康社会的决胜阶段、中国特色社会主义进入新时代的关键时期，国务院办公厅印发《国务院办公厅关于深化产教融合的若干意见》（以下简称《意见》），将产教融合上升为国家教育改革和人才资源开发的基本制度安排，充分体现了产教融合这一教育思想的重大意义。产业发展与教育教学由结合、合作走向融合，是我国近年来科技发展和产业升级对技术技能人才培养的新要求。

一、坚持产教融合是高职教育改革发展的重要经验

中国高职教育20年的健康发展，既是对校企合作、工学结合的实践探索，也是对坚持

产教融合这一重要经验的最好诠释。尤为可贵的是,中国特色的高职教育改革是从基层院校的实践探索开始的,一批高职院校坚持与产业互通互融,努力将代表产业发展趋势的优秀元素融入教育教学过程,在创新人才培养模式、建设专兼结合的教学团队、服务社会、服务地方、服务企业和形成办学特色等方面取得明显成效,加快了高职教育改革步伐,走出一条不同于普通高校的发展之路,将产教融合的内涵提升到一个新的高度,显示出了空前的活力和勃勃生机。

1. 将产业先进技术元素融入教育教学过程

产业先进技术是先进生产力的代表,把产业先进技术对职业岗位的关键要求融入专业教学标准和教学大纲等教学资源中,对推进专业教学对接产业发展、有效推广产业新技术新技能、提升职业教育课程技术含量、增加技术技能人才培养的有效供给等具有重要的主导意义,也为高水平专业建设提供了无可替代的平台资源。一些高职院校开始注重将产业先进技术融入教学改革,提升人才培养能力和服务贡献水平。南京信息职业技术学院创新"UPD合作模式",与技术链上游企业群(Upstream firms)共建公共技术服务平台(Platform),将生产标准、技术标准融入教学大纲和课程内容,推进产业先进技术元素深度融入人才培养过程,为技术链下游企业群(Downstream firms)提供技术服务和人才支撑。深圳职业技术学院通信技术类专业与华为公司开展深度合作,将华为面向在职工程师的认证融入教学,课程开发与证书认证互促互进,形成技术技能人才"课证共生共长"模式。2008年成立国内高校第一家华为合作授权培训中心,2011年建成国内高职第一所华为网络技术学院,在校生中产生了全球高校第一位、全世界第150位华为光传输顶级认证专家,49名在校生通过华为路由与交换顶级认证,2013~2016年连续4年获得全国职业院校技能大赛一等奖。

2. 将产业优秀文化元素融入教育教学过程

产业优秀文化不仅能够体现产业的精湛技艺,而且承载了精益求精、追求卓越的工匠精神。高职院校在注重学生技能提升的同时,重视发挥产业优秀文化的育人作用,结合高职教育特点和育人规律,用学生喜闻乐见的语言、易于接受的方式,探索促进职业理念、职业素养、职业技能、职业精神融于一体的有效途径,以优秀文化持续影响学生,引导学生形成正确的价值观,塑造学生行为方式,提升育人水平。山东商业职业学院在商科类专业教学中融入鲁商优秀文化元素,创建鲁商博物馆,传承鲁商文化"经道义、营民生、顾国谋利"的精髓,构建了"课程同向引领、鲁商文化浸润、心灵能量滋养、网络思政助航、服务学习导行"五位一体的商科人才培养和评价体系,成效显著。

3. 将产业发展需求融入专业建设与教育教学过程

专业建设适应地方产业发展需求,是高职教育产教融合的重要体现,也是高职教育坚持"服务发展、促进就业"办学方向的亮点,促进了高职院校的专业教学革新和服务贡献能力提升,体现了高职教育的行业性、地方性特征。温州职业技术学院按照"区域有什么支柱产业,就设置什么专业;区域企业有什么难题,就建立什么服务平台;区域有什么新技术需求,就培养什么新技术应用人才"的做法,把温州重点打造"国际时尚智城"的产业发展需求融入专业设置与教学要求,全方位推动专业教学改革,该校现有35个专业全部根据区域的支柱产业和特色行业设置,建立了41个技术研发服务平台服务温州企业,学院成为温州城市的一张名片。贵州铜仁职业技术学院紧贴贵州生态畜牧业大省及纯天然中兽药产业可持续发展的需求,联合相关企业、科研单位共建"民族中兽药分离纯化技术国家地方联合工程中心",获国家发展和改革委员会批准。该中心集研究开发、技术创新、工程化实验、中试产业化、凝聚培养人才为一体,充分体现了专业建设适应地方产业发展需求、协同创新、服务地方的特色,成为引领贵州民族地区中兽药产业发展的科技进步与创新平台。高职院校的实践探索,得益于中央政府和财政专项的有效引导。如2006年国家示范高职院校建设专项计划重点引导工学结合的人才培养模式改革,2010年国家骨干高职院校建设专项计划重点引导校企合作的体制机制创新,2015年优质高职院校建设计划进一步引导产教融合的高水平院校和专业建设,政府部门对高职教育推进产教融合发挥了重要的引导和辐射作用,使得院校方向感、获得感大大增强。专项资金推动高职院校改革,成为市场配置资源中发挥政府重要作用的重要范式。"十二五"期间,高等职业院校面向先进制造业、智能制造业、新技术新装备和健康养老等支柱产业、新兴产业,积极设置新专业或增设新的专业方向。面向第二产业的新增专业点数由2010年的2 865个增加到2015年的4 926个,增幅71.9%;面向第三产业的由1 466个增加到2 997个,增幅104.4%[1]。仅在2014年,高职院校主动停招或撤销与地方产业相关度低、重复设置率高和就业率低的专业点5 200余个,同时新增了3 200多个与新业态密切相关的专业[2]。实践证明,坚持产教融合是高职教育发展壮大的关键。产教融合的核心是将产业先进技术、产业优秀文化、产业发展需求融入教育教学资源和教育教学过程,推进专业教学对接产业发展,推广产业新技术新技能,提升职业教育课程技术含量,增加技术技能人才培养的有效供给。

二、高职教育深化产教融合仍然存在三个瓶颈

我国经济发展进入提质增效升级的新阶段,产业结构的改善和产业素质与效率的提高,必将改变就业结构和方向,对人力资源开发提出新要求。在此背景下,高职教育推进产教融合的改革实践不断走向深入,取得的经验值得推广和示范,但也要清醒地认识到,高职教育深化产教融合仍面临诸多瓶颈制约。

1. 传统的学校教育制度偏重于院校自身发展而忽视面向经济建设的发展

这导致在理念和认识上存在诸多误区,各地各院校对产教融合缺乏共识。有人认为校办产业就是产教融合,有人主张产教融合就是办"校中厂""厂中校",有人觉得企业的逐利性与学校的公益性之间具有不可调和的矛盾,产业与教育是不可能实现融合的,等等,因此对高职教育深化产教融合缺乏应有的重视。2016年,国务院教育督导委员会为引导高职院校加强内涵建设,促进产教融合、校企合作,将全国高职院校评估的主题确定为"高等职业院校适应社会需求能力评估",将企业参与高职院校办学、共同育人和服务经济社会等指标作为评估的重点,以推进高职院校提高人才培养和服务地方经济社会发展的能力[3]。但从实际情况看,这一评估主题并未像"高职高专院校人才培养工作水平评估"和"高等职业院校人才培养工作评估"等评估工作那样更加引起高职院校的重视,很难真正发挥好推动作用。

2. 配套政策与评价体系不足,使得企业方面少动力

目前,国家和地方在职业教育产教融合方面的法律法规建设上仍显薄弱,相关条款的力度、操作性与约束性也存在不足。在此情况下,产教融合往往容易流于表面,不够深入,企业参与高职教育的驱动力欠缺、有效性不够,存在浮躁、急功近利的现象。高职教育深化产教融合的政策体系、标准体系、统计体系、绩效评价等亟待加快形成。尤其是当前大数据已成为国家重要基础性战略资源,正发挥着引领全局、覆盖全面、贯穿始终的独特作用,引导着人财物等各类资源各尽其用。在此背景下,更加需要加快完善统计、分析与评

价体系,及时反映产教融合的水平与效益。《意见》要求"积极支持社会第三方机构开展产教融合效能评价,健全统计评价体系",并要求"强化监测评价结果运用,作为绩效考核、投入引导、试点开展、表彰激励的重要依据",若能够加快落地,将对深化产教融合突破瓶颈发挥重要的作用。

3. 产教供需的双向对接困难重重,市场的优秀力量难以进入职业院校专业教学

产教融合的育人价值在于把产业升级的先进技术、先进工艺等融入教育教学资源与教育教学过程中,使专业教学能够不断对接产业发展、服务产业发展。但是,由于高职院校体制内教师的专业能力往往难以适应产业升级和技术快速发展的要求,加上繁重的专业教学课时压力,使得专业教师既缺乏对接产业发展的能力,也缺乏吸收产业先进技术元素的时间和动力。而行业企业和社会培训机构在面向市场、对接产业升级和技术发展方面具有优势,作为体制外的存在,是要以灵敏的嗅觉与快速反应才能生存和发展的,他们可以为高职院校面向市场、对接产业发展需求提供优质的课程资源和教学服务。但是,由于市场机制还不完善,既缺少体现市场合作和产业分工的专业化教学服务组织,也缺乏引入这些市场优秀力量的动力和机制。

三、深化产教融合是高职教育可持续发展的重要支撑

在中国桥、中国路、中国港、中国网、中国高铁等先进技术逐步走向世界舞台中央的新时代,传统模式的教育教学已难以满足产业发展对人才培养需求。因此,深化产教融合的最终目的,或者说最终评价标准,不是合作企业的数量有多少,而是产业先进技术元素、优秀文化和发展需求融入专业教学的深度,是教育教学目标和人才规格优化的力度,是教育和产业统筹融合、良性互动的程度,关键是学校培养的学生面对产业发展的胜任力提高,学校服务力提高。

1. 政府部门要致力于优化产教融合的发展环境

政府优化发展环境,一方面要发挥产教融合的先行先试和辐射带动作用,积极实施高职教育产教融合工程和产教融合大样本试点,推进产学协同育人项目,建设一批行业企业共建共管的现代产业学院。鉴于高职教育改革探索的艰巨性和重要性,进一步强化中央财政的专项引导作用,将更有利于深化产教融合,建设中国特色高水平高职学校和专业,为国家源源不断地输送人才红利。另一方面,要推进《意见》落实,组织科研力量,加快建立健全凸显产教深度融合的指标体系、政策体系、标准体系、统计体系、效能评价体系,细化促进行业企业办学的具体政策,激发行业企业参与高职教育的内生动力,切实发挥学校与企业的办学主体作用。

2. 产业技术链上游企业要参与产教融合的平台建设

强化企业重要主体作用、促进企业深度参与,是打造产教融合平台的重要组成部分。根据《中华人民共和国职业教育法》规定,企业应当履行实施职业教育的义务,参与职业院校的办学、决策等。同时,深化产教融合也是推进管办评分离和"放管服"改革的重要组成部分,引入企业等主体参与办学,促进办学主体多元化,可以加快教育治理模式转变和治理结构现代化。因此,要充分调动企业参与产教融合的积极性和主动性,拓宽企业参与途径,深化"引企入教"改革,支持引导企业多种方式参与学校专业规划、教材开发、教学设计、课程设置、实习实训。发挥骨干企业引领作用,吸引优势企业参与,完善校企合作长效机制。2018年2月,教育部等六部门联合印发了《职业学校校企合作促进办法》,

强调校企合作是指职业院校和企业在实施职业教育过程中通过共同育人、合作研究、共建机构、共享资源等方式实施的合作活动。该办法同时厘定了企业参与职业教育的7种形式，进一步建立起发挥企业主体作用的基本框架和参照依据。

3. 高职院校要将融入产业发展优秀元素作为专业教学改革的重要路径

优质的高职教育必须要有优质的教学，深化产教融合最终要落到课堂上、落到教材中、落到教学方式里。高职院校在法律框架下享有办学自主权，深化产教融合亟待更好发挥学校的主观能动性。高职院校要加快形成深化产教融合的理念、路径、方法与举措，进一步围绕校企合作、工学结合的办学制度，推动办学体制改革，建立紧密对接产业链、创新链的专业体系，形成需求导向的人才培养模式。同时要充分发挥教师队伍在教育教学改革中的主导地位，优化师资队伍的规模结构，提升专业教师跟踪产业发展、服务产业需求的意识、能力和水平，打造一支满足新时期产教融合新要求的教师队伍。在产业加快转型升级的过程中，专业教学能否不断吸取产业发展的先进技术元素、优秀文化元素等，是高职院校持续发展的内在动力。

4. 面向市场，优化教育教学资源是深化产教融合的重要突破口

深化产教融合要强调搞活市场并规范市场，这是因为体制在变化，由原来政府配置资源到今天强调市场在资源配置中起决定性作用和更好发挥政府的作用。当前高职教育发展的定位、内涵和特征，就是要坚持面向市场、服务发展、促进就业的办学方向，这是国家经济社会转型升级对高职教育提出的要求，也是高职教育健康发展的基石。行业企业和社会培训机构对市场变化的反应更加敏锐，能够更灵活地汇聚教育资源开发教育产品，因此，搞活市场将是深化产教融合的重要突破口，是促进产教供需双向对接的重要媒介。《意见》指出要"培育市场导向、对接供需、精准服务、规范运作的产教融合服务组织（企业）""允许和鼓励高校向行业企业和社会培训机构购买创新创业、前沿技术课程和教学服务"，这样，才能推进院校更好地依托市场与产业先进技术对接的优势，有效提升高职教育面向市场、服务发展的能力，提高产教融合的效能。总体上看，产教融合与校企合作是职业教育的基本办学模式，也是建设知识型、技能型、创新型劳动者大军，完善现代职业教育制度的关键所在。同时，产教融合还是对已有实践的科学总结，更是校企合作的升级版与根本要求。我国高职教育经过前一阶段的产教融合实践探索，取得了长足的发展。面对新环境新要求，如何适应经济社会转型和产业升级的新要求，如何全面提升高职教育质量，深化产教融合更将是关键一招。未来，期待高职教育深化产教融合的各项目标任务得到有序、协调的推进，人才培养供给侧和产业需求侧结构要素不断融合，高职教育能够为加快建设实体经济、科技创新、现代金融、人力资源协同发展的产业体系源源不断地提供有力支撑。

参考文献：

[1] 上海市教育科学研究院，麦可思研究院. 2016 中国高等职业教育质量年度报告 [M]. 北京：高等教育出版社，2016:14.

[2] 上海市教育科学研究院，麦可思研究院. 2015 中国高等职业教育质量年度报告 [M]. 北京：高等教育出版社，2015:14.

[3] 国务院教育督导委员会办公室. 关于印发《高等职业院校适应社会需求能力评估暂行办法》的通知：国教督办〔2016〕3号 [Z]. 2016-3-14.

（资料来源：马树超，郭文富，《中国高教研究》，2018年第4期，内容有删改）

【评析】这篇论文题目交代了论题，其选题在当下具有现实意义，结合高职教育产教融合所面临的经验与问题，提出了有针对性的路径与对策，具有较强的实用性，对实施高职院校的产教融合有重要的参考价值。摘要简练而客观地概括了文章主要内容，给读者以提示作用。开头第一段为前言，结合当下形势提出问题。主体部分先提出当下高职教育产教融合的重要性，再进一步阐述产教融合面临的瓶颈问题及深化的路径与方法，构成递进式结构，层层深入探讨，逐步加深对该问题的认识。

相关能力拓展

毕业论文的相关知识

一、毕业论文的作用

毕业论文是大学生毕业前，根据所学专业，综合运用已学知识，有选择地进行学术研究，表述理论创造或表述分析应用所写的一种学术论文。

毕业论文对学生具有考查作用。由于学历层次的不同，考查要求的程度也不同。如硕士和博士论文就是学术论文，要求具有独创性；而大专和本科生，主要考查的是已学理论的应用。

毕业论文本质上属于学术论文，其要求与学术论文大体相同。需要经过选题（自己所学专业范围内）—写开题报告—提纲—初稿—成稿—答辩这几个步骤。其特殊之处有以下三点：

1. 综合考查已学知识的应用能力

毕业论文的撰写是大学生毕业阶段的重要学习内容，是对学生已学知识的综合考查。

（1）考查运用已学专业知识分析问题、解决问题的能力。

（2）考查查询专业资料（中文资料和外文资料）的能力。

（3）考查运用计算机分析和处理数据的能力。

（4）考查语言（中文和外文）的表达能力和文章的撰写能力。

2. 培养科学工作的素质

要求详细阐述课题研究过程，体现该课题的研究方法。

3. 培养创新意识

要求学生的选题具有新颖性、实践性。

二、毕业论文答辩

毕业论文答辩，是由论文审定小组（或委员会）围绕论文，对论文作者公开审查、检验的一种方式。

1. 论文答辩的意义

（1）考察论文写作的真实性，这是最低层次上的意义。

（2）对论文质量考核评估，这是最根本的也是较高层次的意义。

（3）可以帮助论文作者修改论文。

2. 论文答辩的准备

（1）资料准备。除精心准备自述提纲外，还应围绕论文内容搜集有关资料，并且要预想答辩教师可能会提出哪些问题。可采取准备资料卡片的方式来完成资料准备工作。

（2）心理准备。不要有侥幸心理，也不要怯场，要相信自己，做到从容、自信地参加论文答辩。可以提前到达答辩现场，熟悉环境和气氛。只要准备充分，心中有底，就能消除紧张心理。

3. 答辩的一般要求

（1）内容要正确、清晰。自述要体现逻辑性、科学性、理论性。答问要有针对性，避免答非所问。要做到这一点，要做好资料准备和心理准备。

（2）语言要流畅、自然。在自述及答问时，做到语调自然，发音清楚，言语富有节奏感，手势表情自然大方。

（3）态度要诚恳。谦虚、沉着、冷静、理智，意识到答辩是一次学习的好机会，要有求知的诚恳态度，神态和用语都应谦虚委婉，切忌强词夺理、胡搅蛮缠。

4. 答辩的一般技巧

（1）善于倾听，把握题旨。要专注地听取教师的提问，快速领悟题旨，这样才不会答非所问。若一时未能完全领会提问的意图、指向，可以虚心、诚恳地以求教的口吻请提问人再重复一遍。若是意识到自己回答有误，应立刻勇敢地承认，并主动纠正，获得重新答问的机会。

（2）化解难度，先易后难。若遇到答辩教师连续发问，可选取容易的问题先答，再攻克难题。这样可以保证自信心不受困扰，有效地发挥能力、水平。

（3）简洁明快，不枝不蔓。应干净利落，不可随意尽兴发挥和扩展问题。这样才能在有限的时间里完成任务，避免言多失误。

（4）谨慎试探，善于进退。若遇到难题，如题目过深，范围过广，可谨慎地用"设问法"限制题意，或用"余留法"采用商询式的肯定方式作答，使答问较主动，便于简述自己的见解。

答问时还要把握好进退幅度。如答辩教师听得满意，可稍作发挥，进一步阐述，以"扩大战果"；但也要注意见好就收，以免画蛇添足。

5. 论文答辩的程序

答辩由答辩人（学生）和主答辩者（教师）共同配合进行。它历经如下三个程序：

（1）自述。答辩开始时，一般先由答辩学生做15分钟左右的自述。简要说明论文的写作意图，课题研究的背景，选用的研究方法，论文的中心论点、分论点、小论点，论文选用的主要材料，全文结构的基本特点，本论文课题研究的发展方向和前景，论文存在的不足等。可采取演讲式或宣读式来完成这部分内容。自述完毕，即可礼貌地请主持答辩的专家、教授提问。

（2）问答。问答是指答辩学生就答辩教师所提出的问题一一作答。答辩学生可充分表述自己的学术见解，介绍学术研究成果及其价值，以使答辩教师考查确认论文的真实性和价值。通过问答，可以促进学术交流，促进论文作者认识的深化。

（3）宣布结果。答辩结束后，答辩教师经过商议，由主答辩教师当场宣布论文与答辩是否通过的结论，再经过"合议评级"程序，为论文评出成绩等级。成绩通常书面通知答辩学生。一般按优、良、中、及格、不及格标准评定成绩。

答辩结束后，作者根据答辩中发现的问题，可对论文进行修改、完善，进一步提高自己的学术水平和论文的质量。

模块小结

◎ 总结、调研文书是处理日常事务，用来总结经验、研究分析问题、指导工作、沟通信息的实用性文书。在写作中要深入调查研究，获取真实的材料；态度上和方法上要实事求是；写作时应当遵守约定俗成的格式；语言要准确、简练。

◎ 总结、述职报告、调查报告等报告类文书的正文一般都是由前言、主体和结尾组成的。前言叙述概况或撰写文章的目的，主体陈述过程、原因和结果，结尾概括全文结论。总结切忌写成"流水账"，要总结经验、找出差距。述职报告切忌将集体或他人的成绩不恰当地归为己有，要正确对待成绩和问题。调查报告要充分占有调查材料，选择典型材料，在写作中体现调查方法，分析问题要实事求是。

◎ 经济活动分析报告判定经济活动运行的好坏标准，应以原先的计划指标为主要依据，以既往的实绩为对照值。首先要找出其实绩与计划指标的差异或（和）与既往实绩的差异；然后要深入分析造成差异的原因，以及各种不同因素影响的程度；最后针对主要矛盾或矛盾的主要方面，提出相应的对策意见。差异包括成功与不足两个方面，经济活动分析以发现不足并寻求改进为主要任务。

◎ 简报类文书要以新信息为主，注意组编材料的典型性和相关性。正文要真实、简短。简报的格式要正确、完整。

◎ 撰写专业论文，要求文章具有科学性、创造性、指导性和平易性。要做到以下这三点，一是要用科学的认识论指导工作，使之具有科学的方法；二是材料要真实可靠；三是表述要讲究逻辑方法，材料必须能够支持观点。

应知、应会目标鉴定

一、应知目标鉴定
1. 正确说出总结的写作结构和常用的几种主体结构方式。
2. 正确说出述职报告的写作结构及其与工作总结的异同。
3. 正确说出经济活动分析报告的结构体式和主要分析方法。
4. 正确说出简报的特点及组成要素。
5. 正确说出调查报告的结构特征和主要调查方式、方法。
6. 正确说出专业论文的写作步骤、写作内容和结构。
7. 利用互联网或其他途径查找总结、述职报告、经济活动分析报告、调查报告、简报等案例，并做出相应评析。

二、应会目标鉴定

1. 根据实际需要写作规范、具体的总结。

（1）指出下面一份总结存在的问题并加以评改。

大二学年个人总结

　　一个学年很快就过去了，但这次的心情与以前有很大不同，归心似箭的心情早被考试不理想的惆怅所掩盖。想想若是考得不好如何向父母交代？尤其这次我为了应付英语四级着实花了很多时间，以致把其他功课都落下了，所以说关于这次考试我的复习工作是做得很不充分的，可现在想想却是得不偿失啊。尤其我现在对于能不能过四级还是缺乏把握的，不管这次考试结果如何，下学期我都得加倍努力了，而且一定改掉以往偏科的老毛病，争取每门课都踏踏实实地学。

　　上大二的我们也早已走出那座象牙塔，开始尝试接触社会。记得大一的时候还时常会为自己作为一名计算机系的学生而有那么点优越感。现在却被从人才市场上反馈的一些消息给打击。现在我不得不为即将面临的就业危机而做好准备。一来我们学校的牌子不是很硬；二来我们计算机行业的就业形势也越来越紧张了；三来我是名女生，一名学计算机的女生。早就听说有一些企业发话说"宁愿要最差的男生也不用最好的女生"。听起来真让人气愤。但面对这些偏激的社会现象，我们又能怎么办呢，唯今之计只有从改善自身条件做起。

　　来学校两年多也早已习惯大学生活紧张又轻松的气氛，课程虽然还是安排得很紧凑，但课余时间明显增多了，令我真正感受到大学生活是如此丰富多彩，已经熟识的朋友早已没有大一刚入学时的拘束与隔阂。至今为止我与宿舍的人相处融洽，虽然偶尔会有点小过节，但也很快能冰释前嫌，所以有的时候，我很庆幸我能来到这里，不然也不会交到那么多知心的朋友了。大学不仅是一个交流知识的场所，亦是我们学习做人处世，接触社会的好场所。我感觉我现在所接受的教育也是各个层面的，所以我一定会好好利用这个难得的机会，珍惜这段宝贵的时间，严格要求自己，力求做一名合格的大学生。

（2）结合自身实际写作一份社会实践活动总结或进入大学后至今的学习、工作总结。

2. 根据实际需要正确写作经济活动分析报告。

（1）根据下列材料，起草一份经济活动分析报告。

　　H公司半年铝锭生产实现利润3.48亿元，已提前完成了全年的利润计划。公司上半年共生产铝锭6.68万吨，完成年计划的51.99%，比上年同期增产1.53万吨，增幅达28.9%；生产氧化铝20.83万吨，完成年计划的54.10%，比上年同期增产1.45万吨，增幅达7.5%；生产铝土矿41.79万吨，完成年计划的56.79%，比上年同期增产1.23万吨。上半年销售铝锭6.7098万吨，完成年计划的52.10%；销售氧化铝8 908吨，完成年计划44.50%，实现销售收入12.03亿元，完成年计划64.2%；上缴各种税费1.17亿元，为全年计划的60.73%；归还长期贷款本金1.44亿元，使公司资产负债率下降到79.47%。

（2）下面是一份专题（单项）经济活动分析报告，内容已符合主题的要求，但其表述形式不符合应用文观点鲜明、层次清楚等要求。请按经济活动分析报告的一般模式加以修改。

××印刷厂3月份成本分析报告

　　20××年我厂提出实现利润25万元的奋斗目标，截止到3月底，我厂已完成利润10.3万元，完成了年计划的41.24%。计划完成得虽好，但生产成本却逐月上升，2月份每千印成本为45.23元，百元产值成本为59元；3月份每千印成本65元，百元产值成本70元；3月份千印成本比 2 月份增加 19.77 元,百元产值成本增加 11 元。3 月份成本增高的主要原因是纸张价格上涨,2 月份 787 凸版纸每张单价为 0.147 元,3 月份则涨到 0.148 元,月纸张费用增加 221.166 元。每千印成本增加 0.128 元,百元产值成本增 0.14 元。再有,千印油墨费增高。3 月份共完成 1 725.25 千印,消耗油墨 352.5 千克,共计 3 066.20 元,每千印成本增加 16.50 元,百元产值成本增加 10.50 元。另外,辅助生产费用和企业管理费偏高。3 月份辅助生产费比 2 月份增高 983.09 元,企业管理费 3 月份比 2 月份增高 494.13 元。辅助生产费用增加的主要原因是领用大型工具多,设备备件多。企业管理费偏高的原因是购买办公用品和招待费多。鉴于上述情况,我们建议:①制定千印油墨消耗定额,把千印油墨消耗控制在 0.1 千克/千印左右。②建立健全设备的维修、保养制度和工具出库保管制度。③企业管理费的支出要严格控制、合理使用。

××印刷厂财务科
20××年×月×日

（3）写一篇与所学专业紧密结合的经济活动分析报告。

3. 以 3~4 人为一小组,抓住校园、社会或与自己所学专业相关的市场热门话题,开展一次调查活动。要求制订切实可行的调查计划,撰写一篇调查报告和调查总结,设计一个精美的封面,装订成册。

4. 结合学院的某个专题活动,如校园文化节、运动会、技能节等活动编写一份动态简报。

5. 班团干部或学生会干部写作一份述职报告,在班里宣读,其他同学评议。

6. 结合专业学习,选择一个既有现实意义又感兴趣的选题,写作一篇专业小论文,要求观点明确、有一定的新意,论据充分,论证严密。

模块七
公务文书写作技巧

应知目标

- 认识公文的特点以及在日常工作中的作用，了解现行公文种类和行文关系。
- 了解现行 15 种公文的适用范围。
- 了解通知、通报、报告、意见、请示、批复、函、纪要的基本结构及写作要领。
- 了解请示与报告的区别。
- 了解请批函与请示、答复函与批复、答复报告的区别。
- 了解纪要与会议记录的区别。

应会目标

- 掌握公务文书的写作格式。
- 能熟练写作公文类通知。
- 能熟练写作表彰通报、批评通报和情况通报。
- 能熟练写作工作报告、情况报告和答复报告。
- 能熟练写作请示、批复。
- 能熟练写作实施意见和建议意见。
- 能熟练写作公函。
- 能熟练写作纪要。

素养目标

● 登录党政机关官方网站学习规范的公文例文，进一步了解现阶段党和国家重大决策部署，胸怀国之大者，担当时代使命。

● 通过学习写作公文行文规则，懂得上下级、平级之间的行文礼仪，并迁移运用到日常工作中。

● 通过学习掌握公文规范的格式和行文标准，培养讲原则、守规矩，讲标准、严要求的工作态度，提升细节掌控能力。

单元一　公务文书概述

情景导入

> 作为秘书，公司各个部门起草的主要文稿一般先由陈婷初审，然后再交给总经办主任审核，陈婷在审稿过程中发现，公司各个部门起草的文件，或多或少存在着一些问题，有些文种使用错误，有些行文规则有问题，没有按照2012年4月中共中央办公厅与国务院办公厅发布的《党政机关公文处理工作条例》（中办发〔2012〕14号）行文，为了提高工作效率，陈婷请示总经办主任同意后，决定组织各个部门文稿起草人举办一次公文写作规范的专题培训。

陈婷经过分析，决定从现有公文的文种、适用范围、格式规范、语言规范、常用文种的写作技巧等几个方面着手，开展本次培训。

必备知识

一、公文的含义

党政机关公文，又叫红头文件，简称公文。《党政机关公文处理工作条例》总则第三条规定：党政机关公文是党政机关实施领导、履行职能、处理公务的具有特定效力和规范体式的文书，是传达贯彻党和国家方针政策，公布法规和规章，指导、布置和商洽工作，请示和答复问题，报告、通报和交流情况等的重要工具。

公文同样适用于企事业单位处理公务活动。

二、公文的特点

1．政治性和政策性

公文的基本内容是国家机关的指挥意志、行动意图、公务往来与活动情况的系统实录，直接反映了国家政权的意志与根本利益，是实施管理、发布法规、下达指示的特定形式，它与人民群众的利益和社会生活密切相关，具有很强的政治性和政策性。

2. 权威性和约束力

公文被称为机关的喉舌，有法定的作者和读者，其作者是公文的制发机关。文学作品人们可看也可不看，学术论文的内容和观点人们可以赞同也可以批评，行政公文的内容则需要人们理解、执行，具有明显的法定权威性。领导机关发布的决定、决议、批复等有领导权威；权力机关发布的法律、法规、条例等有法律权威；行政机关发布的政令、意见、通告等有指挥权威。总之，上级各级机关发布的公文，下级各级组织必须切实遵照执行，不得违反，这是公文权威性和约束力的表现。

3. 规范性和标准化

公文必须符合一定的要求和标准。公文的内容，包括公文的主题、材料、结构和语言，要符合行文规则与客观实际。公文的制作、使用、处理程序要严格按照《党政机关公文处理工作条例》有关规定办理。公文文体和写作格式要标准化，包括字体、字号、字距、行距等都要符合《党政机关公文格式》（GB/T 9704—2012）相关要求。

4. 严谨性和庄重性

公文的语言、语气必须符合发文机关的职权范围、发文目的、特定文体表达的需要，把握上行文、下行文和平行文的不同用语。语言首先要准确，含义明确，合乎语法规范，标点妥帖。词语的轻重、褒贬色彩等恰当，使用公文专用语言。其次，要严谨庄重，使用规范现代汉语书面语言，切忌口语化。

三、公文的作用

1. 领导指挥作用

公文可以用来记录和传达上级指示精神，指导布置工作，宣传方针政策，帮助人们提高认识，统一思想，统一步调。

2. 行为规范作用

公文可以用来传达指示方针、政策，发布法律、法规、政令，规范人们的行为。

3. 联系纽带作用

公文可以用来反映情况，请示工作，交流经验，互通情况，商洽工作，起到联系知照作用。

4. 依据凭证作用

公文还是上级机关贯彻意图，下级机关根据意图执行的凭证依据。

四、公文的种类

公文种类简称文种。《党政机关公文处理工作条例》第二章规定，现行公文有以下15种：

（1）决议。适用于会议讨论通过的重大决策事项。

（2）决定。适用于对重要事项做出决策和部署、奖惩有关单位和人员、变更或者撤销下级机关不适当的决定事项。

（3）命令（令）。适用于公布行政法规和规章、宣布施行重大强制性措施、批准授予和晋升衔级、嘉奖有关单位和人员。

（4）公报。适用于公布重要决定或者重大事项。

（5）公告。适用于向国内外宣布重要事项或者法定事项。

（6）通告。适用于在一定范围内公布应当遵守或者周知的事项。

（7）意见。适用于对重要问题提出见解和处理办法。

（8）通知。适用于发布、传达要求下级机关执行和有关单位周知或者执行的事项，批转、转发公文。

（9）通报。适用于表彰先进、批评错误、传达重要精神和告知重要情况。

（10）报告。适用于向上级机关汇报工作、反映情况，回复上级机关的询问。

（11）请示。适用于向上级机关请求指示、批准。

（12）批复。适用于答复下级机关请示事项。

（13）议案。适用于各级人民政府按照法律程序向同级人民代表大会或者人民代表大会常务委员会提请审议事项。

（14）函。适用于不相隶属机关之间商洽工作、询问和答复问题、请求批准和答复审批事项。

（15）纪要。适用于记载会议主要情况和议定事项。

按行文关系，这15种公文可以分为上行文、平行文、下行文。

（1）上行文：向上级机关报送的公文，如请示、报告等。

（2）平行文：同级机关和不相隶属机关之间来往的公文，如函。

（3）下行文：向下级机关发送的公文，如命令、决定、通知、通报、批复等。

按紧急程度，公文分为特急公文、加急公文、常规公文。

按密级，公文分为绝密公文、机密公文、秘密公文、普通公文。

能力技巧

一、公文的写作格式

公文纸张规格：A4（297毫米×210毫米）型纸。

公文装订要求：左侧装订。

排版规格：排版一律从左至右横排，正文用3号仿宋字，一般每面排22行，每行排28个字，特定情况可做适当调整。

公文页码：一般用4号半角宋体阿拉伯数字，编排在公文版心下边缘之下，数字左右各放一条一字线；一字线上距版心下边缘7毫米。单页码居右空一字，双页码居左空一字。公文的版记页前有空白页的，空白页和版记页均不编排页码。公文的附件与正文一起装订时，页码应当连续编排。

公文格式各要素划分为版头、主体、版记三部分。

1. 版头

（1）份号。涉密公文应当标注份号，份号一般用6位3号阿拉伯数字，顶格编排在版心左上角第一行。

（2）密级和保密期限。如需标注密级和保密期限，一般用3号黑体字，顶格编排在版心左上角第二行；保密期限中的数字用阿拉伯数字标注。秘密等级和保密期限之间用"★"隔开。

（3）紧急程度。如需标识紧急程度，一般用3号黑体字，顶格编排在版心左上角；如需同时标注份号、密级和保密期限、紧急程度，按照份号、密级和保密期限、紧急程度的顺序自上而下分行排列。

（4）发文机关标志。由发文机关全称或规范化简称后面加"文件"组成，也可以使用发文机关全称或者规范化简称。发文机关标志居中排布，上边缘至版心上边缘为35毫米，推荐使用小标宋体字，颜色为红色，以醒目、美观、庄重为原则。

联合行文时，发文机关标志可以并用联合发文机关名称，也可以单独用主办机关名称。如需同时标注联署发文机关名称，一般应当将主办机关名称排列在前；如有"文件"二字，应当置于发文机关名称右侧，以联署发文机关名称为准上下居中排布。

（5）发文字号。由发文机关代字、年份和发文顺序号组成。编排在发文机关标志下空二行位置，居中排布。年份、发文顺序号用阿拉伯数字标注；年份应标全称，用六角括号"〔〕"括入；发文顺序号不加"第"字，不编虚位（即1不编为01），在阿拉伯数字后加"号"字，如：国办发〔2022〕13号。

上行文的发文字号居左空一字编排，与最后一个签发人姓名处在同一行。联合行文时，使用主办机关的发文字号。

（6）签发人。上行文应当标注签发人姓名。由"签发人"三字加全角冒号和签发人姓名组成，居右空一字，编排在发文机关标志下空两行位置。"签发人"三字用3号仿宋体字，签发人姓名用3号楷体字。

联合行文上行文，标上每个单位签发人，按照发文机关的排列顺序从左到右、自上而下依次均匀编排，一般每行排两个姓名，回行时与上一行第一个签发人姓名对齐。

（7）发文字号之下4毫米处居中印一条与版心等宽的红色分隔线。

2. 主体

（1）标题。标题由发文机关名称、事由和文种组成。一般用2号小标宋体字，编排于红色分隔线下空两行位置，分一行或多行居中排布；回行时，要做到词意完整，排列对称，长短适宜，间距恰当，标题排列应当使用梯形或菱形。

（2）主送机关。主送机关即公文的主要受理机关，应当使用机关全称、规范化简称或者同类型机关统称。在标题下空一行，左侧顶格用3号仿宋体字。

（3）正文。公文首页必须显示正文。一般用3号仿宋体字，编排于主送机关名称下一行。文中结构层次序数依次可以用"一、""（一）""1.""（1）"标注；一般第一层用黑体字，第二层用楷体字，第三层和第四层用仿宋体字标注。

（4）附件说明。公文如有附件，在正文下空一行左空两个字用3号仿宋体字标识"附件"，后标全角冒号和名称。两份以上附件需用阿拉伯数字标出附件顺序号。如：

　　附件：1. ×××××
　　　　 2. ×××××××××××××××××××××
　　　　　　×××××××××

附件名称后不加标点符号。附件名称较长需回行时，应当与上一行附件名称的首字对齐。

（5）发文机关署名、成文日期和印章。

发文机关署名：署发文机关全称或者规范化简称。

成文日期：署会议通过或者发文机关负责人签发的日期。联合行文时，署最后签发机关负责人签发的日期。成文日期一般右空四字编排，用阿拉伯数字将年、月、日标全，年份应标全称，月、日不编虚位（即1不编为01）。印章用红色，不得出现空白印章。

单一机关行文时，一般在成文日期之上、以成文日期为准居中编排发文机关署名，印章端正、居中下压发文机关署名和成文日期，使发文机关署名和成文日期居印章中心偏下位置，印章顶端应当上距正文（或附件说明）一行之内。

联合行文时，一般将各发文机关署名按照发文机关顺序整齐排列在相应位置，并将印章一一对应、端正、居中下压发文机关署名，最后一个印章端正、居中下压发文机关署名和成文日期，印章之间排列整齐、互不相交或相切，每排印章两端不得超出版心，首排印章顶端应当上距正文（或附件说明）一行之内。

当公文排版后所剩空白处不能容下印章或签发人签名章、成文日期时，可以采取调整行距、字距的措施解决。

（6）附注。这是指公文印发传达范围等需要说明的事项。公文如有附注，用3号仿宋体字，居左空两个字加圆括号标识在成文时间下一行。

（7）附件。这是指公文正文的说明、补充或者参考资料。附件应当另面编排，并在版记之前，与公文正文一起装订。"附件"二字及附件顺序号用3号黑体字顶格编排在版心左上角第一行。附件标题居中编排在版心第三行。附件顺序号和附件标题应当与附件说明的表述一致。附件格式要求同正文。

如附件与正文不能一起装订，应当在附件左上角第一行顶格编排公文的发文字号并在其后标注"附件"二字及附件顺序号。

3．版记

版记中的分隔线与版心等宽，首条分隔线和末条分隔线用粗线（推荐高度为0.35毫米），中间的分隔线用细线（推荐高度为0.25毫米）。首条分隔线位于版记中第一个要素之上，末条分隔线与公文最后一面的版心下边缘重合。

（1）抄送机关。除主送机关外需要执行或者知晓公文内容的其他机关，应当使用机关全称、规范化简称或者同类型机关统称。如有抄送机关，一般用4号仿宋体字，在印发机关和印发日期之上一行、左右各空一字编排。"抄送"二字后加全角冒号和抄送机关名称，回行时与冒号后的首字对齐，最后一个抄送机关名称后标句号。

（2）印发机关和印发日期。公文的送印机关和送印日期。一般用4号仿宋体字，编排在末条分隔线之上，印发机关左空一字，印发日期右空一字，用阿拉伯数字将年、月、日标全，年份应标全称，月、日不编虚位（即1不编为01），后加"印发"二字。

二、公文的常用版式

下行文首页版式如图7-1所示。虚线所示为版心，印制公文时并不出现（下同）。

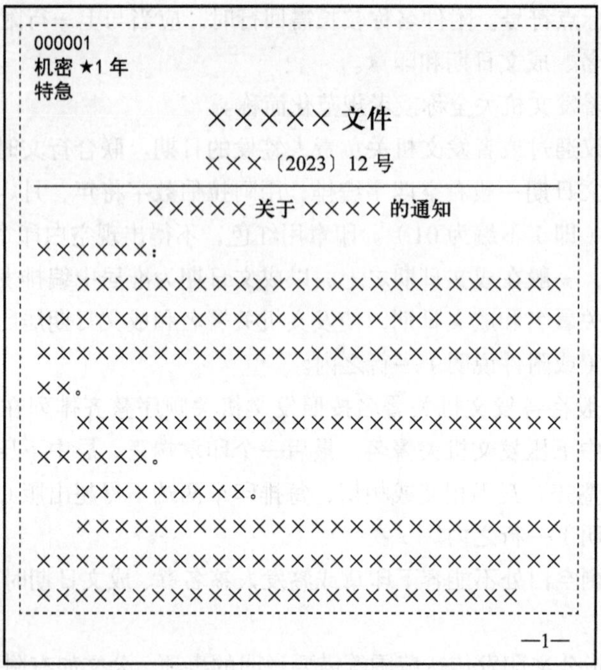

图 7-1 下行文首页版式

联合行文下行文首页版式如图 7-2 所示。

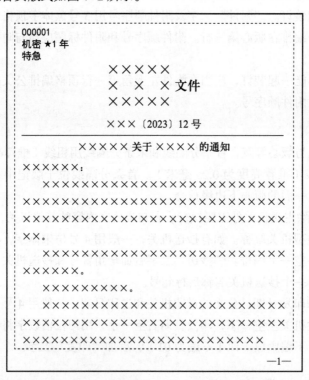

图 7-2 联合行文下行文首页版式

联合行文上行文首页版式如图 7-3 所示。

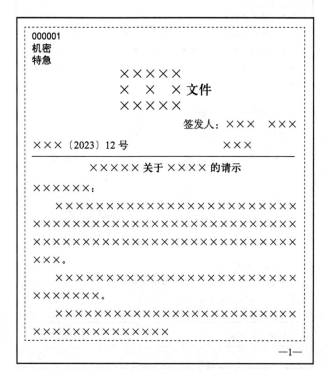

图 7-3 联合行文上行文首页版式

公文末页版式如图 7-4 所示。

图 7-4 公文末页版式

联合行文公文末页版式如图 7-5 所示。

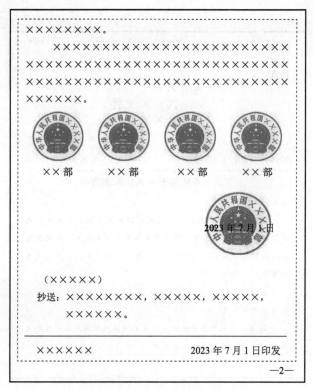

图 7-5　联合行文公文末页版式

附件说明页版式如图 7-6 所示。

图 7-6　附件说明页版式

带附件公文末页版式如图 7-7 所示。

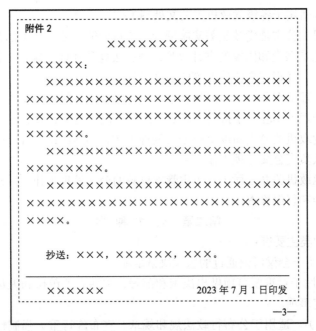

图 7-7 带附件公文末页版式

三、公文的写作要求

公文起草应当做到：

（1）符合国家法律法规和党的路线方针政策，完整准确体现发文机关意图，并同现行有关公文相衔接。

（2）一切从实际出发，分析问题实事求是，所提政策措施和办法切实可行。

（3）内容简洁，主题突出，观点鲜明，结构严谨，表述准确，文字精练。

（4）文种正确，格式规范。

（5）深入调查研究，充分进行论证，广泛听取意见。

公文的语言、语气必须符合发文机关的职权范围、发文目的、特定文体表达的需要，要把握上行文、下行文和平行文的不同用语。

相关能力拓展

党政机关公文处理工作条例

（中办发〔2012〕14号，2012年4月）

第一章 总 则

第一条 为了适应中国共产党机关和国家行政机关（以下简称党政机关）工作需要，推进党政机关公文处理工作科学化、制度化、规范化，制定本条例。

第二条　本条例适用于各级党政机关公文处理工作。

第三条　党政机关公文是党政机关实施领导、履行职能、处理公务的具有特定效力和规范体式的文书，是传达贯彻党和国家的方针政策，公布法规和规章，指导、布置和商洽工作，请示和答复问题，报告、通报和交流情况等的重要工具。

第四条　公文处理工作是指公文拟制、办理、管理等一系列相互关联、衔接有序的工作。

第五条　公文处理工作应当坚持实事求是、准确规范、精简高效、安全保密的原则。

第六条　各级党政机关应当高度重视公文处理工作，加强组织领导，强化队伍建设，设立文秘部门或者由专人负责公文处理工作。

第七条　各级党政机关办公厅（室）主管本机关的公文处理工作，并对下级机关的公文处理工作进行业务指导和督促检查。

第二章　公　文　种　类

第八条　公文种类主要有：

（一）决议。适用于会议讨论通过的重大决策事项。

（二）决定。适用于对重要事项做出决策和部署、奖惩有关单位和人员、变更或者撤销下级机关不适当的决定事项。

（三）命令（令）。适用于公布行政法规和规章、宣布施行重大强制性措施、批准授予和晋升衔级、嘉奖有关单位和人员。

（四）公报。适用于公布重要决定或者重大事项。

（五）公告。适用于向国内外宣布重要事项或者法定事项。

（六）通告。适用于在一定范围内公布应当遵守或者周知的事项。

（七）意见。适用于对重要问题提出见解和处理办法。

（八）通知。适用于发布、传达要求下级机关执行和有关单位周知或者执行的事项，批转、转发公文。

（九）通报。适用于表彰先进、批评错误、传达重要精神和告知重要情况。

（十）报告。适用于向上级机关汇报工作、反映情况，回复上级机关的询问。

（十一）请示。适用于向上级机关请求指示、批准。

（十二）批复。适用于答复下级机关请示事项。

（十三）议案。适用于各级人民政府按照法律程序向同级人民代表大会或者人民代表大会常务委员会提请审议事项。

（十四）函。适用于不相隶属机关之间商洽工作、询问和答复问题、请求批准和答复审批事项。

（十五）纪要。适用于记载会议主要情况和议定事项。

第三章　公　文　格　式

第九条　公文一般由份号、密级和保密期限、紧急程度、发文机关标志、发文字号、签发人、标题、主送机关、正文、附件说明、发文机关署名、成文日期、印章、附注、附件、抄送机关、印发机关和印发日期、页码等组成。

（一）份号。公文印制份数的顺序号。涉密公文应当标注份号。

（二）密级和保密期限。公文的秘密等级和保密的期限。涉密公文应当根据涉密程度分别标注"绝密""机密""秘密"和保密期限。

（三）紧急程度。公文送达和办理的时限要求。根据紧急程度，紧急公文应当分别标注"特急""加急"，电报应当分别标注"特提""特急""加急""平急"。

（四）发文机关标志。由发文机关全称或者规范化简称加"文件"二字组成，也可以使用发文机关全称或者规范化简称。联合行文时，发文机关标志可以并用联合发文机关名称，也可以单独用主办机关名称。

（五）发文字号。由发文机关代字、年份、发文顺序号组成。联合行文时，使用主办机关的发文字号。

（六）签发人。上行文应当标注签发人姓名。

（七）标题。由发文机关名称、事由和文种组成。

（八）主送机关。公文的主要受理机关，应当使用机关全称、规范化简称或者同类型机关统称。

（九）正文。公文的主体，用来表述公文的内容。

（十）附件说明。公文附件的顺序号和名称。

（十一）发文机关署名。署发文机关全称或者规范化简称。

（十二）成文日期。署会议通过或者发文机关负责人签发的日期。联合行文时，署最后签发机关负责人签发的日期。

（十三）印章。公文中有发文机关署名的，应当加盖发文机关印章，并与署名机关相符。有特定发文机关标志的普发性公文和电报可以不加盖印章。

（十四）附注。公文印发传达范围等需要说明的事项。

（十五）附件。公文正文的说明、补充或者参考资料。

（十六）抄送机关。除主送机关外需要执行或者知晓公文内容的其他机关，应当使用机关全称、规范化简称或者同类型机关统称。

（十七）印发机关和印发日期。公文的送印机关和送印日期。

（十八）页码。公文页数顺序号。

第十条　公文的版式按照《党政机关公文格式》国家标准执行。

第十一条　公文使用的汉字、数字、外文字符、计量单位和标点符号等，按照有关国家标准和规定执行。民族自治地方的公文，可以并用汉字和当地通用的少数民族文字。

第十二条　公文用纸幅面采用国际标准A4型。特殊形式的公文用纸幅面，根据实际需要确定。

第四章　行　文　规　则

第十三条　行文应当确有必要，讲求实效，注重针对性和可操作性。

第十四条　行文关系根据隶属关系和职权范围确定。一般不得越级行文，特殊情况需要越级行文的，应当同时抄送被越过的机关。

第十五条　向上级机关行文，应当遵循以下规则：

（一）原则上主送一个上级机关，根据需要同时抄送相关上级机关和同级机关，不抄送下级机关。

（二）党委、政府的部门向上级主管部门请示、报告重大事项，应当经本级党委、政府同意或者授权；属于部门职权范围内的事项应当直接报送上级主管部门。

（三）下级机关的请示事项，如需以本机关名义向上级机关请示，应当提出倾向性意见后上报，不得原文转报上级机关。

（四）请示应当一文一事。不得在报告等非请示性公文中夹带请示事项。

（五）除上级机关负责人直接交办事项外，不得以本机关名义向上级机关负责人报送公文，不得以本机关负责人名义向上级机关报送公文。

（六）受双重领导的机关向一个上级机关行文，必要时抄送另一个上级机关。

第十六条　向下级机关行文，应当遵循以下规则：

（一）主送受理机关，根据需要抄送相关机关。重要行文应当同时抄送发文机关的直接上级机关。

（二）党委、政府的办公厅（室）根据本级党委、政府授权，可以向下级党委、政府行文，其他部门和单位不得向下级党委、政府发布指令性公文或者在公文中向下级党委、政府提出指令性要求。需经政府审批的具体事项，经政府同意后可以由政府职能部门行文，文中须注明已经政府同意。

（三）党委、政府的部门在各自职权范围内可以向下级党委、政府的相关部门行文。

（四）涉及多个部门职权范围内的事务，部门之间未协商一致的，不得向下行文；擅自行文的，上级机关应当责令其纠正或者撤销。

（五）上级机关向受双重领导的下级机关行文，必要时抄送该下级机关的另一个上级机关。

第十七条　同级党政机关、党政机关与其他同级机关必要时可以联合行文。属于党委、政府各自职权范围内的工作，不得联合行文。

党委、政府的部门依据职权可以相互行文。

部门内设机构除办公厅（室）外不得对外正式行文。

第五章　公文拟制

第十八条　公文拟制包括公文的起草、审核、签发等程序。

第十九条　公文起草应当做到：

（一）符合党的理论路线方针政策和国家法律法规，完整准确体现发文机关意图，并同现行有关公文相衔接。

（二）一切从实际出发，分析问题实事求是，所提政策措施和办法切实可行。

（三）内容简洁，主题突出，观点鲜明，结构严谨，表述准确，文字精练。

（四）文种正确，格式规范。

（五）深入调查研究，充分进行论证，广泛听取意见。

（六）公文涉及其他地区或者部门职权范围内的事项，起草单位必须征求相关地区或者部门意见，力求达成一致。

（七）机关负责人应当主持、指导重要公文起草工作。

第二十条　公文文稿签发前，应当由发文机关办公厅（室）进行审核。审核的重点是：

（一）行文理由是否充分，行文依据是否准确。

（二）内容是否符合党的理论路线方针政策和国家法律法规；是否完整准确体现发文机关意图；是否同现行有关公文相衔接；所提政策措施和办法是否切实可行。

（三）涉及有关地区或者部门职权范围内的事项是否经过充分协商并达成一致意见。

（四）文种是否正确，格式是否规范；人名、地名、时间、数字、段落顺序、引文等是否准确；文字、数字、计量单位和标点符号等用法是否规范。

（五）其他内容是否符合公文起草的有关要求。

需要发文机关审议的重要公文文稿，审议前由发文机关办公厅（室）进行初核。

第二十一条　经审核不宜发文的公文文稿，应当退回起草单位并说明理由；符合发文条件但内容需作进一步研究和修改的，由起草单位修改后重新报送。

第二十二条　公文应当经本机关负责人审批签发。重要公文和上行文由机关主要负责人签发。党委、政府的办公厅（室）根据党委、政府授权制发的公文，由受权机关主要负责人签发或者按照有关规定签发。签发人签发公文，应当签署意见、姓名和完整日期；圈阅或者签名的，视为同意。联合发文由所有联署机关的负责人会签。

第六章　公文办理

第二十三条　公文办理包括收文办理、发文办理和整理归档。

第二十四条　收文办理主要程序是：

（一）签收。对收到的公文应当逐件清点，核对无误后签字或者盖章，并注明签收时间。

（二）登记。对公文的主要信息和办理情况应当详细记载。

（三）初审。对收到的公文应当进行初审。初审的重点是：是否应当由本机关办理，是否符合行文规则，文种、格式是否符合要求，涉及其他地区或者部门职权范围内的事项是否已经协商、会签，是否符合公文起草的其他要求。经初审不符合规定的公文，应当及时退回来文单位并说明理由。

（四）承办。阅知性公文应当根据公文内容、要求和工作需要确定范围后分送。批办性公文应当提出拟办意见报本机关负责人批示或者转有关部门办理；需要两个以上部门办理的，应当明确主办部门。紧急公文应当明确办理时限。承办部门对交办的公文应当及时办理，有明确办理时限要求的应当在规定时限内办理完毕。

（五）传阅。根据领导批示和工作需要将公文及时送传阅对象阅知或者批示。办理公文传阅应当随时掌握公文去向，不得漏传、误传、延误。

（六）催办。及时了解掌握公文的办理进展情况，督促承办部门按期办结。紧急公文或者重要公文应当由专人负责催办。

（七）答复。公文的办理结果应当及时答复来文单位，并根据需要告知相关单位。

第二十五条　发文办理主要程序是：

（一）复核。已经发文机关负责人签批的公文，印发前应当对公文的审批手续、内容、文种、格式等进行复核；需做实质性修改的，应当报原签批人复审。

（二）登记。对复核后的公文，应当确定发文字号、分送范围和印制份数并详细记载。

（三）印制。公文印制必须确保质量和时效。涉密公文应当在符合保密要求的场所印制。

（四）核发。公文印制完毕，应当对公文的文字、格式和印刷质量进行检查后分发。

第二十六条　涉密公文应当通过机要交通、邮政机要通信、城市机要文件交换站或者收发件机关机要收发人员进行传递，通过密码电报或者符合国家保密规定的计算机信息系统进行传输。

第二十七条　需要归档的公文及有关材料，应当根据有关档案法律法规以及机关档案管理规定，及时收集齐全、整理归档。两个以上机关联合办理的公文，原件由主办机关归档，相关机关保存复制件。机关负责人兼任其他机关职务的，在履行所兼职务过程中形成的公文，由其兼职机关归档。

第七章 公文管理

第二十八条　各级党政机关应当建立健全本机关公文管理制度，确保管理严格规范，充分发挥公文效用。

第二十九条　党政机关公文由文秘部门或者专人统一管理。设立党委（党组）的县级以上单位应当建立机要保密室和机要阅文室，并按照有关保密规定配备工作人员和必要的安全保密设施设备。

第三十条　公文确定密级前，应当按照拟定的密级先行采取保密措施。确定密级后，应当按照所定密级严格管理。绝密级公文应当由专人管理。

公文的密级需要变更或者解除的，由原确定密级的机关或者其上级机关决定。

第三十一条　公文的印发传达范围应当按照发文机关的要求执行；需要变更的，应当经发文机关批准。

涉密公文公开发布前应当履行解密程序。公开发布的时间、形式和渠道，由发文机关确定。经批准公开发布的公文，同发文机关正式印发的公文具有同等效力。

第三十二条　复制、汇编机密级、秘密级公文，应当符合有关规定并经本机关负责人批准。绝密级公文一般不得复制、汇编，确有工作需要的，应当经发文机关或者其上级机关批准。复制、汇编的公文视同原件管理。

复制件应当加盖复制机关戳记。翻印件应当注明翻印的机关名称、日期。汇编本的密级按照编入公文的最高密级标注。

第三十三条　公文的撤销和废止，由发文机关、上级机关或者权力机关根据职权范围和有关法律法规决定。公文被撤销的，视为自始无效；公文被废止的，视为自废止之日起失效。

第三十四条　涉密公文应当按照发文机关的要求和有关规定进行清退或者销毁。

第三十五条　不具备归档和保存价值的公文，经批准后可以销毁。销毁涉密公文必须严格按照有关规定履行审批登记手续，确保不丢失、不漏销。个人不得私自销毁、留存涉密公文。

第三十六条　机关合并时，全部公文应当随之合并管理；机关撤销时，需要归档的公文经整理后按照有关规定移交档案管理部门。

工作人员离岗离职时，所在机关应当督促其将暂存、借用的公文按有关规定移交、清退。

第三十七条　新设立的机关应当向本级党委、政府的办公厅（室）提出发文立户申请。经审查符合条件的，列为发文单位，机关合并或者撤销时，相应进行调整。

第八章 附　则

第三十八条　党政机关公文含电子公文。电子公文处理工作的具体办法另行制定。

第三十九条　法规、规章方面的公文，依照有关规定处理。外事方面的公文，依照外事主管部门的有关规定处理。

第四十条　其他机关和单位的公文处理工作，可以参照本条例执行。

第四十一条　本条例由中共中央办公厅、国务院办公厅负责解释。

第四十二条　本条例自2012年7月1日起施行。1996年5月3日中共中央办公厅发布的《中国共产党机关公文处理条例》和2000年8月24日国务院发布的《国家行政机关公文处理办法》停止执行。

单元二　通知的写作

情景导入

为进一步提升公司员工职业技能水平，培养员工爱岗敬业和创新创业精神，提升员工整体素质，海宁市××经编有限公司决定开展一次员工技能比武大赛，为确保比赛的顺利进行，同时专门成立比赛组委会。公司要求陈婷起草相关文件，部署技能比武事宜，同时起草技能比武组委会成立文件。

陈婷经过分析，明确部署员工技能比武大赛和成立组委会都需要用通知行文。

必备知识

一、通知的含义

通知指用于发布、传达要求下级机关执行和有关单位周知或者执行的事项，批转、转发公文的公文。

通知一般为普发性的下行文，即机关、企事业单位发给相关的下属机关、公司或部门。

二、通知的特点

1. 使用范围广

通知的内容广泛，可涉及国家生活和社会生活的各个方面。下达指示，部署工作，告知事项，联合举办活动，转发上级、同级、下级机关的公文，任免干部，召开会议等，均可使用通知。

2. 使用频率高

由于通知涉及内容较广，是上情下达的重要工具，因而使用频率很高。

三、通知的种类

按通知的内容可分为批示性（批转和转发性）通知、贯彻周知性通知、会议通知、任免通知等。

能力技巧

通知的写作技巧如下：

1. 批示性通知的写作技巧

批示性通知指转发上级机关和不相隶属机关的公文、批转下级机关的公文所用的通知。

（1）批示性通知的标题。批示性通知的标题一般由"发文机关＋批转（转发）＋被转发文件名称＋文种"组成，如"国务院批转农业部关于加强农业承包合同管理意见的通知"。

注意：被转发文件名不用加书名号，如转发文件的文种是通知，可省略最后的"通知"。如"浙江省人民政府转发国务院关于开展全国物价大检查的通知"。

（2）批示性通知的正文。批转、转发通知正文须把握两点：一是对批转、转发的文件提出意见，表明态度，如"同意""请认真贯彻执行""望遵照执行""请结合实际参照执行"等；二是写明所批转、转发文件的目的和意义，提出执行要求等。

2. 贯彻周知性通知的写作技巧

贯彻周知性通知指上级机关对下级机关某一项工作做出指示和安排或就某一具体事项布置工作、交代任务所用的通知。

（1）贯彻周知性通知的标题。贯彻周知性通知的标题一般由"发文机关+事由+文种（通知）"组成。如"××中大集团有限公司关于开展全国节能宣传周和全国低碳日活动的通知"。

（2）贯彻周知性通知的正文。贯彻周知性通知的正文通常由发文缘由、具体任务、执行要求等组成。发文缘由要简洁明了，说理充分。任务一般分条写，要具体明确、条理清楚、详略得当，充分体现此类通知的政策性、权威性、原则性。执行要求要切实可行，便于受文单位具体操作。

（3）贯彻周知性通知的结束语。贯彻周知性通知一般用"以上通知，请认真贯彻执行""特此通知""望转属知照"等结束语。

3. 会议通知的写作技巧

（1）会议通知的标题。会议通知的标题一般由"发文机关+关于召开+会议名称+文种（通知）"组成。如"海宁市××经编有限公司关于召开安全生产管理工作会议的通知"。

（2）会议通知的正文。会议通知的正文一般应写明召开会议的原因、目的、名称、议题、时间、地点、参加会议的人员、需准备的材料等。

（3）会议通知的结束语。会议通知一般用"特此通知"结束，或省略结束语。

4. 任免通知的写作技巧

任免通知一般只写决定任免、聘用的机关、依据，以及任免、聘用人员的具体职务即可。

> **案例评析**
>
> 【案例一】
>
> ××中大集团股份有限公司　浙江省人力资源和社会保障厅
> 关于举办2022年"××中大元通杯"汽车修理工岗位职业技能竞赛的通知
>
> 各有关单位：
>
> 为不断满足××中大集团的汽车板块发展对人才和素质的需求，加快培养建设一支具有较高文化素质和职业技能水平的职工队伍，选拔和培养机动车维修高技能人才，普及汽车维修检测诊断新技术、新工艺，在集团内倡导和推行"诚信、质量、效率、规范"的服务理念，决定举办"××中大元通杯"汽车修理工岗位技能大赛。现将有关事项通知如下：
>
> 一、指导思想
>
> 紧密结合汽车业务板块各单位汽车修理工技术业务工作实际，以售后服务实际过程的"岗位练兵、技术比武"为活动载体，提高员工队伍整体技术素质，充分发挥员工在促进公司科学、稳健发展中的主力军作用。

二、竞赛组织

竞赛由××中大集团股份有限公司、浙江省人力资源和社会保障厅主办，浙江××元通汽车集团有限公司、浙江××职业技术学院、××中大集团股份有限公司工会、浙江××中大元通集团股份有限公司工会承办，浙江省省部属企事业工会协办。竞赛设立组委会（组委会成员名单见附件1），组委会设办公室，具体负责大赛的组织安排和协调、管理工作、参赛选手资格的审查。办公室设在××中大集团综合管理部，联系人：张×，电话：8634××××。下设大赛联络处在浙江××中大元通集团工会办公室，联系人，李文龙，电话：8589××××。

三、竞赛活动安排

（一）比赛项目

大赛由机电维修部分的理论与实操竞赛项组成，分为"综合理论测试""维护保养作业与规范""制动部分保养更换与规范""机电排故与分析"4个项目分段进行。

（二）大赛分段

1. 第一阶段为组织发动、理论复习、技术练兵、预选拔、报名阶段，10月31日前完成。

由汽车业务六大板块（汽车业务部）组织所属各参赛单位，选拔优秀选手，报名参赛。选拔工作的岗位数量和受训员工人数不少于本单位在岗人数的70%，并由各汽车业务板块将培训工种（岗位）、受训员工数量、培训内容与时间、培训效果等综合情况汇总后，报大赛报名处（浙江××元通汽车集团党群与人力资源部）备案。

2. 第二阶段为"××中大元通杯"汽车维修工岗位技能大赛阶段。

（三）比赛时间、地点

时间暂定为2022年5月下旬，地点：杭州市钱塘区浙江××职业技术学院。

四、参赛人数和条件

（一）以浙江省内的汽车板块各4S店为参赛单位，每个汽车4S店需选派2人组成一个参赛队参加比赛。参赛选手须为××中大集团人力资源管理系统2021年12月31日前在册员工。

（二）参赛店、选手应符合以下条件：

1. 参赛选手应有3年以上实际工作经历，需持有国家道路运输从业人员从业资格证中级工（四级）以上[含中级工（四级）]条件。

2. 在工作或学习中表现突出，并经过本4S店预选拔或推荐的选手。

3. 获得过全国和浙江省技术能手称号的选手不再参加此次比赛。

五、大赛内容

本次大赛采取竞赛项目与实际生产维修相一致的形式，并通过竞赛方式来有效检验业务能力水平，考核各竞赛项作业效率规范、专业标准规范、技师检修能力。大赛选定汽车维修作业中具有共性、通用的部分，体现团队合作，并具有技师型技能难度系数的项目为竞赛内容。

大赛内容分综合理论知识考核和实际操作技能考核，具体考核内容和有关事项详见《技能大赛技术文件》（附件2）。技术咨询支持，由元通汽车运营管理部负责，联系人：吴×，电话：8537××××。

六、成绩评定

团体赛成绩和个人决赛成绩计算，详见《技能大赛技术文件》（附件2）。

七、表彰奖励

本次大赛设置"十佳汽车维修技术能手""优秀汽车维修技术能手"荣誉称号,采取物质奖励、荣誉鼓励相结合的方式,对优秀团体与个人进行表彰奖励。

(一)个人奖

1. 对获得决赛综合成绩前3名(理论和实操成绩均合格)的选手,由省人力资源与社会保障厅授予"浙江省技能大师"的荣誉称号,颁发荣誉证书。

2. 对获得决赛综合成绩前5名(理论和实操成绩均合格)的选手,由省人力资源和社会保障厅核发汽车修理工国家二级职业资格证书。

3. 对获得决赛综合成绩前10名的选手,由××中大集团股份有限公司授予"十佳汽车维修技术能手"荣誉称号。

4. 对获得决赛综合成绩第11~20名的选手,由××中大集团股份有限公司授予"优秀汽车维修技术能手"称号。

对上述获奖选手的奖金安排为:第一名5 000元,第二名4 000元,第三名3 000元,第四至六名各2 000元,第七至十名各1 500元,第十一至十五名各1 000元,第十六至二十名各800元。

(二)团体奖。团体奖取参赛单位的团体成绩前8名,颁发奖杯或奖牌。

(三)组织奖。大赛设置"优秀组织奖",表彰比武大赛组织工作出色的汽车业务部。按照每个汽车业务部内前8名参赛选手(团体赛)成绩总和,作为"优秀组织奖"评定依据。成绩总和前3名的汽车业务部将颁发"优秀组织奖"奖杯或奖牌、奖金各5 000元。

(四)各参赛单位要把选手获奖成绩,存入个人档案,作为技术考核、工资晋升、评先创优的重要依据。

八、其他有关事宜

(一)大赛所需经费由承办单位承担及赞助单位支持,大赛工作人员、选手的交通费、食宿费自理。

(二)各参赛单位领队、选手应统一着汽车品牌用装,按时参赛。

(三)各参赛单位领队和观摩人员总共不超过2人。

(四)各基层工会应积极配合所属参赛单位选手选拔、培训和比赛等事宜。大赛报名处:××元通汽车党群与人力资源部。联系人:张×、瞿×,电话:8534××××、8545××××,邮箱:×××ytbs@126.com。

附件:1. 2022年"××中大元通杯"汽车修理工岗位(机电)职业技能竞赛组委会成员名单(略)

2. 技能大赛技术文件(略)

××中大集团股份有限公司 浙江省人力资源和社会保障厅
2022年3月23日

【评析】这是一份贯彻周知性通知,开头交代技能竞赛的目的,主体部分从指导思想、比赛的组织、内容安排、参赛条件、评优评奖、具体要求等方面做了明确的说明,内容细致、条理清楚,便于参赛单位组织参赛。

【案例二】

浙江省教育厅办公室转发教育部办公厅
关于进一步明确义务教育阶段校外培训学科类和非学科类范围的通知

各市、县（市、区）教育局：

现将《教育部办公厅关于进一步明确义务教育阶段校外培训学科类和非学科类范围的通知》（教监管厅函〔2021〕3号）（以下简称《通知》）转发给你们，并提出如下意见，请一并贯彻落实。

一、各地要根据《通知》要求，对辖区内义务教育阶段校外培训机构按学科类和非学科类进行分类排查统计，并及时录入浙江省教育政务服务网民办学校审批平台。

二、对义务教育阶段学科类培训机构，按照中办、国办《关于进一步减轻义务教育阶段学生作业负担和校外培训负担的意见》加强日常监管。对非学科类培训机构，严禁从事学科培训。

三、各县（市、区）教育局要成立校外教育培训课程审查专家委员会，定期对辖区内校外培训机构课程进行监督检查，严格按照国家课程方案和课程标准对学科类和非学科类范围进行审核把关。

附件：教育部办公厅关于进一步明确义务教育阶段校外培训学科类和非学科类范围的通知（略）

浙江省教育厅办公室
2021年8月4日

（资料来源：浙江省教育厅网站，http://jyt.zj.gov.cn/art/2021/8/5/art_1532974_58917850.html，2021年8月5日）

【评析】 这是一份较为详细的转发性通知，开头直接交代转发文件名称，接着写明相关执行要求，语言表述上体现下行文的风格。

【案例三】

高新区人民政府关于召开农村生活污水治理工作推进会的通知

各相关单位：

2021年是"十四五"开局之年，国家、省、市对农村生活污水治理提出了新的要求，为更好地开展农村生活污水治理工作，提升高新区农村人居环境质量，经研究，定于2月19日召开高新区农村生活污水治理工作推进会，现将有关事项通知如下：

一、会议时间

2021年2月19日（星期五）上午9:30。

二、会议地点

水政大楼三楼大会议室（鹿城路535号）。

三、会议内容

通报2021年高新区农村生活污水治理范围、任务目标，传达2021年高新区农村生活污水治理考核办法，就下一步工作进行安排部署。

> 四、参加人员
> （一）市税务局领导。
> （二）高新区分管领导。
> （三）高新区基建科、水业科、质安站、水务站主要负责人。
> （四）水务集团相关负责人。
> 五、其他事项
> 请参会人员提前5分钟入场就座，并按照疫情防控要求做好个人防护工作，全程佩戴口罩。
>
> 高新区人民政府
2021年2月18日
>
> 【评析】这是一份会议通知，会议目的简洁明了，会议时间、主题、议程、要求具体明确，便于受文单位了解和准备。

单元三　通报的写作

情景导入

> 海宁市××经编有限公司员工技能比武大赛取得了圆满成功，公司决定对获奖的个人和团体进行表彰。此外，公司决定对20××年一季度各部门经营业绩情况在全公司范围内进行通报，以便使各部门进一步了解公司总体经营状况、存在的差距，明确下一阶段努力的方向。

陈婷通过分析，明确了这两篇文书都可以用通报的形式发文，前者是表彰通报，后者是情况通报。

必备知识

一、通报的含义

通报指用于表彰先进，批评错误，传达重要精神和告知重要情况的公文。

通报和通知一样，都具有传达、告知作用，都是普发性下行文。但二者的发文目的、发文内容不同。通知主要是让下级机关了解事情、完成工作、明确怎样做，内容主要是告知事项；通报是让下级机关了解事情的好坏，受到教育，提高认识，奖励或告诫，内容主要是表扬或批评。

二、通报的种类

按通报的性质和功用，可分为表彰性通报、批评性通报和情况通报。

三、通报的作用

1. 表彰先进，弘扬正气

表彰性通报的主要目的是号召人们学习先进人物的崇高精神，宣传先进典型的经验，以点带面，推动工作。

2. 批评错误，抵制歪风

批评性通报主要通过对严重违法乱纪事件进行曝光，既教育事件当事人，又教育广大干部和群众，起到警诫作用。

3. 通报情况，指导工作

情况通报主要是将工作中出现的新情况、新问题、新经验或者应注意的问题，及时传达给下级，指导工作，对不良倾向抓住苗头采取对策，防止蔓延。

总之，通报是重要的下行公文之一，它发自领导机关，用来指导和推动工作，具有表彰作用、惩戒作用和指导工作的作用。

能力技巧

通报的写作技巧如下：

一、标题

通报的标题由发文机关、事由、文种构成。如"住房和城乡建设部关于表彰全国城市园林绿化先进集体先进个人的通报""中央纪委、中央组织部关于李××同志违反换届工作纪律问题的通报"。

二、正文

1. 表彰性通报和批评性通报正文

（1）概括事实，通报事由。如果是通报事件，要交代事件发生的时间、地点、简单经过、结果；如果通报综合情况，则分条列项写出综合情况。表彰性通报要突出主要先进事迹，批评性通报要抓住主要错误事实。

（2）分析事实，做出决定。如是先进事迹，要指出先进性的体现，值得学习与发扬的精神，以及所具有的普遍意义，在此基础上提出表彰决定；如是错误事件，则分析错误的性质、原因、产生的后果、危害等，继而提出通报批评，说明处理情况。

（3）提出要求，做出指示。号召学习先进或吸取教训，引以为戒。

2. 情况通报正文

情况通报一般开头交代通报缘由或概括基本情况，再用"现将有关情况通报如下："引起下文；主体部分交代通报的具体情况，如做法、取得的成效等，一般要结合典型事例和数据来说明；结尾提出存在的问题和今后的要求，一般在最后针对具体问题提出应采取的对策等。

案例评析

【案例一】

浙江省人民政府关于表彰2020年浙江省标准创新贡献奖获奖组织和项目的通报
浙政发〔2020〕24号

各市、县（市、区）人民政府，省政府直属各单位：

为进一步促进标准化改革创新，以全面标准化建设助力经济社会持续健康发展，根据《浙江省标准创新贡献奖管理办法（试行）》有关规定，经严格评审，省政府决定授予浙江省××研究院有限公司主导制定制冷剂用氟代烯烃系列国家标准等3个组织和项目"2020年浙江省标准创新贡献奖重大贡献奖"，授予浙江×××医药股份有限公司主导制定灵芝、铁皮石斛国际标准等10个组织和项目"2020年浙江省标准创新贡献奖优秀贡献奖"。

希望获奖组织珍惜荣誉、再接再厉，进一步加强标准创新工作，争当引领高质量发展的排头兵。全省广大企业、高校、科研机构、社会团体要以获奖组织为榜样，继续发扬求真务实、锐意进取的精神，加大标准创新投入，不断提升各领域核心竞争力。各地、各部门要继续高度重视标准化工作，充分发挥标准创新贡献奖的引导和激励作用，积极推动创新成果转化为先进标准，为我省"重要窗口"建设做出新的贡献。

附件：2020年浙江省标准创新贡献奖获奖组织和项目名单（略）

浙江省人民政府
2020年9月21日

（资料来源：浙江省人民政府网站，https://www.zj.gov.cn/art/2020/9/22/art_1229019364_1556589.html，2020年9月22日）

【评析】 这份表彰性通报，先简要概述表彰依据和目的，再提出表彰决定，最后对获奖企业和其他部门提出希望和要求。

【案例二】

国务院安委会办公室
关于浙江省海宁市××印染有限责任公司"12·3"污水罐体坍塌事故的通报

各省、自治区、直辖市及新疆生产建设兵团安全生产委员会，有关中央企业：

2019年12月3日17时19分许，浙江省嘉兴海宁市许村镇荡湾工业园区内海宁市××印染有限责任公司发生污水罐体坍塌事故，目前，已造成10人死亡、3人重伤。据初步了解，该公司有3个厌氧污水罐（以下简称污水罐），其中1号污水罐发生坍塌，砸中相邻的海宁市××纺织有限公司和海宁市××纺织有限公司部分车间，造成部分厂房倒塌。同时，罐体内大量污水向厂房内倾泻，厂区内工人被倾泻的污水冲散，部分工人因厂区内囤放的布匹坍倒受压。

该起事故暴露出事故企业安全意识薄弱，未识别环保技改项目带来新的安全风险，对安全隐患视而不见，相关设施一直带病运转；事故企业所在工业园区管理混乱，环保设施建设忽视安全因素，对项目建设带来的企业间风险辨识管控不到位，管理存在重大安全漏洞。具体事故原因正在进一步调查中。

事故发生后，国务院领导同志高度重视，做出重要批示，要求全力做好事故处置和救治工作，查明事故原因，严肃追责，督促各地抓好安全生产责任落实，严防生产安全事故发生。为深刻吸取事故教训，举一反三，堵塞漏洞，完善落实监管责任，强化安全风险管控和隐患排查治理，坚决防范和遏制重特大事故，现提出如下工作要求：

一、要切实提高政治站位，坚决防范化解重大安全风险

安全生产事关人民群众生命财产安全，事关经济发展和社会大局稳定，是国家治理体系和治理能力的重要组成部分。各地区、各部门、各企业要认真贯彻落实习近平总书记关于安全生产的重要论述精神，深入学习领会习近平总书记在中央政治局第十九次集体学习时的重要讲话精神，深刻认识抓好当前安全生产工作的极端重要性，牢固树立以人民为中心的安全发展理念，切实提高政治站位，真正把安全生产摆在突出位置，将安全生产贯穿于产业转型升级、重大设施改造、园区集聚管理等全过程，严把环保设施建设项目设计、选址、建设、运营关，以高度负责精神抓实抓好安全生产各项工作。要集中力量下大决心，采取果断有效举措，健全风险防范化解机制，坚持从源头上防范化解重大安全风险，真正把问题解决在萌芽之时、成灾之前。

二、要全面开展摸底排查，坚决整治消除重大安全隐患

各地区要深刻吸取事故教训，结合正在开展的全国安全生产集中整治工作，立即组织相关部门对辖区内轻工、纺织行业企业污水罐等环保设施逐一开展安全隐患大排查，摸清企业底数及其污水处理等环保设施安全现状，重点排查污水罐等环保设施的规划、选址、设计、建造、使用、报废等各环节存在的重大安全隐患，评估污水罐坍塌风险及影响范围，并将排查情况登记造册。特别是浙江省，要举一反三，结合本省实际，突出"三类园区、三类企业、三类设施"集中整治重点，全面排查盲区死角，落实排查整治要求。各地区要加强对此次安全隐患大排查的执法检查，坚持立查立改、边查边改，切实督促企业整改落实到位。对情节严重的或构成重大安全隐患的，要依法依规采取停产整顿、吊销证照、关闭取缔等措施。

三、要严格落实安全生产责任制，坚决堵塞安全生产漏洞

各地区要切实担负起"促一方发展，保一方平安"的政治责任，严格按照"党政同责、一岗双责、齐抓共管、失职追责"要求，真正落实安全生产责任制，做好轻工、纺织行业污水罐等环保设施安全隐患大排查工作。各有关部门要严格按照"管行业必须管安全、管业务必须管安全、管生产经营必须管安全"的要求，根据职责分工，发挥专业优势，加强工业园区、企业环保设施和在建项目的安全监管，充分研判因环保设施建设运营带来的新风险，健全完善部门联合执法机制，切实防止因风险积聚形成重大安全隐患。各有关企业要落实环保设施安全运行的主体责任，集中开展风险评估和隐患自查自改，堵塞安全管理漏洞，有效防范重特大事故。

元旦、春节临近，各地区、各有关部门要针对岁末年初安全生产工作特点，统筹做好节日期间各项安全管理工作,加强重点行业领域的安全风险管控和隐患治理,狠抓各项安全防范责任措施落实,坚决防范遏制各类生产安全事故,确保广大人民群众过一个欢乐、安康、祥和的节日。

国务院安委会办公室
2019 年 12 月 12 日

(资料来源:国务院安全生产委员会网站,https://www.mem.gov.cn/awhsy_3512/awhbgswj/201912/t20191217_342382.shtml,2019 年 12 月 17 日)

【评析】这是一份突发事件的通报,先概述事故发生的时间、地点、概况以及处理情况,接着为避免类似事故的再度发生,提出三条有针对性的措施并要求举一反三抓好元旦、春节期间安全生产,这是通报的真正目的。

单元四 报告的写作

情景导入

海宁市××经编有限公司收到了海宁市政府关于开展环境保护目标责任书落实情况检查的通知,要求各企业先对本公司环境保护目标责任书落实情况进行自查,并形成书面报告,市政府将在各单位自查的基础上组织现场抽查,并通报抽查情况。

陈婷分析,本次任务艰巨,自查报告关系到公司的形象,必须先对照公司与市政府签订的环境保护目标责任书,逐一进行自查,对公司已经采取的措施和取得的成效、存在的问题、今后的举措等一一弄清楚,在此基础上形成报告,上报市政府。

必备知识

一、报告的含义

报告指用于向上级汇报工作,反映情况,回复上级机关的询问的公文。报告是典型的上行文,因而在写作时必须有签发人。

公文报告不同于一般的调查报告、经济活动分析报告、考察报告、英模报告、会议报告等,这些不属于公文。

二、报告的种类

按内容划分,公文报告分为工作报告、情况报告、回复报告。

按性质划分,公文报告分为综合报告和专题报告。综合报告是将全面工作或一个阶段许多方面的工作综合起来写成的报告,具有综合性、广泛性的特点。专题报告是针对某项工作、某一问题、某一事件或某一活动写成的报告,具有专一性的特点。

能力技巧

报告的写作技巧如下：

一、标题

报告标题由"发文机关+事由+的报告"组成。如"全国农资打假督查情况报告""浙江××职业技术学院20××届毕业生就业情况报告"。

二、正文

1. 工作报告正文

工作报告的写作结构与工作总结基本相同，只不过总结是自我总结，工作报告是向上级汇报，因此，在语气表达上略有差别。

（1）开头。写明工作的基本情况，包括工作的背景、取得的总体成绩、简单的自我评价，与总结的开头基本相同，最后用一句"现将工作的有关情况报告如下"承上启下。

（2）主体。写出工作的主要成绩，一般须运用典型事例和数据说明。

（3）结尾。交代存在的问题、今后的建议和打算。如工作已顺利完成，这部分可以省略。

2. 情况报告正文

（1）开头。概述基本情况，包括时间、地点、经过、结果等。

（2）主体。分析情况发生的原因、造成的影响和后果、处理情况等。

（3）结尾。向上级表态，表明今后将采取的措施等。

情况报告与情况通报的区别与联系：

（1）结构基本相同。二者都是先概述事实经过，再分析原因，处理情况。

（2）行文关系不同。情况通报为普发性下行文，情况报告则发上行文。

（3）结尾不同。情况通报对下级提要求和希望，情况报告向上级表态。

3. 回复报告正文

（1）开头。回复报告是针对上级的询问，做出答复的报告。其开头必须交代回复依据，一般分下列三种情况：

1）如收到上级问询函，开头一般这样写：《关于××函》（××函〔××××〕×号）收悉，现将……问题报告如下……

2）如接到上级问询电话，开头一般这样写：×月×日电悉，关于……问题报告如下……

3）如接到上级通知，要求完成某一工作后写一份答复报告，开头一般这样写：按照《关于……的通知》（×发〔××××〕×号）精神，现将本单位……情况报告如下……

（2）主体。回复事项，即针对上级询问的问题——回复。

三、结束语

报告一般以"特此报告""专此报告"等作为结束语，也可省略。

> **案例评析**

【案例一】

遂昌县应急管理局关于2020年度法治政府建设情况的报告

遂应急〔2021〕3号

中共遂昌县委、遂昌县人民政府：

根据《中共中央办公厅、国务院办公厅关于印发〈法治政府建设与责任落实督察工作规定〉的通知》的要求，2020年，我局坚持全面推进依法行政，利用法治思维推动安全生产监管和应急工作稳定运行，现将2020年度法治政府建设情况报告如下：

一、推进法治政府建设的主要举措和成效

（一）严格落实规范性文件制定与报备工作

开展现有规范性文件整理工作，共清理过期、不再施行的规范性文件4份，规范性文件报备率、报备及时率、报备规范率均达到100%，并完善规范性文件报备制度，确定需要报备的规范性文件范围，以便及时有效地对规范性文件进行报备，防止误报、漏报现象发生。

（二）积极开展重大行政决策相关工作

根据重大行政决策目录化管理专项行动要求，制定配套措施，完善重大行政决策事项管理制度，汇集重大行政决策事项，并制定2020年度重大行政决策目录清单。邀请县司法局法制科工作人员及外聘法律顾问对重大行政决策目录清单进行合法性审查，并于遂昌政府网公示公布。

（三）认真履行外聘法律顾问管理制度

利用浙江省政府法律顾问信息服务系统，对外聘法律顾问进行管理，录入信息及时、完整，到期法律顾问合同及时续聘，及时录入系统。外聘法律顾问参与对局重大行政执法、重大行政决策、普法宣传和行政许可审批等事项进行专业指导，对不到位的工作提出改进意见，保障局内工作有法可依。

（四）扎实开展行政执法监督工作

一是完善执法监督制度。修订完善行政执法公示制度、行政执法全过程记录制度、重大行政执法决定法制审核制度等相关行政执法监督制度，并通过浙江省行政执法证管理系统对全局执法人员执法信息进行统一管理，及时更新执法人员信息，局执法证执证率达到91.9%，且定期组织人员参加行政执法资格考试。

二是规范行政执法流程。按要求对遂昌县高温熔融金属企业、使用危险化学品企业两次专项执法行动开展督查工作，对两次执法中发现的违法问题提出意见5条，整改5条，规范执法流程。

三是开展案卷评查工作。邀请司法局复议诉讼科程×、外聘法律顾问××律师事务所鲍××律师，对我局案卷进行评查，共评查案卷19卷，发现并整改问题27处；参加市局案卷评查工作，对4个行政处罚案卷、4个行政许可案卷和1个事故调查案卷进行评查，发现并整改问题11处，其中《遂昌县浙江××综合能源销售有限公司遂昌县云峰综合功能站建设工程——云峰站安全条件审查》《浙江××新材料科技有限公司特种作业人员未取得相应的特种作业资格证上岗作业案》两份案卷被评为优秀案卷;参加县司法局案卷评查工作,对10个行政处罚案卷和10个行政许可案卷进行评查,发现并整改问题22处。

(五)严格要求干部职工学法用法

针对全体干部学法用法事宜,开展局内部培训活动。策划五次干部学法普法工作,分别以《宪法》《民法典》《安全生产法》和其他应急管理领域涉及的法律法规、制度规章进行主题设置,丰富干部学法内容;利用局大屏标语、局工作群等途径进行普法宣传;开展领导干部述法活动,利用夜学时间,通过多个案例进行法制内容的交流与学习;组织全局参加年度法律知识考试,所有人成绩均合格;组织全局参加党内法规知识竞赛,并将竞赛反映出的部分人员党内法规知识薄弱的问题列入2021年年度学法计划。

(六)积极落实普法责任制相关工作

参加县司法局牵头的一系列宪法宣传、民法典宣传活动,通过案例向群众宣传法律知识,收到良好成效,并向市局报送以案释法案例。

二、存在的不足和原因

(一)三项制度落实情况有待改善

在执法全过程记录制度方面存在执法记录仪使用频率不高、记录仪未编号管理、配套制度不完善等问题。

(二)行政执法队伍素质亟待提高

目前全局持有执法证人员共有34人,真正从事一线执法人员17人。面对愈加规范、愈加具体的行政执法要求,目前全体执法人员对于法律知识的掌握还存在不足。

(三)执法合法性审查工作有待改进

执法合法性审查工作存在审查方式较简易、审查工作马虎大意等问题,需及时改进。

三、今后工作重点

一是完善行政执法体系建设。把法律的实施摆到更加突出的位置。完善行政调解、行政裁决工作机制,健全化解纠纷机制,规范行政执法,行为统一进行管理、公布、实施,配合相应的考评制度,让各项制度落到实处。

二是加强行政执法队伍建设。改善依法行政的培训内容及方式,增强培训效果,提高执法人员素质、水平以及运用法治思维解决问题的能力,打造一支政治强、作风硬、业务精的执法队伍。

三是加大执法合法性审查力度。始终把执法合法性审查工作摆在重要位置,加大对执法工作合法性审查力度,积极创新和拓展合法性审核的方法,确保应审尽审,应查尽查。

专此报告

遂昌县应急管理局
2021年2月26日

(资料来源:遂昌县人民政府网站,http://www.suichang.gov.cn/art/2021/6/26/art_1229428504_2306182.html,2021年6月26日,内容略有删改)

【评析】 这是一份专题工作报告,开头概括工作的基本情况,取得的主要成绩;主体部分结合数据和案例分条列项写出工作开展的主要举措、存在的问题,最后写出今后工作措施。

【案例二】

灵台县公路运输管理所
关于旅客服务质量投诉情况回复的报告

市运管局运政执法支队：

你支队于20××年9月11日转来旅客电话投诉一份，现将投诉调查处理有关情况报告如下：

一、投诉事由

甘L-29245号车，平凉发往灵台，在盘旋路揽客，拉一名乘客，由于上厕所，回来后，车已经开走，乘客叫了辆出租车，追赶他的行李，现在乘客要求赔偿400元租车费和行李包丢失的700元现金。投诉人为杨××。

二、调查情况

我所接到投诉后，高度重视，立即安排运政执法人员对当事人进行依法询问立案调查，经调查：执行此班线的甘L-29245号车系××集团灵台运输有限责任公司客车，客运线路为灵台至平凉客运班线，车主为吴×，事发时间为20××年9月8日，事发地点为平凉盘旋路，车主吴×对投诉人反映情况基本认同，但对投诉人杨××反映行李包丢失的700元现金持怀疑态度。为了弄清事实真相，对投诉人和车主负责，我们经过同投诉人杨××取得联系，本着实事求是的态度，动之以情，晓之以理，杨××最后说出实话，他因对此事很生气而说了气话，行李包内根本没有700元现金这回事。

三、处理情况

为了进一步提高道路客运服务质量，打击违规经营行为，针对以上旅客投诉反映的问题，我们对当事人甘L-29245号车主吴×做出以下处理决定：

（一）由于车主吴×的过错，导致乘客延误乘车返家，由车主吴×赔偿旅客杨××从平凉至灵台出租车费320元。

（二）由于车主吴×的过失，导致乘客未能乘此车返家，乘客说行李包内丢失了700元现金，是在特定环境下说的气话，双方达成了谅解，不再追究。

（三）车主吴×无视法规规定，出站后在站外揽客，违反了《道路旅客运输及客运站管理规定》第六章第八十九条（一）款，给予1000元行政处罚。

（四）对此次违规经营行为在全行业进行通报。

附件：1. 行政处罚复印件1张（略）
　　　2. 收款单复印件1份（略）

灵台县公路运输管理所
20××年9月27日

【评析】这是一份回复报告，开头写出答复依据——接到投诉，主体部分有针对性地进行了回复，写明了事实情况和处理情况。

单元五 请示的写作

情景导入

随着公司业务的进一步拓展，海宁市××经编有限公司原有的厂房已经不能满足业务发展的需求，需要进行扩建。陈婷接到任务，需要就新建厂房一事拟文报市政府审批。

思考：陈婷该用哪一文种拟文呢？

必备知识

一、请示的含义

请示，指用于向上级机关请求指示、批准的公文。

请求指示指在工作中遇到重大或疑难问题，请求上级机关给予指示。

请求批准指遇到须经上级批准才能办理或必须处理，但本单位又无权处理的事项，请求上级批准。

二、请示的特点

1. 上行性

请示是典型的上行文，向上级机关呈送，但不得直接送领导者个人，也不能同时抄送同级或下级机关。如有双重领导，主送机关也只能有一个，有必要时抄送另一个上级机关。

2. 请求性

注意上行语气，不能用命令语言。待批事项一般用"拟"。

三、请示和报告的区别与联系

请示和报告都是上行文，都有向上级汇报情况、陈述意见的内容。但请示和报告是两种不同的公文，在现实使用中不能将两者混淆，更不能写成"请示报告"。其主要区别有：

1. 行文时间不同

请示的事项是要等上级机关批准后才能处理实施的，必须事前行文。报告所涉及的事项大都是已经完成或者正在进行中的，一般事后或事中行文。

2. 行文目的不同

请示的目的在于请求上级指示或批准，为上级批复提供依据；报告的目的是向上级反映情况、汇报工作，为上级机关提供信息和经验教训或答复上级的询问。

3. 行文结果不同

上级机关收到请示，不管同意与否，均必须及时批复；收到报告，大多是了解下级工作情况，没有特殊情况可以不回答。

能力技巧

一、请示的写作技巧

1. 标题

与其他公文一样，请示的标题由"发文机关＋事由＋请示"组成，如"浙江××职业技术学院关于开设人工智能专业的请示"。

2. 正文

（1）开头。开头部分一般写请示缘由，包括请求指示的前因后果或请求批准的政策依据和本单位的实际情况等。这部分要写充分，便于上级机关充分了解情况，决定指示或是否批准。

（2）主体。主体部分即请示事项，具体提出对请示事项的意见、建议。这部分要具体、明确，便于上级机关做出明确答复。

3. 结束语

请示的结束语一般比较委婉，如"以上意见妥否，请批示""当否，请审批""妥否，请批复"等。

二、请示的写作要求

1. 行文规范

请示必须按隶属关系逐级请示，不可越级请示。请示事项单一，坚持"一文一事"原则，不搞多头请示。请示的主送机关只能有一个，如双重领导，必要时可抄送另一个上级机关。但不能写给领导者个人。

2. 格式规范

请示不能与报告混用。切忌写成"关于……的请示报告"。请示是上行文，必须写上签发人。为了便于上级批复，一般在附注处写上联系人、联系电话。

> **案例评析**
>
> 【案例一】
>
> ××县财政局重建基层财政所办公楼的请示报告
>
> ××市财政局、城建局、国土局、物资局：
>
> 　　我局所属的××区、××区、××区三个财政所因受灾被洪水淹毁。现决定重建三个区财政所办公楼三幢，建筑面积×××平方米，用作办公室和职工宿舍，共需资金

×××万元,扩大征土地××亩①,钢材××吨、水泥××吨。

特此报告

××县财政局(印章)

××年××月××日

【评析】此文是一篇错误的例文,一是将请示与报告混淆,二是多头请示,三是请示理由和情况不够具体充分。

【案例二】

浙江××职业技术学院关于筹建学校董事会的请示

××集团公司:

一直以来,我校在集团公司正确领导下,依托集团强大的产业背景,围绕服务区域经济社会发展和集团战略升级需要,深化校企合作,强化专业建设,致力课程改革,提升师资素质,着力培养面向现代流通为主的生产性服务业的高素质、高级技能型专门人才,取得了长足的发展。为进一步深化学校管理体制改革和机制创新,集聚政、行、企、校多方办学资源,建设国际知名,国内特色鲜明的高职院校,学校拟筹建浙江××职业技术学院董事会(以下简称"学校董事会"),现将有关筹建事项汇报请示如下:

一、筹建学校董事会的必要性

《国家中长期教育改革和发展规划纲要》明确指出:"探索建立高等学校理事会或董事会,健全社会支持和监督学校发展的长效机制。探索高等学校与行业、企业密切合作共建的模式,推进高等学校与科研院所、社会团体的资源共享,形成协调合作的有效机制,提高服务经济建设和社会发展的能力",为深化学校办学体制机制改革指明了方向。

申请筹建学校董事会,拟在与集团公司等行业龙头企业深度合作的基础上,吸纳县(市)政府与当地龙头企业、国家与省两级物流行业协会共同参与学校办学指导决策,形成社会各界共同参与的办学新体制。一是有利于发挥政、行、企等社会各方在学校办学过程中的作用,在政策支持与投入环境方面获得更大的优势;二是有利于充分发挥董事单位协助学校进行宏观决策、筹措办学资金、整合多方资源,审议学校办学方向、规模、专业设置、招生就业等重大问题,提升办学质量;三是有利于充分发挥董事单位依托产业发展支持学校办学的积极性,参与学校办学质量评价,畅通毕业生通向相关企业的渠道,培养"下得去、留得住、用得上"的高素质高级技能型人才,提升学校服务行业企业和产业发展的能力,实现多方合作共赢。

二、筹建学校董事会的可行性

经过这些年的创新实践,学校具备了筹建学校董事会的基础和条件。

一是体制机制创新已有多年的实践探索。多年来,学校探索并实践集团公司提出的"校企合作,服务区域产业转型升级"的办学模式,与集团合作成立了嵌入式企业大学,通过"龙头引领、战略合作、制度保障、需求对接、设施共享、人才共用、信息互通",探索实践校企融合的开放办学模式的体制机制创新。学院与合作企业建立的物流产业学院(隶属合作制),汽车快修连锁产业学院(股份合作制),技术应用性公司以及与阿里巴巴等企业

---

① 1亩=666.6平方米。

的合作均为学校董事会的成立奠定了坚实的基础。

二是与国家和省物流行业协会的合作日趋深入。学校是中国物流采购联合会常务理事单位、浙江省物流与采购协会副会长单位，中物联在学校建立了"中国物流与采购联合会物流产业发展与职业技能研究中心"，集聚行业、企业和各级各类学院的信息与智力优势，为学校提升人才培养质量，提升行业影响力搭建了平台；也为学校开展物流产业转型升级相关前沿项目研究，服务产业与社会发展提供了资源支撑平台，为学校董事会的成立创造了有利的条件。

三是与县（市）域地方政府合作的时机渐趋成熟。学校正在积极探索与县（市）域政府、地方龙头企业合作共赢的政府主导型体制与机制创新。与义乌市、钱塘区等政府签订了各方共赢的合作协议，达到有效集聚各方资源，合作办学、合作发展的目的。这些探索实践为学校董事会的成立准备了充足的前提。

三、学校董事会构架与功能

（一）学校董事会构架

学校董事会以学校与××集团等行业龙头企业为基础，吸收县（市）政府与当地龙头企业、国省两级物流行业协会共同参与。董事会下设"1办4委1中心"，即董事会办公室（含秘书处）、学校发展规划委员会、基金筹措委员会、人才培养与就业委员会、技术服务与培训委员会、产业发展与职业技能研究中心。

董事会由下列成员单位构成：学校、××中大集团及其成员单位、××建设投资公司、××国际机场等紧密合作企业；义乌市、三门县、武义县政府以及当地龙头骨干企业；中国物流与采购联合会等行业协会；杰出校友等。董事长拟请集团公司董事长担任；副董事长由集团公司分管教育的领导、国省两级物流行会领导、相关龙头骨干企业领导、相关县（市）领导、学校党政主要领导担任，校长为执行副董事长；相关县（市）政府分管教育领导以及当地龙头骨干企业委派相关领导担任常务董事。

（二）学校董事会主要职能

学校董事会是指导咨询决策型机构，其主要职能是协助学校进行宏观决策：一是创造良好的办学外部环境，通过多方合作，筹措办学资金、改善办学条件，落实政策措施，实现良好的政策支持和投入环境支持；二是积聚和整合多方办学资源，包括高层次人才资源、设施设备资源和其他资源；三是发挥董事会在学校发展定位方向、教育教学改革、专业优化布局、招生就业服务、管理水平提升等方面的咨询指导作用；四是在董事会各方的协作下，进行产业与企业发展战略与布局、校企合作共赢机制创新等方面的研究，为相关董事单位的可持续发展提供高质量的毕业生和员工技术培训与技术研发等服务，提升人才培养质量和社会服务能力，提升办学活力，最终实现学校的可持续发展。

若集团公司同意建立学校董事会，学校将与拟列入董事会的相关单位进行沟通协商，以获得合作支持。建立健全相关组织机构、章程和运行机制。

以上请示妥否，请予批复！

浙江××职业技术学院
20××年11月8日

【评析】 这篇例文开头先写请示缘由和依据，接着联系实际提出了成立学校董事会的必要性和可行性，请示理由充分。最后，对请示事项，董事会的构架和职能做出较为具体、明确的说明，便于上级机关批准。

单元六　批复的写作

情景导入

陈婷所在公司的营销科因经常有临时性任务需要外出或接待外来客户，向公司领导提出了购置一辆商务车的要求，公司总经理办公会议研究，在车型和价格等符合目前政府有关车辆购置政策的前提下，同意购买。请总经办拟文答复。

思考：陈婷该用哪一文种答复呢？

必备知识

一、批复的含义

批复是上级机关答复下级机关请示事项的答复性公文。

二、批复的特点

批复适用于答复下级机关的请示事项，是下行文，具有权威性、针对性和指示性等特点。

1. 权威性

批复发自上级机关，代表着上级机关的权力和意志，对请示事项的单位有约束力，特别是那些关于重要事项或问题的批复，常常具有明显的法规作用。

2. 针对性

凡是批复，必须是针对下级机关请示事项而发，内容单纯，针对性强。

3. 指示性

批复的目的是指导下级机关的工作，因此批复在表明态度以后，还应当概括地说明方针、政策以及执行中的注意事项。

能力技巧

一、批复的写作技巧

1. 标题

批复的标题由"发文机关+事由+文种（批复）"组成。批复的事由大致有两种写法，一种是"关于+请示的事项"，如"国务院关于天津市城市整体规划的批复"；另一种是"关于+同意+请示事项"，如"国务院关于同意天津古海岸与湿地等十六处自然保护区为国家级自然保护区的批复"。

2. 正文

批复的正文一般由三个部分组成：

（1）引语。批复的开头通常要引述请示的字号、标题、请示事项、内容等作为批复的依据，如"你单位《关于××××的请示》（××〔2022〕×号）收悉。现批复如下……"

（2）主体。批复的主体部分应针对下级机关请示的事项。如下级单位请求指示的，即给予明确的指示。如下级单位请求批准的，首先表示同意与否的态度，如不同意还要阐述不同意的理由；如同意一般也要站在上级单位立场上提出希望和要求。

（3）结尾。结尾处一般写上结束语："特此批复""此复"等，也可省略。

二、批复的写作要求

要写好批复还应注意以下几点：

1. 要态度鲜明

答复请示事项针对性要强，答复要明确、具体、简明扼要，表达要准确无误。

2. 要全面周详

要核实请示缘由的真实性，研究请示所提意见或建议的可行性，有些情况应先做调查研究。凡请示事项涉及其他部门或地区的问题，批复前都要与其协商，取得一致意见。

3. 要迅速及时

要及时批复，以免贻误工作。对不按行文的正常渠道办理或一文多头的请示，应予以纠正，以免误事。

案例评析

【案例一】

台州市发展和改革委员会
关于台州××医疗中心（集团）路桥医院医养中心收费标准有关事项的批复

台州××医疗中心（集团）路桥医院：

你院《关于台州××医疗中心（集团）路桥医院医养中心收费标准的请示》（台恩路医〔2021〕4号）收悉。为推进"放管服"改革，根据国家卫生健康委、民政部、国家发展改革委等12部门联合印发《关于深入推进医养结合发展的若干意见》（国卫老龄发〔2019〕60号）、《浙江省养老服务收费管理暂行办法》等有关规定，经研究，现就你院医养中心服务收费标准有关事项批复如下：

一、你院医养中心为我市首家公立医院创办的医养结合养老机构，鉴于目前医养中心尚未营业，无法开展成本监审，为鼓励先行先试，促进医疗卫生机构与养老服务融合发展，同意基本服务收费项目床位费（双人间）和护理费（含一级、二级、三级护理）由你院自主按服务成本确定试行期收费标准，报我委备案后执行，试行期二年。试行期满前3个月，报我委正式核定收费标准。护理费等级标准及服务内容按国家、省有关规定执行。

二、特需服务包括特殊床位和特级护理，特需服务收费标准由你中心与入住老年人或其委托人双方根据自愿原则协商确定。

三、床位费和护理费可以按月收取。老年人退养，床位费和护理费按实际入住天数收取，多余部分退还给缴费人。其他有关规定按《浙江省物价局 浙江省民政厅关于印发〈浙江省养老服务收费管理暂行办法〉的通知》（浙价费〔2014〕235号）文件执行。

四、你院应按规定做好明码标价。在收费场所醒目位置公示收费项目、服务内容、收费标准等内容，自觉接受社会监督，并做好宣传解释工作。

台州市发展和改革委员会
2021年8月11日

抄送：省发展改革委、市政府办公室、市民政局、市卫生健康委、市市场监督管理局、路桥区发展改革局、路桥区民政局。

（资料来源：台州市发展和改革委员会网站，http://fgw.zjtz.gov.cn/art/2021/8/13/art_1229567134_1656710.html，2021年8月13日）

【评析】这是一篇针对请求指示的批复，开头引用请示标题，交代批复依据，接着站在职能管理部门的立场上做出明确指示，为下级单位行事提供依据。版记部分抄送需要执行或知晓的其他机关。

【案例二】

国务院关于同意将安徽省黟县
列为国家历史文化名城的批复

国函〔2021〕64号

安徽省人民政府：

你省关于申报黟县为国家历史文化名城的请示收悉。现批复如下：

一、同意将黟县列为国家历史文化名城。黟县历史悠久，传统格局、历史风貌和地域文化特色鲜明，文化遗存丰富，具有重要的历史文化价值。

二、你省及黟县人民政府要以习近平新时代中国特色社会主义思想为指导，全面贯彻党的十九大和十九届二中、三中、四中、五中全会精神，按照党中央、国务院决策部署，牢固树立保护历史文化遗产责任重大的观念，落实《中华人民共和国文物保护法》、《历史文化名城名镇名村保护条例》要求，深入研究发掘历史文化资源的内涵与价值，明确保护的原则和重点，强化历史文化资源的保护利用，传承弘扬中华优秀传统文化，讲好中国故事。编制好历史文化名城保护规划和各级文物保护单位保护规划，制定并严格实施保护管理规定，明确各类保护对象的清单以及保护内容、要求和责任。正确处理城市建设与历史文化资源保护的关系，重视保护城市格局和风貌管控，加强整体性保护、系统性保护；保护修复历史文化街区，补足配套基础设施和公共服务设施短板，不断提升人居环境品质；保护好世界文化遗产，加强文物和历史建筑修缮保护，推动文物保护单位开放利用，充分发挥历史建筑的使用价值。不得改变与名城相互依存的自然景观和环境，不得进行任何与名城环境和风貌不相协调的建设活动，不得损坏或者擅自迁移、拆除历史建筑。进一步强化责任落实，对不履职尽责、保护不力、造成名城历史文化价值受到严重影响的行为，依法依规加大监督问责力度。

三、你省与住房和城乡建设部、国家文物局要加强对黟县国家历史文化名城保护工作的指导、监督和检查。

> 国务院
> 2021年6月2日
>
> （资料来源：中华人民共和国中央人民政府网，http://www.gov.cn/zhengce/content/2021-06/15/content_5617936.htm，2021年6月15日）
>
> **【评析】** 这篇批复开头引用请示标题，交代批复依据，主体先表明态度，接着站在上级的立场上对批复事项和相关部门提出了具体要求，便于下级机关执行。批复没有直接写给黟县人民政府，而是写给安徽省人民政府，体现了逐级发文的原则。

单元七　意见的写作

情景导入

海宁市政府下发《市属企业管理能力提升活动方案（征求意见稿）》，先到各个企业征求修改建议，海宁市××经编有限公司收到征求意见稿之后，组织各个层次的员工进行了座谈讨论，公司要求总经办将大家的意见建议汇总后形成文稿上报市政府。

思考：陈婷该如何行文呢？采用哪一文种行文？

必备知识

一、意见的含义

意见，是用于对重要问题提出见解和处理办法的公文。

意见既可以是上行文，提出工作见解、建议和参考意见；又可以是下行文，阐明工作原则、方法和参考意见等；也可以是平行文，对不相隶属机关的有关专门工作做出评估、鉴定和咨询等。

二、意见的作用

意见主要有指导性和建议性作用。上级机关制发的意见，对下级机关工作具有原则上的指导作用。下级机关对超出自己职权范围的问题，向上级机关呈送意见，对上级批准或认可起到建议参考作用。因此，意见是上级机关对下级机关的工作实施领导与指导，实行行政措施的主要手段，也是各职能部门对上级机关提供处理某专项问题和制定有关政策的建议的重要途径。

三、意见的种类

意见按性质和用途可分为指导性意见、实施性意见和建议性意见等几种。

1. 指导性意见

这是党政机关用于布置工作的下行文，是对某一时期的某一方面的工作提出的大体构想。它指示了一个时期内某项工作的要点、原则和办法、措施。如《浙江省人民政府国有资产监督管理委员会关于在省属企业开展管理提升活动的指导意见》。

2. 实施性意见

这是为贯彻某一重要决定或中心工作所制定的实施方案，属下行文。它重在阐发上级的有关精神，提出较为具体的行动方案和工作安排，指导下级工作。如《浙江省人民政府关于整顿和规范经济秩序的实施意见》。

3. 建议性意见

这是向上级提出工作建议、设想的上行文，它分呈报性建议意见和呈转性建议意见。呈报性建议意见是向上级机关提出某方面的建议，供上级机关决策参考；如《海宁市××经编有限公司关于〈市属企业管理能力提升活动的方案〉的建议意见》；呈转性建议意见是有关职能部门就某项专门工作提出设想和打算，呈送领导审定后，批转更大范围的有关方面执行的意见，所以又叫待批性意见。如《浙江省财政厅关于公务员医疗补助的意见》，上报省政府审批同意后由省政府直接发文。

能力技巧

一、意见的写作技巧

1. 标题

意见的标题由"发文机关＋事由＋文种"组成。如"×××集团股份有限公司关于进一步推进集团与浙江××职业技术学院产学研结合的实施意见"。

2. 正文

意见的正文一般由开头（发文缘由）、主体（意见条文）两部分组成。有的意见有执行要求结尾。

（1）开头。即发文缘由，这是意见的开头部分，主要写出发布意见的背景、依据、目的、意义等，一般用"特制定本实施意见""现提出以下意见"等过渡到下文。

（2）主体。即意见条文，这是意见的主要内容，一般以条文形式分述目标、任务、实施要求、措施办法、建议事项等。要把对重要问题的见解或处理办法一一写明。如是内容繁多的意见，可列小标题作为大层次，再分条表述。不同层次意见有不同要求，高层次领导机关发布的指导意见原则性较强；下层机关的意见则比较具体、操作性强；实施性意见要将任务、措施、步骤和实施监督等要素写得具体、可行。

（3）执行要求。有些意见需要对贯彻执行提出一些要求，可以列入条款，也可以单独写一段简练的结束文字。如无必要，此项可省略。待批性意见可以写上"以上意见如无不妥，请批转……执行"等结束语。

二、意见的写作要求

1. 注意与相近文体的区别

如与通知的区别，下行文的意见与通知有相似之处，但意见除措施、步骤、实施要求外，还需对意见的正确性、切实可行性予以阐发、说明。又如呈转性建议意见，通常是行政职能部门需要在较大范围内开展工作，而采取的措施、办法超出了本部门的职权范围，必须借助上级的权威加以推动时才能用，但不能写成报告或请示。

2. 注意行文的得体

指示性、实施性意见的语气要注意严肃、平和、决断，但不能过分使用命令性词语。呈转性建议意见是形式上的上行文，其目的在于经上级批转后交有关部门执行，提出的意见、建议主要不是针对上级，而是针对下级和有关方面而提出，撰写时尤其要注意行文的得体。

案例评析

【案例】

教育部 中央网信办 国家发展改革委 工业和信息化部 财政部 中国人民银行
关于推进教育新型基础设施建设构建高质量教育支撑体系的指导意见

教科信〔2021〕2号

各省、自治区、直辖市教育厅（教委）、网信办、发展改革委、工业和信息化主管部门、通信管理局、财政厅（局）、中国人民银行分行，新疆生产建设兵团教育局、网信办、发展改革委、工业和信息化主管部门、财政局、中国人民银行分行，部属各高等学校、部省合建各高等学校：

教育新型基础设施是以新发展理念为引领，以信息化为主导，面向教育高质量发展需要，聚焦信息网络、平台体系、数字资源、智慧校园、创新应用、可信安全等方面的新型基础设施体系。教育新型基础设施建设（以下简称教育新基建）是国家新基建的重要组成部分，是信息化时代教育变革的牵引力量，是加快推进教育现代化、建设教育强国的战略举措。为深入贯彻党的十九届五中全会精神，加快推进教育新基建，构建高质量教育支撑体系，现提出以下意见。

一、总体要求

（一）指导思想

以习近平新时代中国特色社会主义思想为指导，全面贯彻党的教育方针，落实立德树人根本任务，准确把握新发展阶段、贯彻新发展理念、构建新发展格局，以技术迭代、软硬兼备、数据驱动、协同融合、平台聚力、价值赋能为特征，加快推进教育新基建。以教育新基建壮大新动能、创造新供给、服务新需求，促进线上线下教育融合发展，推动教育数字转型、智能升级、融合创新，支撑教育高质量发展。

（二）基本原则

坚持需求导向。聚焦教育高质量发展的迫切需要，立足固根基、扬优势、补短板、强弱项，量力而行、因地制宜、循序渐进推动教育新基建，夯实信息化时代教育变革的基础条件。

坚持创新引领。深入应用5G、人工智能、大数据、云计算、区块链等新一代信息技术，充分发挥数据作为新型生产要素的作用，推动教育数字转型。

坚持协同推进。加强部际协同、部省联动和区域协调，提高系统谋划、整体推进的能力。有效激发市场活力，引导各方主体参与教育新基建，培育良好的发展生态。

坚持统筹兼顾。统筹传统基建与新基建，推动线上线下融合发展。统筹存量与增量设施，注重盘活存量，避免重复建设。统筹网络安全和信息化，以安全保发展、以发展促安全。

（三）建设目标

到 2025 年，基本形成结构优化、集约高效、安全可靠的教育新型基础设施体系，并通过迭代升级、更新完善和持续建设，实现长期、全面的发展。建设教育专网和"互联网+教育"大平台，为教育高质量发展提供数字底座。汇聚生成优质资源，推动供给侧结构性改革。建设物理空间和网络空间相融合的新校园，拓展教育新空间。开发教育创新应用，支撑教育流程再造、模式重构。提升全方位、全天候的安全防护能力，保障广大师生切身利益。

二、重点方向

（一）信息网络新型基础设施

充分利用国家公共通信资源，畅通连接全国各级各类学校和教育机构间的教育网络。提升学校网络质量，提供高速、便捷、绿色、安全的网络服务。

1. 建设教育专网。充分依托国家电子政务外网和互联网已有建设基础，根据分级负责的原则，加强国家主干网、省市教育网和学校校园网的衔接，实现网络地址、域名和用户的统一管理。按需扩大学校出口带宽，实现中小学固定宽带网络万兆到县、千兆到校、百兆到班，以及部省数据中心、高校超算中心等设施的高速互联。深入推进 IPv6 等新一代网络技术的规模部署和应用。

2. 升级校园网络。推动校园局域网升级，保障校内资源与应用的高速访问。通过 5G、千兆无线局域网等方式，实现校园无线网络全覆盖。支持建设校园物联网，推动安防视频终端、环境感知装置等设备联网。通过卫星电视、宽带网络和宽带卫星为农村薄弱学校和教学点输送优质资源，促进教育公平。

（二）平台体系新型基础设施

推动各级各类教育平台融合发展，构建互联互通、应用齐备、协同服务的"互联网+教育"大平台。

1. 构建新型数据中心。支持省级教育行政部门通过混合云模式建设教育云，为本地区教育机构提供便捷可靠的计算存储和灾备服务。规划整合教育行政部门和学校"低小散旧"的数据中心，不鼓励县级教育行政部门和中小学校建设数据中心。鼓励区域和高校共享超算资源和人工智能算力资源，提供基础算力工具。

2. 促进教育数据应用。升级教育基础数据库，形成教师、学生、学校组织机构等权威数据源，为推动"一数一源"提供支撑。依托一体化政务服务平台，推进跨部门、跨地域、跨层级的数据流动。提升教育发展动态监测能力，提升数据的时效性和准确性，强化精准趋势分析能力。升级教育科学决策服务系统，建立教育发展指数，汇聚教育和经济社会发展的宏观数据，支撑科学决策。

3. 推动平台开放协同。聚合各类教育应用，构建面向各级各类学校的开放平台。支持学校根据业务需要推动业务上云，通过提供便捷、优质、可选择的云应用，支持学校开展教育教学、行政管理和公共服务。建设开放应用接口体系，支持各方主体提供通用化的教育云应用，构建多元参与的教育应用新生态。

4. 升级网络学习空间。升级面向广大师生的网络学习空间，兼容各类平台终端，支持开发网络学习空间的移动应用，支撑泛在学习和掌上服务。依托空间汇聚各类终端、应用和服务产生的数据，为教育教学改革提供支撑，促进规模化教育与个性化培养有机结合。构建教育经历服务体系，建立师生数字档案，记录存储学习经历与成果。

（三）数字资源新型基础设施

依托国家数字教育资源公共服务体系，推动数字资源的供给侧结构性改革，创新供给模式，提高供给质量。

1. 开发新型资源和工具。利用新一代信息技术开发数字教育资源。加强战略型紧缺人才培养教学资源储备，支持国家电视空中课堂、职业教育专业教学资源库、高等学校线上一流课程、网络思政课程建设。引导研发支持教师备授课、网络教研、在线教学的学科教学软件和满足特殊教育学生学习需求的个性化资源、设备、工具。

2. 优化资源供给服务。汇聚数字图书馆、数字博物馆、数字科技馆等社会资源，共享社会各方开发的个性化资源，建立教育大资源服务机制。系统梳理各学科知识脉络，明确各知识点间的关系，分步构建国家统一的学科知识图谱。对现有资源进行分类标识，匹配学科知识图谱。升级资源搜索引擎，通过平台模式为师生提供海量的优质资源和精准的资源服务。

3. 提高资源监管效率。依托国家数字教育资源公共服务体系，提升数字资源供给监管能力，实现资源备案、流动、评价的全链条管理。把好数字资源准入关，探索人工智能技术支持下的数字教育资源内容审核。利用区块链技术保护知识产权，探索个性化资源购买使用和后付费机制。通过用户评价和第三方评估相结合的方式，推动数字资源迭代更新。

（四）智慧校园新型基础设施

支持有条件的学校利用信息技术升级教学设施、科研设施和公共设施，促进学校物理空间与网络空间一体化建设。

1. 完善智慧教学设施。提升通用教室多媒体教学装备水平，支持互动反馈、高清直播录播等教学方式。部署学科专用教室、教学实验室，依托感知交互、仿真实验等装备，打造生动直观形象的新课堂。有条件的地方普及符合技术标准和学习需要的个人学习终端，支撑网络条件下个性化的教与学。支持建设满足教学和管理需求的视频交互系统，支撑居家学习和家校互动。

2. 建设智慧科研设施。推动智能实验室建设，利用信息技术辅助开展科学实验、记录实验数据、模拟实验过程，创新科研实验范式。探索实验室安全智能监管和科研诚信大数据监管应用。促进重大科研基础设施、高性能计算平台和大型仪器设备开放共享。建设科研协同平台，提供虚拟集成实验环境、科研实验数据共享等服务，支撑跨学科、跨学校、跨地域的协同创新。

3. 部署智慧公共设施。升级校园公共安全视频网络，基于人工智能技术实现突发事件的智能预警，加强安防联动，支撑平安校园建设。建设学校餐饮卫生监测系统，加强食材供应链管理和厨房环境管理，建立师生健康档案，支撑健康校园建设。探索推进基于物联网的楼宇智能管理，因需调节建筑温度和照明等，支撑绿色校园建设。

（五）创新应用新型基础设施

依托"互联网+教育"大平台，创新教学、评价、研训和管理等应用，促进信息技术与教育教学深度融合。

1. 普及教学应用。普及新技术条件下的混合式、合作式、体验式、探究式等教学，探索新型教学方式。推动"三个课堂"等应用，扩大优质资源覆盖面。开发基于大数据的智能诊断、资源推送和学习辅导等应用，促进学生个性化发展。开发基于人工智能的智能助教、智能学伴等教学应用，实现"人机共教、人机共育"，提高教育教学质量。

2. 创新评价应用。创新信息化评价工具，全面记录学生学习实践经历，客观分析学生能力，支撑各学段全过程纵向评价和德智体美劳全要素横向评价。推动学生数字档案在评价中的应用，转变简单以考试成绩为唯一标准的学生评价模式。鼓励有条件的地区和学校探索试行规模化在线考试、无纸化考试。

3. 拓展研训应用。以人工智能助推教师队伍建设，助力提升教学能力、优化教师管理。开发教研支撑应用，开展基于教学能力智能诊断与分析的自适应学习和网络教研，促进教师专业化发展。开发教师培训应用，提供模拟实训环境，提升教师信息化运用能力。开发教师能力评估应用，实现伴随式数据采集与过程性评价，为教师改进教学提供依据。

4. 深化管理应用。推动教育行政办公数字化，支持全流程、全业务线上办理，普及线上协同办公、移动办公等新形式。深化教育督导信息化，实现大数据支持下的实时监测和精准评估。利用一体化服务平台，推动政务服务全程网上受理、网上办理和网上反馈，实现一网通办。探索利用智能技术开发自动化办事应用，创新管理服务模式。

（六）可信安全新型基础设施

有效感知网络安全威胁，过滤网络不良信息，提升信息化供应链水平，强化在线教育监管，保障广大师生的切身利益。

1. 增强感知能力。完善教育系统信息资产数据库，掌握信息系统（网站）情况，绘制网络空间资产地图。基于教育专网开展网络流量监测，及时监测安全威胁、发现攻击行为。建立教育系统应急指挥网络，提升安全事件发现、应急报告、协同处置、追踪溯源等能力。汇聚安全威胁和情报信息，利用人工智能、大数据技术进行分析研判，形成趋势报告。

2. 保障绿色上网。在教育专网主干网和校园网互联网出口建设网络访问防火墙，自动识别、过滤不良网站和信息。在中小学生个人学习终端增加青少年保护功能，保护学生视力健康，预防青少年网络沉迷。支持开发适用于中小学生使用的安全浏览器等软件和教育学习平台，从严限制广告，杜绝不良信息，保障学生绿色上网。

3. 推动可信应用。促进信息技术应用创新，提升供应链安全水平。有序推动数据中心、信息系统和办公终端的国产化改造，推进国产正版软件使用。推动建设教育系统密码基础设施和支撑平台，建立完善全国统一的身份认证体系，推动移动终端的多因子认证。利用国产商用密码技术推动数据传输和存储加密，提升数据保障能力。

4. 健全应用监管。提升教育移动互联网应用程序、教育软件、在线教育平台和新型数字终端等监管的信息化支撑能力，推动新技术、新应用进校园审核备案。会同网信、公安部门开展人工智能算法备案、检查和评估。建立完善教育信息化相关企业信用记录，通过大数据分析各类应用存在的安全风险隐患，为事中事后监管提供支持。

三、保障措施

（一）加强统筹协调

各级教育行政部门牵头，建立网信、发展改革、财政、通信、工业和信息化、金融等部门参与的协同推进机制，加大工作指导力度，协调解决重大问题。省级教育行政部门要加强组织统筹，制定本地区教育新基建的实施方案，会同网信、通信、工业和信息化等相关部门将教育新基建纳入本地区的教育"十四五"发展规划、网信规划和地方新基建支持范围。

（二）健全标准规范

国家和省级教育行政部门应建立覆盖信息网络、平台体系、数字资源、智慧校园、创新应用、可信安全等方面的标准规范体系。重点制定平台建设、数据治理、网络安全等方面的标准，推动平台互联、数据互通和安全可控。制定教育新基建各项任务的指标体系和建设指南，提高建设质量和效率。

（三）提升支撑能力

各级教育行政部门应加强管理、技术、服务队伍建设，切实提高管理水平和保障能力，为可持续服务提供必要保障。鼓励有条件的地方以产业孵化基地为载体，打通教育新基建的上下游产业链，促进产业集群式发展。支持高校将前沿技术应用于教育新基建，推进产教融合，提供科技支撑。

（四）完善经费保障

地方各级教育、发展改革、财政、通信、工业和信息化等部门应加强统筹协调，优化支出结构，通过相关经费渠道大力支持教育新基建。通过现有资金渠道加强对薄弱环节和贫困地区的倾斜支持，缩小区域、城乡、校际差距。优化金融服务，支持教育新基建。

（五）强化监督评价

加强项目立项管理、采购管理、过程管理和绩效管理，建立健全项目全生命周期的管理体系和标准，保障工作质量。各地教育督导部门应将教育新基建重点任务纳入对下级政府履行教育职责督导评估和对学校的综合督导评估。探索建立动态监测和第三方评估机制，推动质量监测与效果评估的常态化、实时化、数据化。

教育部 中央网信办 国家发展改革委

工业和信息化部 财政部 中国人民银行

2021年7月1日

（资料来源：中华人民共和国教育部网站，http://www.moe.gov.cn/srcsite/A16/s3342/202107/t20210720_545783.html，2021年7月21日）

【评析】 这是教育部等六部委联合发布的关于推进教育新型基础设施建设构建高质量教育支撑体系的指导意见，开头简单交代发布意见的依据和目的，接着提出总体要求，在此基础上提出了建设方向和措施要求，最后提出保障措施。意见要求明确，落实措施要求具体，具有很强的指导性，便于各收文单位结合实际制订具体的实施意见。

单元八　函的写作

情景导入

随着公司业务的不断发展，海宁市××经编有限公司急需引进应用型技术技能型人才，同时在职员工的职业素质和综合能力也需要进一步提升。为了提高人才引进和员工培训的针对性，经公司董事会研究，决定与浙江××职业技术学院开展校企合作，一方面在学校开设××订单班，另一方面利用学校教学设施和教师资源为企业开展系列培训。总经办主任要求陈婷起草文书，与浙江××职业技术学院商议合作事宜。

思考： 陈婷应该用哪一文种行文？

必备知识

一、函的含义

函是一种以平行文为主的公文,而且是公文中唯一的平行文。也就是说,不管行文内容是什么,只要是不相隶属单位之间行文就一定用函。

函适用于不相隶属单位之间相互商洽工作,询问和答复问题,请求批准和答复审批事项。

二、公函与商函的联系与区别

从往来关系看,商函与公函具有一致性。公函适用于不相隶属单位之间商洽工作、询问和答复问题、请求批准和答复审批事项。商函也是没有隶属关系的企业之间商务往来,相互商洽、相互询问和答复问题的公文。

从使用主体上看,两者使用主体不同。商函的使用主体是企业或企业的代表人;公函的使用主体是国家机关、社会团体和企事业单位,不能用于个人。

从制作上看,公函要执行公文格式的规定;商函没有严格的规定,一般按照惯例来写作。

从文书内容上看,商函仅限于交易磋商,而公函的内容比较宽泛。

三、函的种类

1. 按内容分类

(1)商洽函。商洽函用于不相隶属的单位商洽办理某一事项、请求协助解决某一问题,部门之间联系工作,人事部门办理人事调动等。

(2)问询函。问询函用于向同级业务管理机关或不相隶属的机关询问有关政策、工作情况或某一问题。

(3)请批函。请批函用于向有关业务主管部门请求批准。

(4)答复函。答复函用于答复有关单位询问的事项,或答复同级单位的请批事项。

2. 按往来关系分类

(1)发函。即主动发出的函,也叫去函。

(2)复函。即答复函。

能力技巧

一、函的写作技巧

1. 标题

函的标题由"发文机关+事由+文种"组成。如"湖北省人民政府关于会计师事务所改制中产权界定问题的函";答复函要在标题中写明"复函",如"中华人民共和国财政部关于会计师事务所改制中产权界定问题的复函"。

2. 正文

（1）发函的写作。发函即主动与对方单位商洽工作、询问问题、征求对方意见、请求批准事项等所用的函。

1）开头。开头部分写清发函缘由,即商洽、询问、请求批准的理由、依据等。此处不必像写私人信函那样写客套话,而是开门见山,直奔主题。

2）主体。主体写发函事项,即商洽、询问、请求批准的主要事项。这部分要求具体明确。

3）结束语。如要求对方答复,就写明"特此函达,请函复""特此函询,请函告"等用语；如无须对方回答,则写上"特此函达""特此函告"等用语。

（2）复函的写作。

1）开头。复函的开头与答复报告、批复等相似,交代复函的依据,即针对哪个函答复。一般引用来函的标题、字号等。如"你厅《关于咨询环境工程设计资质管理有关问题的函》（浙建城函〔2022〕18号）收悉。经研究,答复如下……"。

2）主体。主体部分写明答复事项,即针对来函商洽、询问或要求批准的事项一一作答。要求态度明确。

3）结束语。函一般用"特此函复""此复"等作为结语。

二、信函格式

《党政机关公文格式》（GB/T 9704—2012）对信函的格式规定如下：

发文机关标志使用发文机关全称或者规范化简称,居中排布,上边缘至上页边为30毫米,推荐使用红色小标宋体字。联合行文时,使用主办机关标志。

发文机关标志下4毫米处印一条红色双线（上粗下细）,距下页边20毫米处印一条红色双线（上细下粗）,线长均为170毫米,居中排布。

如需标注份号、密级和保密期限、紧急程度,应当顶格居版心左边缘编排在第一条红色双线下,按照份号、密级和保密期限、紧急程度的顺序自上而下分行排列,第一个要素与该线的距离为3号汉字高度的7/8。

发文字号顶格居版心右边缘编排在第一条红色双线下,与该线的距离为3号汉字高度的7/8。

标题居中编排,与其上最后一个要素相距两行。

第二条红色双线上一行如有文字,与该线的距离为3号汉字高度的7/8。

首页不显示页码。

版记不加印发机关和印发日期、分隔线,位于公文最后一面版心内最下方。

信函格式首页版式如图7-8所示。

```
┌─────────────────────────────────────────┐
│        中华人民共和国×××××部            │
│═════════════════════════════════════════│
│ 000001              ×××〔20××〕10 号    │
│ 机  密                                   │
│ 特  急                                   │
│          ×××××关于××××××的函           │
│ ×××××××：                              │
│     ××××××××××××××××××××            │
│ ×××××××××。                            │
│     ××××××××××××××××××××            │
│ ×××××××××                              │
│ ...                                      │
└─────────────────────────────────────────┘
```

图 7-8　信函格式首页版式

三、函的写作要求

1．正确使用文种

凡是向不相隶属的机关，无论是高级别、低级别还是相同级别行文，一律使用"函"。注意区分：向上级机关请求批准用请示，向不相隶属机关请求批准用函；答复上级机关用报告，答复下级机关用批复，答复不相隶属机关用复函。

2. 语言得体简明

函一般开门见山,无须像写私人信件那样问候、寒暄、客套。一般一事一函,简洁明了。态度诚恳有礼,注意使用礼貌用语,既要符合本单位的职权身份,又要尊重对方、讲究礼节,不能强人所难,忌用指令性语言。

案例评析

【案例一】

××市统计局关于请求拨款的函

市财政局:

　　我局原有132平方米砖瓦结构车库(平房)一处,因年久失修于20××年雨季突然倒塌,急需修复。经测算,共需资金30万元。因我局除财政拨款外无另外资金来源,故请能予临时拨款为盼,以便解决车辆越冬之急需。

　　特此函请,请审批。

　　附件:维修图纸与预算(略)

××市统计局
20××年9月8日

【评析】此文属于请批函,因统计局与财政局属于不相隶属的同级关系,因此,不能用请示,这份函用简洁的语言将请批缘由和事项交代得清楚、明白,最后用附件将维修图纸与预算进一步明确,以便市财政局审批。

【案例二】

浙江××机械研究所关于与××工业大学建立全面协作关系的函

××工业大学:

　　近年来,我所与你校双方在一些科学研究项目上互相支持,取得了一定的成绩,建立了良好的协作基础。为了巩固成果,建议我们双方今后能进一步在学术思想、科学研究、人员培训、仪器设备等方面建立全面的交流协作关系,特提出如下意见:

　　一、定期举行所、校之间学术讨论与学术交流。

　　二、根据所、校各自的科研发展方向和特点,对双方共同感兴趣的课题进行协作。

　　三、根据所、校各自人员配备情况,校方在可能的条件下对所方研究生、科研人员的培训予以帮助。

　　四、双方科研教学所需要高、精、尖仪器设备,在可能的条件下,提供对方共享利用。

　　五、加强图书资料和情报信息的交流。

　　以上各项,如蒙同意,建议互派科研主管人员就有关内容进一步磋商,达成协议,以利工作。

　　特此函达,务希研究见复。

浙江××机械研究所
20××年3月18日

【评析】 此文属于商洽函,就双方合作事宜征询对方单位意见,来函缘由简洁明了,商洽事宜明确,最后结束语标明需要对方答复。

【案例三】

教育部关于同意湖南软件职业学院(本科)
更名为湖南软件职业技术大学的函

教发函〔2021〕66号

湖南省人民政府:

  为贯彻落实中央关于职业教育的新部署和新要求,探索职业教育发展新路径,进一步完善职业教育体系,推动职业教育高质量发展,根据《教育部关于同意湖南软件职业学院升格为本科层次职业学校的函》(教发函〔2020〕43号)、《关于报送〈湖南软件职业学院本科层次职业教育试点工作测评报告〉的报告》(湘教〔2021〕7号),同意湖南软件职业学院(本科)更名为湖南软件职业技术大学,学校标识码为4143013925。现将有关事项函告如下:

  一、湖南软件职业技术大学系民办本科层次职业教育试点学校,由你省统筹管理。

  二、学校要切实加强党的建设,全面贯彻党的教育方针,坚持社会主义办学方向,落实立德树人根本任务,培养德智体美劳全面发展的社会主义建设者和接班人。

  三、学校要坚持职业教育办学定位,保持职业教育属性和特色,培养区域经济社会发展需要的高层次技术技能人才。

  四、学校职业本科专业设置按国家有关规定办理。

  五、我部将适时对学校办学定位、办学条件和人才培养质量等情况进行检查。

  望你省按照国家关于本科层次职业教育试点工作的部署,切实加强对学校的指导和支持,督促举办者进一步加大投入力度,坚持公益办学导向,优化办学条件,提高学校治理水平,加强教师队伍特别是"双师型"教师队伍建设,深化产教融合、校企合作,围绕产业需求开发实训课程、完善教学体系,大力开展职业技能培训,不断提升办学质量,更好地为地方经济社会发展服务。

  附件:1. 湖南软件职业技术大学办学许可证信息(略)
     2. 湖南软件职业技术大学章程(略)

教育部
2021年5月14日

(资料来源:中华人民共和国教育部网站,http://www.moe.gov.cn/srcsite/A03/s181/202105/t20210527_533867.html,2021年5月27日)

【评析】 此文为批复性复函,开头交代复函依据,表明态度,主体部分从业务主管部门角度提出具体的办学要求。

【思考】 此文为什么不用批复行文?

单元九　纪要的写作

> **情景导入**
>
> 　　顾先生是海宁市××经编有限公司一车间主任，有一天，公司总经理到顾先生负责的车间召开现场座谈会，了解该车间改革情况。总经理肯定了该车间改革成绩，希望顾先生将本次座谈会的记录整理成会议纪要，下发到其他部门推广学习。顾先生非常高兴，当晚就将所做的会议记录认真整理打印出来，第二天交给总经理之前，顾先生觉得稳妥起见还是找总经办把把关，陈婷看了以后告知顾先生不合要求，须按照纪要要求修改。
> 　　**思考**：什么是纪要？纪要与会议记录到底有什么区别？

必备知识

一、纪要的含义

纪要，指用于记载会议主要情况和议定事项的公文。

二、纪要与会议记录的区别

1. 性质不同

会议记录是在会议进行当中对会议做的原始记录，按会议进行的顺序，无选择地、全方位地进行记录，属于事务文书。

纪要是在会后根据会议记录内容，有选择地记载会议的主要精神和议定事项，按一定的逻辑顺序记载，属于公务文书。

2. 功能不同

会议记录一般不公开，无须传达或传阅，只作为资料存档；纪要通常要在一定范围内传达或传阅，要求贯彻执行。

三、纪要的特点

1. 提要性

纪要不同于会议记录，不能事无巨细、有闻必录。必须对会议记录进行整理，择取其要，提炼出精华，概括出主要精神，归纳出主要事项。

2. 决议性

纪要一经下发，便对有关单位和人员产生一种指示作用和约束力，实际上起着决议的某些作用。

3. 存档性

某些纪要，如学术研讨会、座谈会，并非一定要贯彻执行，只是为了通报会议情况，让有关人员周知，在必要时查阅，存档备查。

四、纪要的种类

1. 办公会议纪要

办公会议即例会。重要的例会一般要写出会议上的主要议题、决定的事项。

2. 工作会议纪要

较重要的工作会议，如总结工作、交流经验、研究政策、制订措施等，需要将会议精神形成纪要下达到下级。

3. 座谈会议纪要

某些专题的座谈会，需要将参加座谈会代表人物发言的主要精神、意见加以整理归纳、下达。

---------------- 能力技巧 ----------------

一、纪要的写作技巧

1. 标题

纪要的标题一般有两种写法：

（1）由"主办单位＋会议名称＋文种（纪要）"构成，如"杭州市人民政府企业改制专题会议纪要""浙江××职业技术学院思想政治教育座谈会纪要"。

（2）由"会议名称＋文种（纪要）"构成，如"海关工作联席会议纪要""关于××地区放宽政策和发展第三产业现场办公会议纪要"。

2. 正文

（1）开头。纪要开头一般交代会议概况，包括会议的背景、依据和目的，会议名称、时间、地点，与会人员和主持人，领导人出席会议的情况，会议的主要议题等。

（2）主体。纪要主体需要概括会议主要精神、研究的问题、讨论的意见、提出的任务要求等。常用的写法有三种。

1）条目式。把讨论的问题、议定的事项，按主次或其他逻辑顺序一条条列出。

2）综合概括式。把会议讨论研究的问题，与会者统一的认识和看法，会议议定的事项等，综合概括成几个部分或段落，主要的内容详写，次要内容略写。按主次顺序或内容的逻辑顺序写作。

3）发言摘要式。把典型的、代表性的发言要点摘录出来，按发言顺序或内容性质写作。

一般情况下，一篇会议纪要会综合几种方式写。

二、纪要格式

《党政机关公文格式》（GB/T 9704—2012）规定纪要格式：

纪要标志由"××××纪要"组成，居中排布，上边缘至版心上边缘为35毫米，推荐使用红色小标宋体字。

标注出席人员名单，一般用3号黑体字，在正文或附件说明下空一行左空二字编排"出席"二字，后标全角冒号，冒号后用3号仿宋体字标注出席人单位、姓名，回行时与冒号后的首字对齐。

标注请假和列席人员名单，除依次另起一行并将"出席"二字改为"请假"或"列席"外，编排方法同出席人员名单。

纪要格式如图7-9所示，也可以根据实际制定。由于纪要不加盖印章。因此，不能单独行文，而以通知为载体下发。

```
              浙江省人民政府
              专题会议纪要
              〔2022〕× 号

 浙江省人民政府办公厅         2022年×月×日
 ××××××××××××××××××××××××
 ××××××××××××××××××××××××
 ××××××××××××××××××××××××。
   出席：×××、×××、×××、×××、×××、×××。
   请假：×××、×××、××。
   列席：×××、×××、××。
```

图7-9 纪要格式

三、纪要写作要求

1. 吃透精神，领会实质

一定要仔细研析会议记录，分析每一位发言者的发言，归纳会议决议，全面吃透会议精神，领会好会议实质，把握好会议基调，确保传达的会议精神不失真、不跑调。

2. 抓住要点，删繁就简

纪要不等于会议记录，不需要面面俱到，动笔前要对记录进行归纳整理，找出要点，删繁就简，做到既体现会议的精神又不繁杂啰唆。

3. 把握风格，语言得体

对于复杂纷繁的内容，一般用"会议指出""会议认为""会议强调""与会者一致认为"等惯用语自然分层，以体现清晰的条理。

案例评析

乐清市人民政府办公室
关于印发《2021年度市政府与市总工会联席会议纪要》的通知

各乡镇人民政府、街道办事处，市政府直属各单位：

《2021年度市政府与市总工会联席会议纪要》已经市政府同意，现印发给你们，请结合实际，认真组织实施。

乐清市人民政府办公室
2021年6月16日

2021年度市政府与市总工会联席会议纪要

2021年6月1日，徐××市长牵头召开2021年度市政府与市总工会联席会议，参加会议的有市领导陈××、章××，市府办、市经信局、市教育局、市财政局、市人力社保局、市自然资源和规划局、市工商联、柳市镇、北白象镇、城东街道、乐清经济开发区管委会等单位负责人，市总工会班子成员。现将会议议定的有关事项纪要如下：

一、会议听取了全市工会2020年以来工作情况汇报和2021年工作部署。会议指出，2020年以来，市总工会团结带领全市各级工会组织，紧紧围绕市委、市政府中心工作，推动发展有新作为、服务职工有新成效、改革创新有新突破，有力促进了全市经济发展和社会稳定。

二、会议研究了健全市政府与市总工会联席会议制度有关事项。会议原则同意修订完善《乐清市人民政府与乐清市总工会联席会议制度》并发文实施。

三、会议研究了职工医疗互助保障出资比例调整有关事项。为解决我市企事业单位的互助保障缴费收取不及时造成的脱保问题，参照温州其他县市区职工互助保障资金支出方式，会议原则同意调整我市职工医疗互助保障出资比例，统一由参保单位在职工福利费或工会经费中列支，个人不再承担相应的费用。下一步，由市总工会牵头研究个人筹资的方式，强化工会会员缴纳职工医疗互助保障的意识。

四、会议研究了全市职工疗休养工作经费事项。为进一步提升职工疗休养获得感，根据《浙江省总工会、浙江省财政厅、浙江省人力资源和社会保障厅、浙江省文化和旅游厅关于调整职工疗休养政策的通知》（浙总工发〔2020〕46号）和《温州市总工会、温州市财政局、温州市人力资源和社会保障局、温州市农业农村局、温州市文化广电旅游局、温州市审计局关于组织好2021年职工疗休养工作的通知》（温总工发〔2021〕2号）文件要求，会议同意2022年职工疗休养工作经费标准从原每年2 000元/人提高至每年3 000元/人，市财政局要抓好落实。市总工会牵头研究在现有疗休养标准和规定下，采取多种方式，丰富疗休养内容，让广大干部职工拥有更多疗休养选择。

五、会议研究了市总工会职业技术学校综合大楼建设资金缺口问题。为解决市总工会职业技术学校校舍和设施老化问题，提升我市职业教育事业发展，会议同意从2022年教育建设经费中统筹解决市总工会职业技术学校综合技能培训大楼建设资金500万元，其余缺口资金由市总工会职业技术学校自筹解决。市总工会要积极向上争取资金用于职业技术学校综合大楼建设，打造更加优质的职业教育资源。同时，探索通过资产划转等形式，实现国有公司运作，高标准开展市总工会职业技术学校建设。

六、会议研究了市、街两级党群服务中心场地使用费事项。为落实职工活动中心大楼运行费用，解决市总工会巡察整改问题和历史遗留问题，会议同意由城东街道起草报告至市政府，经联系副市长签署意见后，由市财政局解决市、街两级党群服务中心场地使用费210万元。场地使用协议期满后，市工人文化宫与城东街道应重新签订协议。

七、会议研究了柳市镇、北白象镇、乐清经济开发区工人文化宫建设有关事项。为补齐柳市镇、北白象镇、乐清经济开发区职工文化设施短板，满足新生代职工的文化需求，

> 会议同意由市总工会指导柳市镇、北白象镇、乐清经济开发区尽快开展工人文化宫选址、设计等前期工作，分步实施。资金由市总工会自筹，相关部门予以大力支持，纳入规划并协助抓好落实。
>
> 　　会议强调，一要在把牢政治方向中进一步展现工会担当。不断强化思想认识，强化理论学习，强化自身建设。二要在履行主职主责中进一步发挥工会优势。着力提高职工劳动技能，竭力维护职工合法权益，全力推进职工普惠服务。三要在推进改革创新中进一步提升工会活力。全面提速数字转型，持续创新工作机制，选优建强干部队伍。
>
> 　　抄送：市委各部门，市人大、政协办公室，市人武部，市法院，市检察院，各人民团体，各民主党派。
>
> 　　（资料来源：乐清市人民政府网站，http://www.yueqing.gov.cn/art/2021/6/26/art_1229145288_1799705.html，2021年6月26日）
>
> **【评析】** 此文是一篇专题研究工会工作的会议纪要。开头概括了会议概况：会议名称、时间、地点、牵头人、参加者等。主体采用条目式，将会议讨论的七个议题的主要精神和议定事项按照并列关系分条列项阐述，以会议听取、会议研究、会议同意、会议强调等加以综合概括，思路清晰、条理清楚，内容明确。以通知行文，同时抄送相关部门，便于贯彻执行。

相关能力拓展

会议工作方案

一、会议工作方案的含义

　　会议工作方案是在会议准备阶段组织安排会议工作的前期计划性文书，是一种为大型的或重要的会议所做的预设方案。会议工作方案，要在会议召开前，对会议预期效果、整个日程做出全面、具体的计划安排，使会议能顺利进行，取得完满的结果。会议工作方案有时还需要送达上级机关请示核准，带有某种请示或请示附件的性质。

二、会议工作方案写作技巧

1. 标题

　　规范的会议工作方案标题写法应由召开单位、事由（会议名称）和文种类别（方案）"三要素"组成。个别情况有省略会议召开机关的。如"浙江××职业技术学院第六届职工代表大会工作方案""新技术推广交流会工作方案"等。

2. 正文

　　会议工作方案正文通常由开头、主体和结尾三部分构成。

　　（1）开头。开头部分应写明制文（开会）的缘由、单位、会议名称、会议时间、地点、会期等。

　　（2）主体。主体部分要写出会议的议题、日程、与会人员、会务工作、会场准备、后勤保障等内容，相当于一般方案中的"主要目标""实施步骤"和"政策措施"三项。这部分内容要具体、明确，写清楚会前需要准备的文件资料、发言稿、会议通知。此外，会场准备、与会人员接待，会中的各种服务、会议记录、情况汇总、会议简报编写，会后会议记录整理、会议纪要撰写以及与会人员的返回安排等均要一一落实到人。

（3）结尾。结尾部分的写作要根据会议方案的性质而定，属下级机关请示上级机关的，可写上类似请示报告结尾的用语。如"以上方案，当否，请批示"等。

3. 落款

写明会议工作方案的制订者和制订时间。制订者指负责会议工作整体组织与协调的部门或机构名称，如公司总经理办公室或会议筹备工作办公室等。

> **案例评析**
>
> **2021年中国汽车论坛会议方案**
>
> 一、论坛指导单位
> 中华人民共和国科学技术部
> 中华人民共和国工业和信息化部
> 中国机械工业联合会
> 二、论坛主办方
> 中国汽车工业协会
> 三、论坛支持单位
> 世界汽车组织
> 世界经济论坛
> 四、论坛承办方
> 汽车纵横全媒体
> 中国汽车工业经济信息技术研究所
> 五、协办单位
> 上海市嘉定区人民政府
> 上海国际汽车城
> 六、官方合作伙伴
> 华为技术有限公司
> 七、论坛嘉宾
> 主要包括：政府部门主管领导、全球汽车企业领袖、领先科技公司代表、汽车行业精英和权威专家等。
> 八、参会人员
> 中国汽车整车和零部件企业负责人、国际汽车公司CEO、科研院所、学校专家和学者、协会年会代表、相关行业或组织的代表、新闻媒体等。
> 九、论坛时间
> 2021年6月17日—19日

十、论坛地点

中国上海市嘉定区×××酒店

十一、论坛主题

新起点、新战略、新格局——推动汽车产业高质量发展

十二、论坛基本议程

（一）2021年6月17日 14:00—18:00，闭门峰会（定向邀请）

（二）2021年6月17日 19:00—21:00，欢迎晚宴

（三）2021年6月18日 8:30—12:00，大会论坛

（四）2021年6月18日 14:00—18:00，2021年6月19日 8:30—18:00，主题论坛

十三、论坛主要内容

（一）闭门峰会

邀请国家发展和改革委员会、工业和信息化部、交通运输部、生态环境部、商务部等政府部门和中国机械工业联合会、中国汽车工业协会等行业主管领导，中国一汽集团、东风汽车集团、长安汽车、上汽集团、广汽集团、北汽集团、中国重型汽车集团、奇瑞汽车、江淮汽车、比亚迪、长城汽车、吉利汽车、Stellantis集团以及蔚来汽车、威马汽车、理想汽车等中外汽车企业代表和华为、地平线、科大讯飞等科技企业代表，共同探讨汽车产业转型升级与格局重塑话题。

（二）欢迎晚宴：全体代表

（三）大会论坛：6月18日（8:30—12:00）

1. 领导致辞

8:30—8:40　全国政协经济委员会副主任

8:40—8:50　工业和信息化部装备工业一司副司长

8:50—9:00　世界经济论坛执行委员兼全球未来交通出行平台负责人（视频）

9:00—9:10　上海市嘉定区人民政府副区长

2. 主题演讲

9:10—9:30　加快新能源汽车发展，推进高端产业新突破［全国政协副主席、中国科协主席（视频）］

9:30—9:50　新起点 新战略 新格局——汽车产业发展趋势探讨（中国汽车工业协会常务副会长兼秘书长）

9:50—10:10　立足新起点，构建新格局，推动汽车产业实现高质量发展（中国机械工业联合会会长）

10:10—10:30　传统车企要学×××，造车新势力要学×××（如是金融研究院院长、如是资本创始合伙人）

10:30—10:50　激发创新潜能，焕新向上动能（重庆长安汽车股份有限公司总裁）

10:50—11:10　加速汽车数字化转型（华为智能汽车解决方案BU总裁）

11:10—11:30　茶歇

11:30—12:00　高峰论坛

主题论坛：本次论坛共设十四个主题论坛

2021年6月18日 14:00—18:00

主题论坛一：第三届全球汽车技术发展领袖峰会（具体安排略，以下同）
主题论坛二：主流企业"十四五"高质量发展战略
主题论坛三：智能网联汽车产业生态的融合与升级
2021年6月19日 8:30—12:00
主题论坛四：让世界看见中国汽车
主题论坛五：智能座舱创新技术论坛
主题论坛六：挖掘内循环潜能，重塑车市格局
主题论坛七：共创软件定义汽车新生态
主题论坛八：中德智能网联汽车产业发展论坛
主题论坛九：中瑞汽车产业可持续发展论坛
2021年6月19日 14:00—18:00
主题论坛十：汽车"芯荒"与中国对策
主题论坛十一：碳达峰、碳中和目标下的新能源汽车发展形势
主题论坛十二：智能网联汽车产业发展与安全论坛
主题论坛十三：赛车产业主题论坛
主题论坛十四：第三届汽车技术品牌营销论坛
十四、"2021中国汽车论坛"组委会名单（略）
十五、"2021中国汽车论坛"组委会执委会名单（略）
十六、经费预算
总计××万元，详见附表（略）

"2021中国汽车论坛"筹备小组
2021年3月8日

（资料来源：2021年中国汽车论坛官网，http://www.chinaautoforum.cn/2021/）

【评析】这个会议工作方案采用条款形式，逐项一一罗列，写作要项比较齐全，方案具体，便于执行。

会 议 记 录

一、会议记录的含义

在会议过程中，由记录人员把会议的组织情况和具体内容记录下来，就形成了会议记录。"记"有详记与略记之别。略记是记会议大要，会议上的重要或主要言论。详记则要求记录的项目必须完备，记录的言论必须详细完整。若需要留下包括上述内容的会议记录则要靠"录"。"录"有笔录、音录和影像录几种，对会议记录而言，音录、影像录通常只是手段，最终还要将录下的内容还原成文字。笔录也常常要借助音录、影像录，以之作为记录内容最大限度地再现会议情境的保证。

二、会议记录的基本要求

（1）准确写明会议名称（要写全称），开会时间、地点，会议性质。

（2）详细记下会议主持人、出席会议应到和实到人数，缺席、迟到或早退人数及其姓名、职务，记录者姓名。

如果是群众性大会，只要记参加的对象和总人数，以及出席会议的较重要的领导成员即可。如果某些重要的会议，出席对象来自不同单位，应设置签名簿，请出席者签署姓名、单位、职务等。

（3）忠实记录会议上的发言和有关动态。

会议发言的内容是记录的重点。其他会议动态，如发言中插话、笑声、掌声，临时中断以及别的重要的会场情况等，也应予以记录。

记录发言可分摘要与全文两种。多数会议只需记录发言要点，即把发言者讲了哪几个问题，每一个问题的基本观点与主要事实、结论，对别人发言的态度等，做摘要式的记录，不必"有闻必录"。某些特别重要的会议或特别重要人物的发言，需要记下全部内容。有录音笔的，可先录音，会后再整理出全文；没有录音条件，应由速记人员担任记录；没有速记人员，可以多配几个记得快的人担任记录，以便会后互相校对补充。

会议记录要求忠于事实，不能夹杂记录者的任何个人情感，更不允许有意增删发言内容。

三、会议记录的重点

会议记录应该突出的重点有：
（1）会议中心议题以及围绕中心议题展开的有关活动。
（2）会议讨论、争论的焦点及与会各方的主要见解。
（3）权威人士或代表人物的言论。
（4）会议开始时的定调性言论和结束前的总结性言论。
（5）会议已议决的或议而未决的事项。
（6）对会议产生较大影响的其他言论或活动。

四、会议记录格式

一般会议记录的格式包括两部分：一部分是会议的组织情况，要求写明会议名称、时间、地点、出席人数、缺席人数、列席人数、主持人、记录人等。另一部分是会议的内容，要求写明发言、决议、问题。这是会议记录的核心部分。

会议记录格式一
会议名称：
会议时间：   会议地点：
记录人：
出席与列席会议人员：
缺席人员：
会议主持人：   审阅：   签字：
主要议题：
发言记录：

会议记录格式二

××公司办公会议记录

时间：20××年×月×日×时
地点：公司办公楼五楼大会议室
出席人：×××　×××　×××　×××
缺席人：×××　×××　×××
主持人：公司总经理
记录人：办公室主任刘××
主持人发言：
与会者发言：×××
……
散会
主持人：×××（签名）
记录人：×××（签名）
（本会议记录共×页）

模 块 小 结

◎ 党政机关公文是党政机关实施领导、履行职能、处理公务的具有特定效力和规范体式的文书，是传达贯彻党和国家的方针政策，公布法规和规章，指导、布置和商洽工作，请示和答复问题，报告、通报和交流情况等的重要工具。

◎ 根据《党政机关公文处理工作条例》规定，现行公文分为决议、决定、命令（令）、公报、公告、通告、意见、通知、通报、报告、请示、批复、议案、函、纪要等15种。按照行文关系，可将这些公文分为上行文、平行文和下行文三种。

◎ 通知适用于发布、传达要求下级机关执行和有关单位周知或者执行的事项，批转、转发公文。通知属于普发性的下行文，一般要写清通知的发文缘由、具体任务和执行要求。

◎ 通报适用于表彰先进，批评错误，传达重要精神和告知重要情况。通报也是普发性的下行文。通报的写作一般先概括需要通报的事实情况，再分析事实的性质、原因等，最后提出希望、要求。

◎ 报告适用于向上级机关汇报工作，反映情况，回复上级机关的询问，属于上行文。工作报告类似工作总结；情况报告与情况通报有相同之处，结尾要向上级表明态度；回复报告要写明回复依据和回复事项。

◎ 请示适用于向上级机关请求指示、批准。请示属于上行文，但不能写给领导者个人，也不能越级请示或多头请示。写作请示必须写清请示缘由和请示事项。

◎ 批复适用于答复下级机关请示事项。批复是针对请示而写作的，必须写清批复依据和批复事项。与请示相同，批复也必须一文一事。

◎ 意见适用于对重要问题提出见解和处理办法。意见既可以是上级机关对下级机关的指导工作，也可以是下级机关向上级机关提出建议。呈转性建议意见由上级机关批准后用通知形式转发。

◎ 函适用于不相隶属单位之间相互商洽工作，询问和答复问题，请求批准和答复审批事项。函是公文中唯一的平行文，向不相隶属机关请求批准、询问问题、答复事项等均用函。写函必须使用专门的信函格式。

◎ 纪要适用于记载会议主要情况和议定事项。纪要与会议记录不同，是根据会议记录内容，有选择地记载会议的主要精神和议定事项，按一定的逻辑顺序记载。纪要也有专门格式，不能单独行文，可以不盖公章，必须以通知的形式下发。

应知、应会目标鉴定

一、应知目标鉴定
1. 正确说出公文的种类和适用范围。
2. 评析下列两则公告。
文一：

中国电信网站公告

中国电信网站成立以来，受到广大用户及众多新闻媒体的关注。许多网站及报纸、杂志转载网站文章。对此，我们做出如下声明：

1. 中国电信网站以推广电信业务、普及电信知识为宗旨。我们同意有相同目标的媒体转载网站文章。

2. 转载中国电信网站文章请注明"由中国电信网站供稿""转载自中国电信网站"字样，同时加注中国电信网站网址（www.chinatelecom.com.cn）。

3. 转载中国电信网站署名文章，不得更改作者署名。如要改编，须与网站联系，并征得作者同意。

文二：

关于实行交通管制的公告

20××年度环西湖马拉松赛将于10月15日上午8时至下午3时举行。为保证赛事的顺利进行，届时将对湖滨路、北山路、西山路和南山路实行交通管制，除警备车、救护车、消防车外，禁止其他机动车辆通行。

特此通知

杭州市公安局
20××年10月15日

3. 正确说出通知与通报的不同。
4. 正确说出公文通知的适用范围、行文关系、种类。
5. 评析下列通知案例，说出哪里不规范，并加以修改。

××区工商局、××区公安分局通知

全区各旅店业：

根据上级指示精神，对全区旅店业进行一次整顿，我们研究召开旅店业负责人会议，现将有关事项通知如下：

一、会议时间20××年4月5日在××招待所报到，会期两天。

二、参加会议人员：全区国有、集体、个体旅店业来一名负责人。不得缺席，否则按停业处理或取缔，并请各派出所和工商所负责人出席会议。

三、资料自备。

四、差旅费自理。

特此通知。

××区工商局
××区公安分局
20××年3月28日

6. 正确说出通报的适用范围、种类，以及通报与通知的区别。

7. 评析下列公文。

关于通报表彰社科研究管理先进集体和先进个人的通知

各单位：

为加强科研管理队伍建设，提高科研管理水平和工作效率，进一步激励科研管理队伍的荣誉感和责任感，决定对近三年来在哲学社会科学科研管理工作中取得显著成绩的先进集体和先进个人进行表彰。

经严格推荐和评审，现将表彰名单予以公布（见附件）。

附件一：社科研究管理先进集体名单（略）

附件二：社科研究管理先进个人名单（略）

××科研所
20××年4月18日

8. 正确说出报告的适用范围、种类，以及通报与报告的区别。

9. 评析下列报告。

××职业技术学院关于思政教师队伍建设情况的报告
×学院[20××]第18号

××省教育厅：

根据省教育厅20××年12月15日通知精神，我校对思政教师队伍建设进行了全面自查。现将有关情况报告如下：

一、深入贯彻落实《新时代高等学校思想政治理论课教师队伍建设规定》，学校制定并印发了贯彻落实规定的实施方案，从加快选优配强思政课教师队伍、着力提升思政课教师教育教学水平、改革完善思政课教师评价机制、加强思政课教师队伍激励保障等方面，进一步加强思政课教师队伍建设。

二、加大招录引进力度。近两年，我校不断加大思政课专职教师招聘力度，新招收专任思政教师7名，其中博士研究生2名。同时，在从事思政工作的员工中遴选优秀人员进行培训，考核合格后转任思政课专职教师；积极推动符合条件的辅导员参与思政课教学，鼓励政治素质过硬的相关学科专家转任思政课教师，先后有3名相关学科教师转岗专职思政教师。

三、改革职称评聘方式，单独设立马克思主义理论类别，高级岗位比例不低于学校平均水平，不得挪作他用。提高教学和教学研究在专业技术职务（职称）评聘条件中的占比，分类制定实施教学研究型、教学型教师评聘标准，将教学效果作为思政课教师专业技术职务（职称）评聘的根本标准。

四、存在的问题。由于历史的原因，同时学校办学规模的不断扩大，按照教育部规定的1:350师生配比要求，我校仍缺口8名专任思政教师。

五、为解决专任思政教师数量不足问题，请省教育厅考虑20××年6月底同意我校招聘专任思政教师8名，其中博士或副高以上职称教师2名。

以上报告，请予审阅。

××职业技术学院

20××年3月10日

10. 正确说出请示的适用范围，请示与报告的区别，请示写作注意事项。
11. 修改下列公文。

××职业技术学院拟派刘××等教师前往德国进修的请示报告

××省教育厅、××厅长：

我院是××省高水平高职院校，因"双高"专业建设需要，有些专业教师数量和质量跟不上形势发展的需要。目前虽通过各种途径引进了部分教师，但仍不能满足教学要求。为此，我院决定通过各种途径培训教师。现德国××学院邀请我院青年教师刘××、李××于20××年9月前往该院进修（邀请书见附页）。我院决定派刘××、李××二人前去进修。刘、李两人已通过托福考试，具备出国条件，且专业对口。

另外，我院急需国际金融、大数据等专业的教师，希望你厅能同意我院招收若干名相关专业研究生，以充实师资力量。请尽早答复，勿误。

特此请示报告。

××职业技术学院

20××年6月10日

12. 正确说出函的适用范围，请批函与请示的区别，答复函与批复、答复报告的区别。
13. 正确列出信函公文格式。
14. 正确说出会议记录与纪要的区别。
15. 评析下列纪要。

××大学20××年后勤办公会会议纪要

20××年1月13日，后勤管理处处长陈××主持召开了第1次后勤办公会议。

一、计财处会计服务中心刘××副主任通报了《20××年后勤财务决算情况分析》，对后勤系统实行公开，接受监督。

二、副处长刘××、尹××，副书记李××，副主任王××分别就寒假工作做了部署。会议要求后勤各单位一定要安排好假期工作，重点做好校园疫情防控工作和相关安全保障工作，确保师生员工过一个安全、欢乐、祥和的新春佳节。

三、傅××书记传达了《关于做好全校处级领导干部届中考核及20××年度科以上管理干部岗位业绩考核工作的通知》精神和后勤党委关于对后勤处级领导班子和各单位负责人考核的实施意见，并提出了要求。

四、会议听取了后勤党政领导班子成员届中考核述职，并进行了民主测评。

五、傅××书记就春节期间走访慰问离退休老同志和困难职工做了部署。

六、陈××处长传达了《××大学创收收入管理分配暂行办法》。要求后勤各单位要适应学校政策，加强成本核算，制定出符合单位实际的具体措施，并就近期工作做了部署：一是全力以赴开好党史学习教育与后勤发展论坛会议；二是后勤职工要率先垂范，积极倡导反对粮食浪费，推进节约型校园建设；三是综合科要做好20××年后勤党政联席会和办公会会议纪要，20××年度机关正科、中心主任以上人员述职报告以及后勤发展论坛论文汇编工作。最后，他对寒假安全工作做了进一步强调和部署，要求责任到人，措施到位，确保学校春节平安祥和。

参加：后勤党政领导、机关各科科长、中心主任、支部书记、挂靠单位负责人

列席：刘×× 王×× 孟×× 刘××

报：张××副校长

送：党委、校长办公室、纪委、组织部、宣传部

发：后勤各科室

二、应会目标鉴定

1. 通过电脑制作公文规范格式模板。
2. 根据材料写作规范的公文通知。

（1）根据下列材料写作规范的会议通知。

材料：××省人民政府决定于20××年4月7日在杭州与中国科学院、中国工程院共同主办先进制造技术合作与交流大会。会议将举行"两院一省"先进制造技术合作项目签约仪式；进行百家院所、高校和我省百家企业、百个合作项目的"三百"对接合作活动。会议将邀请中国科学院、中国工程院部分院士以及下属院所（机构）负责人，各市分管工业的副市长，各市经贸委（经委）、发改委、科技局主任（局长），各县（市、区）长或分管工业的副县（市、区）长，各县（市、区）经贸局长，省级有关单位负责人，省先进制造业基地建设专家咨询组和企业家咨询组成员，在会上签订合作交流协议或合同的有关高校、院所、企业负责人参加，同时邀请相关新闻单位派记者参加会议。由省经贸委负责邀请和通知省外代表，省内部分院所、高校、企业代表以及部分专家学者参加会议。

（2）学校决定在全校范围内开展"工匠精神与专业建设"专题活动，请以学校的名义发一份通知，具体内容按照你的理解创新设计。

3. 根据下列表扬信内容，以燕山大学的名义写作一份规范的通报。

表 扬 信

燕山大学领导：

老人摔倒管不管，世人面前感为难。燕大学子敢伸手，扶助老人显友善。事情是这样的，5月28日上午，我走在燕大西苑回家的路上，一不留神，被绊倒重重地摔在坚硬的水泥地上，怎么也爬不起来。正在现场搞募捐的两位男同学毫不犹豫地跑过来，把我扶起。但是，摔得太狠了，我久久地站在那里，一步也挪不动。两位男同学见此情景，连忙招呼两位女同学前来，

扶着我，架着我，并叫来出租车送我去附近医院，经送拍片诊断，我未发生骨折，但须个月卧床疗伤。因我儿子在外地工作，一时赶不过来，他们又打车送我回家，艰难地帮我送到三十三层高楼家中。这两位同学一位是测控专业的贺少华，另一位是旅游管理专业的张琴。他们助人为乐，都不肯留下姓名，是我执意要求才留下的。这些同学的举动体现了燕大学子的风采，体现了社会主义核心价值观在燕山大学深入人心。在此，我请领导转达我对他们的衷心感谢，并以百元的微薄捐资支持他们的募捐活动，向青龙孩子们传递燕大学子的爱心。

　　此致
敬礼

杨××
20××年5月31日

4．根据下面新闻稿件，请以湖州市政府的名义起草一份报告。

浙江安吉发生矿山塌方事故　致使2名工人遇难

　　浙江在线5月3日讯（通讯员　夏秋艳　胡肖）20××年5月2日下午2时许，湖州市安吉县天荒坪镇白水湾村石灰塘石矿发生大面积塌方，造成四人被埋。事故发生后，安吉县政府立即组织公安、安监、消防、国土、卫生等部门赶赴现场进行抢救，县领导陆××、章××、凌××等先后赶到现场指挥救援工作。各部门在第一时间到场后立即展开营救工作，抢救被埋人员，同时维持现场秩序，并安抚伤者家属情绪。陆××副县长当场批示：一定要不惜一切代价，最大限度抢救伤员。

　　经各部门紧急抢救，被埋四人全部被成功救出。

　　据事故现场了解，此次坍塌面积约300平方米，最大的石块重量达到一吨。当时四名工人正一字排开在山体上打洞，事故发生得很突然，当看到烟层时，石块已经大面积坍塌下来。

　　事故发生后2个小时，安吉县委县政府立即召开安全生产紧急会议。

　　湖州市委、市政府接报后高度重视，市委书记孙××立即做出三点批示：一是要全力抢救伤员；二是要妥善处理好善后工作，确保稳定；三是各县区、各有关部门要举一反三，对矿山、旅游景点、食品安全、交通安全、企业生产及消防安全进行一次全面检查，进一步加强监管，确保生产安全。市委常委、常务副市长吴××，市委常委、秘书长吴××等也就这一事故的处理工作提出了具体要求。

　　目前事故原因相关部门正在进一步调查之中，2名受伤人员已脱离生命危险，正在医院救治，其他2名矿工经医院抢救无效死亡。有关善后工作已经展开，整个事态基本稳定。

5．根据下列材料写一份请示。

　　杭州××大酒店为了适应旅游市场的需要，对酒店进行了一次较大规模的装修扩建，原有的管理人员和服务人员在数量和质量上无法满足客观需要，请以该店的名义给其所属上级杭州××实业总公司写一份公文，请求增加管理人员及服务人员。

6．根据上题材料，代杭州××实业总公司写一份同意该请示的批复。

7．根据下列材料代学院起草一份规范的教学检查的实施性意见。

　　（1）检查主要内容：各专业计划的执行情况、教学进度、教学大纲的执行情况及效果，各专业理论教学、实践教学、教学管理存在的问题，教师教学态度、教学方法、教案、教学效果和批改作业等教学情况，实验、实训课程的组织管理措施及效果，学生出勤、课堂纪律等情况。

　　（2）检查时间第10～11周，即4月17日—30日。

（3）检查方式：根据新修订的《教学工作质量检查暂行办法》（同时下发）实施检查，采用教师互评和学生评议相结合的方式。各教研室开展教师互相听课和评教活动，学校督导对各系进行抽查听课；各系召开教师和学生座谈会。

（4）其他要求：各学院领导要高度重视，认真部署，实事求是地完成此项工作；各学院注意总结经验，对检查过程中发现的有关问题，上报教务处，并积极、及时地进行整改；各学院在第12周把教学检查工作的有关情况和"系（部）教师教学情况综合评定表"报教务处。

8. 根据材料写作规范的函。

××县人民政府建设一高科技农业示范园，拟请××农业大学主持该园区的设计规划。请代拟一则函，并以收文单位的名义写一则复函。

9. 根据下列会议记录写作会议纪要。

××学校校长办公会议记录

时间：20××年8月24日上午

地点：行政楼六楼会议室

主持人：张××（校长）

出席者：梁××（副校长）、杨××（副校长）、吕××（副校长）、陆××（副校长）

列席者：朱××（校办主任）、黄××（资产处处长）、王××（财务处长）

记录：康××（校长办公室秘书）

讨论议题：

张××：今天办公会议主要有三个议题，一是三个超过50万元的合同项目审议；二是工匠培训学院有限公司章程征求意见；三是听取小金库专项检查汇报。

一、三个超过50万元的合同项目审议

黄××汇报：三个超过50万元的合同项目，8月7日开的标。

一是钢结构屋面维修改造项目，确认书158万元，成交131万元，中标单位浙江×立建设有限公司，付款方式：进场施工后付合同价的10%；工程基本完成付合同价的70%；工程竣工验收合格并经审计结算后付至结算总价的100%。质保时间两年，比例2.5%，财务、审计、院办等部门审核无异议。

二是行政楼提升改造项目，确认书138.5万元，成交113.5万元，中标单位浙江新×环建设有限公司，付款方式：进场施工后付合同价的15%；工程竣工验收付合同价的65%；结算审计后付至结算总价的100%。质保时间两年，比例3%，财务、审计、院办等部门审核无异议。

三是看台南门等钢结构油漆，确认书129.5万元，成交115万元，中标单位四川汉×空间钢结构有限公司，付款方式：进场施工后付合同价的15%；工程竣工验收付合同价的65%；结算审计后付至结算总价的100%。质保时间二年，比例3%，财务、审计、院办等部门审核无异议。

三个合同标的价均超过50万元，在相关职能部门审议的基础上，需要校长办公会议审议。

吕××：三个都是维修项目，立项时都上过会的，招投标程序也是规范的，相关职能部门都审核过了，8月7日开标，班子成员主要审议合同内容、付款方式等。

张××：大家看看，对这三个合同有没有修改意见。

吕××：没有意见。

陆××：没有意见。

梁××：没有意见，以后上会时间要提前。

杨××：没有意见。

张××：那就同意，按照程序签合同，并规范履行好合同内容。

二、工匠培训学院有限公司章程征求意见

张××：工匠培训学院章程征求意见稿前几天已经发在班子群里，大家应该看过了，核心的问题是股份制，要求学校出资500万元，大家谈谈想法。

陆××：学校直接对外投资是不允许的，只有资产公司可以，资产公司如果没有能力，可以向学校申请追加注册资本，要申报上级有关部门同意。

吕××：按照高校国有资产管理办法，学校是不能直接出资的，资产公司出资也要审批。

杨××：个人建议不能一口回绝，原则上同意出500万元，再写点具体的理由。

梁××：我讲三点：一是作为职教集团做这件事是好事；二是从学校班子角度支持；三是相关程序要做到位，对外，正常渠道，对内，教代会意见，涉及教职工切身利益，采取校办企业投入，也要学校补充，程序要到位。

张××：王××你的意见呢？

王××：学校资产公司批过文，注册资金620万元，要追加比较困难，从资金使用角度考虑，投入效益是什么？还要考虑绩效问题。目前学校资金也比较困难。

张××：学校目前没有钱出资，培训学院，场地支持可以。学校不能直接出资，资产公司追加资金必须财政同意。学校目前资金困难，要造大楼、学生宿舍，学生活动中心也没有，要1个多亿，缺口好几千万。综合大家意见，形成如下两点意见：

（1）成立工匠培训学院是加强产教融合，提高集团对外服务功能的有效途径，学校班子支持工匠培训学院建设。

（2）关于资金问题要符合内外有关规定。对外要遵循国资管理有关规定；对内，500万元投资属于重大经费投资，需经职代会审议通过。

大家对这两条意见是否同意，请表态。

陆××：同意。

吕××：同意。

杨××：同意。

梁××：同意。

张××：大家都同意，那就这么定了，这议题递交党委会审议。

三、听取小金库专项检查汇报

王××：6月1日，我们和纪检监察处、审计处发出了开展小金库专项检查的通知，6月14日，省财政厅发布了《关于开展省级"小金库"专项检查工作的通知》，根据财政厅文件精神，我们三个部门再次发文，要求对2015年度以来形成的"小金库"进行自查，范围是院属各部门、各校办企业。分三个阶段：

（1）自查自纠阶段（2018年8月22日）。要求院属各部门、各校办企业按照通知要求，认真组织自查，对于自查中发现的"小金库"问题，主动上报并立即自觉纠正，如实填报自查情况报告表，电子版先交。考虑到放假，书面报告表加盖部门、二级学院印章，并由负责人签

名确认,各二级学院由院长、党总支书记共同签名,各部门和各校办企业由主要负责人签名,于2018年9月7日前报审计处。

（2）重点检查阶段（8月26日至9月10日）。在自查自纠基础上,主管部门会同学校纪检监察处、审计处、计财处对有具体举报线索、有群众反映或问题易发的部门,集中进行重点检查。

（3）整改完善阶段（9月10日后）。各部门、各校办企业对专项检查中发现的问题,制定整改措施并切实抓好落实。

目前,第一阶段电子版各部门已上交,均填写没有小金库。我们要形成正式报告,零报告,上报财政厅。

陆××：审计处、计财处和纪检监察处联合发文,要求自查,目前各部门电子版都交上来了,自查结果为"零"。

吕××：分管领导有没有签字,之前查出的有没有完全处理掉。

杨××：当初没有具体处理意见,买了学生手册。

张××：职能部门负责人一定要签字,分管领导也要把关签字,确认没有问题后上报。

大家是否同意,请表态。

陆××：同意。

吕××：同意。

杨××：同意。

梁××：同意。

张××：大家都同意,就按照计财处、纪检监察处、审计处联合发文的通知要求,在自查的基础上,三个部门开展好重点检查,发现问题的,要严肃查处,责令整改。

散会。

参 考 文 献

[1] 朱利萍，韩开绯. 秘书写作实务 [M]. 3 版. 重庆：重庆大学出版社，2019.
[2] 杨润辉. 财经写作 [M]. 2 版. 北京：高等教育出版社，2011.
[3] 文全治. 现代经济实用写作 [M]. 重庆：重庆大学出版社，2004.
[4] 程大荣，潘水根. 商务文书写作理论与实务 [M]. 杭州：浙江大学出版社，2004.
[5] 俞纪东. 经济写作 [M]. 5 版. 上海：上海财经大学出版社，2011.
[6] 张健. 应用写作 [M]. 4 版. 北京：高等教育出版社，2019.
[7] 邱宣煌. 财经应用文写作 [M]. 6 版. 大连：东北财经大学出版社，2020.
[8] 白战锋. 企业文书写作范本 [M]. 北京：经济管理出版社，2005.
[9] 张德实. 应用写作 [M]. 2 版. 北京：高等教育出版社，2003.
[10] 洪坚毅. 经济文书写作 [M]. 北京：民族出版社，2005.
[11] 周立. 应用写作与口头表达 [M]. 北京：北京工业大学出版社，2006.
[12] 胡占友. 办公室文书写作与管理制度范本 [M]. 2 版. 北京：中国纺织出版社，2007.
[13] 刘金同. 应用文写作教程 [M]. 4 版. 北京：清华大学出版社，2019.
[14] 杨文丰. 现代应用文书写作 [M]. 6 版. 北京：中国人民大学出版社，2022.
[15] 慕明春. 现代商务写作 [M]. 西安：西安出版社，2000.